Volkmar Weiss
Bevölkerung und soziale Mobilität

Volkmar Weiss

Bevölkerung und soziale Mobilität

Sachsen 1550–1880

Akademie Verlag

Mit 44 Abbildungen und 54 Tabellen

Die Deutsche Bibliothek – CIP-Einheitsaufnahme
Weiss, Volkmar
Bevölkerung und soziale Mobilität : Sachsen 1550 – 1880
Volkmar Weiss. – Berlin : Akad.–Verl., 1993
ISBN 3-05-001973-5

© Akademie Verlag GmbH, Berlin 1993
Gedruckt auf chlorfrei gebleichtem Papier.
Das eingesetzte Papier entspricht der amerikanischen Norm ANSI Z.39.48 – 1984 bzw. der europäischen Norm ISO TC 46.

Der Akademie Verlag ist ein Unternehmen der VCH Verlagsgruppe.
Alle Rechte, insbesondere die der Übersetzung in andere Sprachen, vorbehalten. Kein Teil dieses Buches darf ohne schriftliche Genehmigung des Verlages in irgendeiner Form – durch Photokopie, Mikroverfilmung oder irgendein anderes Verfahren – reproduziert oder in eine von Maschinen, insbesondere von Datenverarbeitungsmaschinen, verwendbare Sprache übertragen oder übersetzt werden.
All rights reserved (including those of translation into other languages). No part of this book may be reproduced in any form – by photoprinting, microfilm, or any other means – nor transmitted or translated into a machine language without written permission from the publishers.

Satz: deutsch-türkischer fotosatz, W-1000 Berlin 61
Druck: GAM-Media GmbH, W-1000 Berlin 61
Bindung: Dieter Mikolai, W-1000 Berlin 10

Printed in the Federal Republic of Germany

Inhalt

Vorwort 9

Abkürzungsverzeichnis 11

Einleitung
1. Forschungsstand und Zielstellung 13

   Exkurs 1 17

2. Stichproben und Sozialgeschichte 18

   Exkurs 2 23

3. Quellenlage 24
   3.1. Kritische Einschätzung von genealogischen Quellen 24
   3.2. Erhebungsmethode 31
   3.3. Probleme der Repräsentativität 43
   3.4. Das „Inwohner"-Problem 50

   Exkurs 3 55

Kapitel 1
Die Klassen- und Sozialstruktur 62

   Exkurs 4 68

1. Die Landbevölkerung 76
   1.1. Vollbauern 76
   1.2. Teilhüfner und Gärtner: Kleinbauern 77
   1.3. Landhandwerker (ohne Erbmüller) und andere
        ländliche Gewerbetreibende 79
   1.4. Häusler als Handarbeiter und Hausgenossen 80
   1.5. Geschulte 80
   1.6. Adel 81

2. Die Stadtbevölkerung 82
   2.1. Städtische Handwerker 82
   2.2. Selbständige Kleingewerbetreibende 83
   2.3. Bauern in der Stadt 83
   2.4. Städtisches Proletariat 84
   2.5. Besitz- und Bildungsbürgertum 84
   2.6. Die Schicht der mittleren Beamten und Angestellten,
       der Lehrer und Schreiber (die „besitzlosen Intellektuellen") ... 85
   2.7. Adel in der Stadt 86

   Exkurs 5 86

Kapitel 2
Die soziale und demographische Herkunft des Proletariats als ein zentrales Problem 87

   Exkurs 6 95

Kapitel 3
Veränderungen in den quantitativen Anteilen der Klassen und Schichten 103

1. Veränderungen in der Struktur der Landbevölkerung 103
2. Der Grad der gesellschaftlichen Arbeitsteilung und sozialen Differenzierung 115

   Exkurs 7 122

Kapitel 4
Die Soziale Mobilität 124

1. Die Soziale Mobilität der Landbevölkerung 125
2. Die Soziale Mobilität der Stadtbevölkerung 142
3. Soziale Mobilität, verbunden mit Land-Stadt-Wanderung und Stadt-Land-Wanderung 153

   Exkurs 8 159

Kapitel 5
Die räumliche Mobilität 164

   Exkurs 9 179

Inhalt 7

Kapitel 6
Die Herkunft des städtischen Proletariats 183
1. Die Binnenwanderung 1780–1870 183
2. Die soziale Herkunft des städtischen Proletariats 192

Kapitel 7
Methodische Zwischenbemerkung zur Glättung von Zeitreihen 200

Kapitel 8
Das Heiratsalter 203

Abschluß und Ausblick
1. Schlußbetrachtung zur sozialen und demographischen Herkunft
   des Proletariats 212
2. Methodischer und forschungsorganisatorischer Ausblick 216
3. Nachbemerkungen 218

Anhang
1. Literaturverzeichnis 222
2. Verzeichnis der Tabellen 234
3. Verzeichnis der Abbildungen 237
4. Verzeichnis der Exkurse 239
5. Register der zitierten Autoren 240
6. Register 243

Vorwort

Kurz nachdem im Jahre 1982 meine Monographie „Psychogenetik: Humangenetik in Psychologie und Psychiatrie" (siehe Nachdruck in WEISS et al. 1986) – mit der ich mich in meinem früheren Fachgebiet, der Humangenetik, habilitieren wollte, was mir aber erst 1990 ermöglicht wurde – erschienen und rasch vergriffen war, beurlaubte mich meine damalige Dienststelle für 14 Monate (hierzu siehe WEISS 1991c).
1984 eröffnete sich dann durch die Vermittlung mehrerer Kollegen die Möglichkeit, ein Forschungsthema auf dem Gebiet der Sozialgeschichte bearbeiten zu dürfen, als dessen Abschluß die hier vorgelegte Monographie zur Sozialen Mobilität geplant war. Aus meiner Beschäftigung mit der Genealogie – mein früheres Hobby wurde nun zum Beruf – war mir die Quellenlage im sächsischen Raum gut bekannt, und in 10 Jahren Berufspraxis in soziologischen Forschungseinrichtungen hatte ich mehrfach schon mit Stichproben (vgl. Vorbilder wie GOLDSTEIN 1958) gearbeitet. Daß die Historiker ein ganzes Arbeitsfeld bisher unbearbeitet liegengelassen hatten, war für mich deshalb erkennbar.
Erst während der Korrekturen der hier vorgelegten Monographie wurde ich mit dem wichtigen Aufsatz von HAYS (1975) bekannt, der auf grundlegende Weise das Verhältnis von Genealogie und Sozialgeschichte und die auf beiden Seiten noch unausgeschöpften Möglichkeiten zur Kooperation beleuchtet, ebenso mit den Arbeiten von ADMS und KASAKOFF (1986), die Genealogien von 9 New-England-Familien dazu verwendeten, die amerikanische Binnenwanderung zu erforschen.
Dem ehemaligen Berliner Zentralinstitut für Geschichte der Akademie der Wissenschaften der DDR bin ich für die mehrjährige Arbeitsmöglichkeit dankbar, insbesondere den Kollegen der Forschungsstelle für Regionalgeschichte (vgl. zum Begriff „Regionalgeschichte" BLASCHKE 1990b) unter der Leitung von Frau Prof. Dr. Helga Schultz. Ohne ihre Weitsicht (SCHULTZ 1989) wäre die Arbeit nie entstanden. – Besonders dankbar bin ich auch dem Leipziger Arbeitskreis Sozialgeschichte unter der Leitung von Herrn Prof. Dr. Hartmut Zwahr.
Arbeitstag um Arbeitstag war nun die Zentralstelle für Genealogie in Leipzig, die ich seit 1990 leite, mein Arbeitsplatz, und ihr damaliger Leiter und die Mitarbeiter mühten sich nach besten Kräften, mir ständig neues Material heranzu-

schaffen. Auch die Kolleginnen in den Benutzerräumen des Sächsischen Hauptstaatsarchivs in Dresden und in Leipzig möchte ich bei meinem Dank nicht vergessen.

Ungenannt bleiben aber die unzähligen Genealogen und ihre Helfer, vor allem die Pfarrer und Kanzleiangestellten der Evangelisch-Lutherischen Landeskirche Sachsens, auf deren Fleiß ich aufbauen konnte. – Dankbar erinnere ich mich der Diskussionen mit meinem Freund Dr. med. habil. Hermann Metzke, der unabhängig von mir das brachliegende Feld (METZKE 1990) gesehen hatte und gleichfalls zu bearbeiten begann. – Darüber hinaus möchte ich K. Blaschke, derzeit Professor an der Kirchlichen Hochschule in Leipzig und Leiter des Referats Archivwesen im Staatsministerium des Innern des Freistaates Sachsen, für seine Unterstützung und für seinen Rat bei der hier vorgelegten Untersuchung danken.

Die Zeit, die ich von 1979 bis 1989 in die Leitung der Arbeitsgemeinschaft Genealogie in Leipzig investierte, wurde durch den Gewinn aus den Erfahrungen der Mitglieder mehr als zurückgegeben. Mit Prof. Dr. Wolfgang Lorenz fand ich stets eine gemeinsame Sprache, wenn es um eine Geschichtsbetrachtung ging, die von der scheinbar unbedeutenden Einzelperson ausgeht.

Die hier vorgelegte Arbeit ist die überarbeitete Fassung der Habilitationsschrift, die im August 1992 vor der Fakultät für Philosophie und Geschichtswissenschaft der Universität Leipzig verteidigt worden ist.

Volkmar Weiss   Leipzig, im September 1992

Abkürzungsverzeichnis

Ah   Amtshauptmannschaft

AL   Ahnenliste der Deutschen Zentralstelle für Genealogie, Leipzig

GB   Gerichtsbuch

KB   Kirchenbuch

SHStA   Sächsisches Hauptstaatsarchiv

fl.   Florentiner Gulden

m   Eheschließung (m I erste Ehe, m II zweite Ehe, …)

Einleitung

1. Forschungsstand und Zielstellung

Für beides, für Forschungsstand und Zielstellung, gibt es verschiedene Blickwinkel. Der Titel der Arbeit enthält zwei große inhaltliche Gebiete, nämlich Bevölkerung und Soziale Mobilität, zu denen ein Beitrag geleistet werden soll. Und das mit einer Methode, zu der wir uns im folgenden Kapitel „Stichproben und Sozialgeschichte" (S. 18) äußern wollen. Der eigene Beitrag zur Bevölkerungsgeschichte kann nur bescheiden sein, da die Methode hier Grenzen setzt.
1962 hatte BLASCHKE (1967) bei der Universität Leipzig eine Habilitationsschrift vorgelegt, zu der es auch heute noch keine vergleichbare Arbeit gibt. Sie enthält u. a. drei Querschnitte der Bevölkerung für die Zeitpunkte 1550, 1750 und 1843, jeweils mit Angaben zur sozialen Grobgliederung, zur Stadt-Land-Verteilung und zur regionalen Verteilung. Diese Arbeit war die Voraussetzung für die vorliegende Untersuchung, die ohne diesen Rahmen auf weit größere Schwierigkeiten gestoßen wäre. Denn wie hätte man ohne diese Eckdaten die Repräsentativität der Stichproben sichern können? (Es hätten sich auch dann noch Möglichkeiten für Näherungsverfahren ergeben, aber ungenauere eben.)
BLASCHKEs Arbeit ist insofern noch eine klassische Arbeit, da sie in der Vor-Volkszählungszeit von Querschnitten ausgeht, die als Steuerlisten für das gesamte Untersuchungsgebiet vorliegen. Mit solchem Material sind so subtile Fragen, wie etwa nach der sozialen Verteilung der Kindersterblichkeit oder der Fruchtbarkeit der Frauen, differenziert nach Alter und sozialer Schicht, nicht zu beantworten. Auch BLASCHKE hatte bereits, etwa um die Bevölkerungsverluste während des Dreißigjährigen Krieges näher zu bestimmen, Zählungen in Kirchenbüchern mit einbezogen. Es ist diese Materialgrundlage, die der Bevölkerungsgeschichte nach 1962 ein neues Gesicht gegeben hat. Stellvertretend für ähnliche Arbeiten seien hier die Bevölkerungsgeschichte von England (WRIGLEY und SCHOFIELD 1981) und der Schweiz (MATTMÜLLER 1987) genannt. Während für England aggregative Daten, d. h. Summen von Geburten, Heiraten und Todesfällen aus einer landesweiten repräsentativen Stichprobe von Kirchenbüchern, die Datengrundlage waren, werden für die Schweiz vor allem auch Auswertungen von familienweise verkarteten Kirchenbüchern (DEMLEITNER und ROTH 1936; HOF-

MANN et al. 1957; BÖSER 1985) interpretiert. Die nächste und durch die vorhandenen Daten begrenzte letzte Verfeinerung der Fragestellung, ein sozial differenziertes Bild auf der Grundlage von familienweise verkarteten Kirchenbüchern und der Totalität aller sozialgeschichtlich aussagekräftigen Quellen zeichnen zu können – und das nicht nur für einen oder mehrere Orte (denn das gibt es schon mehrfach), sondern repräsentativ für ein ganzes Land –, wird jetzt international mehr und mehr erkannt (vgl. SHARPE 1990), ist aber zum Zeitpunkt, da diese Arbeit geschrieben wurde, noch nirgendwo realisiert worden. Sachsen wäre ein Land, wo die Quellengrundlage für ein derart ehrgeiziges Ziel vorhanden ist.
Die Zielstellung der vorliegenden Monographie ist aber weit bescheidener und vor allem auf die spezielle Frage der sozialen Herkunft gerichtet. Denn selbst bei Familien, bei denen die eigene soziale Stellung nach allen Regeln der Kunst charakterisiert ist, ist die soziale Herkunft nicht zwangsläufig geklärt, sondern stellt ein eigenes Problem von einer gewissen Tragweite dar. Die Soziale Mobilität läßt sich nur betrachten, wenn man die räumliche mit erfaßt.
Wenn man bisher Soziale Mobilität erfaßt hat, dann meist nur lokal und auf der Grundlage von Traubüchern (z. B. SCHULTZ 1987a). Zwar gibt es auch lokal (z. B. SCHAUB 1979 für die steuerfähige Bevölkerung Oldenburgs im Jahre 1743) und regional historische Einzeluntersuchungen (z. B. STONE 1966), die sich auf umfassendere Quellen stützen, oder Arbeiten, die mehr auf der Betrachtung von Einzelfällen beruhen als auf einer statistischen Auswertung (SCHEIBLER 1939; KOLLMER 1983), doch gibt es repräsentative Analysen nur für soziale Kategorien, wie etwa für Pfarrer (BORMANN-HEISCHKEIL 1984) und Adel (STONE und STONE 1984), für die es bereits spezielle Quellenaufbereitungen gibt. Bei HAHN (1991) findet man z. B. Angaben darüber, ob der Vater, ein Großvater, Urgroßvater, Schwiegervater oder Onkel eines Wetzlarer Ratsherrn bereits im Rat war. Was bei HAHN, SCHAUB (1979) und anderen fehlt, ist die Verwendung eines statistischen Maßes über den Grad dieser verwandtschaftlichen Zusammenhänge, das derartige Ergebnisse in Zeit und Raum vergleichbar macht.
Nach SCHÜREN (1989; S. 4) haben vier Fragestellungen in der jüngeren historischen Mobilitätsforschung besonderen Stellenwert:
„1. Die Frage nach dem Zusammenhang zwischen Industrialisierung, Berufsstrukturwandel und beruflicher Mobilität, wobei diese häufig als Indikator für die relative Offenheit einer Gesellschaft interpretiert wurde. ...
2. Das Interesse am sich wandelnden Grad der Offenheit und Durchlässigkeit einer Gesellschaft, dokumentiert an der Zugänglichkeit von Elite-Positionen, etwa des Adels oder der Großbourgeoisie, durch berufliche Rekrutierung und Konnubium.

3. Das Interesse an der sozialen und politischen Bedeutung und Auswirkung von Mobilität. Vor allem wurde nach der Bedeutung von Aufstiegschancen und -barrieren für die Lebenschancen, das Bewußtsein und die Bewegung der Arbeiterschaft gefragt.

Damit hängt eng ein vierter Frageansatz zusammen. Man kann häufige (zunehmende) berufliche Mobilität oder Heiratsbeziehungen zwischen zwei oder mehr Gruppen als Ausdruck großer (wachsender) sozialer Nähe oder Kohäsion zwischen ihnen deuten. Umgekehrt ist es möglich, geringe (abnehmende) Mobilität und Sozialbeziehungen zwischen Gruppen, d. h. die Existenz bzw. die Errichtung von Mobilitätsbarrieren zwischen ihnen, als Ausdruck ausgeprägter (zunehmender) sozialer Distanz zwischen ihnen zu verstehen. Weiter kann man davon ausgehen, daß zur Herausbildung (Konstitution) von Gruppen und auch von Klassen zum einen zunehmende Nähe zwischen ihren Teilgruppen (Binnenintegration), zum anderen zunehmende Distanz zu anderen Gruppen oder Klassen (Außenabgrenzung) gehört. ...

Als geklärt können diese Fragen nämlich ... nicht gelten. ... Nach wie vor ist auch umstritten, ob es während der industriellen Revolution gesamtgesellschaftlich zu einer Zunahme der sozialen Mobilität kam."

Während für die unmittelbare Vergangenheit sowie für die bis etwa 1880/1900 zurückliegende Zeit die Erforschung der Sozialen Mobilität für die Soziologen ein bevorzugter Gegenstand ist (eine Literaturübersicht soll hier nicht einmal versucht werden), werden für noch weiter zurückliegende Zeiträume verläßliche Zahlen immer seltener. KAELBLE, der den Forschungsstand kritisch beleuchtet (1983; S. 151), muß deshalb feststellen: „Die wichtigste Einschränkung ist dabei, daß nicht ganze Länder, sondern nur lokale ... Gesellschaften verglichen werden können. Wahrscheinlich wird dies für die Soziale Mobilität im 19. Jahrhundert niemals anders möglich sein, da es für repräsentative, flächendeckende Studien zu ganzen Ländern in finanzierbarem Rahmen keine geeigneten Materialien gibt." Zum Zeitpunkt, da diese Sätze gedruckt wurden, also 1983, hielt ich einen Vortrag (gedruckt in WEISS 1989c), in dem die von KAELBLE formulierte Unmöglichkeit eines landesweiten Ansatzes, gar noch für die Zeit vor 1800, relativiert und in dem auf die Finanzierbarkeit eines solchen Projektes – mit Stichproben aus Ahnenlisten und als Ein-Mann-Arbeit – hingewiesen wurde.

Zwischen hobbymäßig betriebener Genealogie, also zwischen Familiengeschichtsforschung und „Ahnenforschung", wie sie oft bezeichnet wird, und etablierter Geschichtsforschung besteht meist noch eine weite Kluft. Wie ein Brückenschlag zwischen „Laien" und Fachleuten durchaus möglich und für beide Seiten fruchtbar sein kann (vgl. HEY 1989), habe ich in meiner Jugend als

Hobby-Vogelberinger und später als Biologe erlebt. Jede Woche ziehen unzählige Ornithologen hinaus, um Daten zu sammeln, unzählige Pflanzenkenner tragen Daten über Pflanzenverbreitung zusammen, die dann zu größeren Arbeiten und Kartenwerken zusammengesetzt werden. So übertreffen „Laien" oftmals manche Fachleute an Sachkenntnis und Einsatz, so daß gegenseitiger Respekt wohlbegründet ist. Das Verhältnis zwischen Historikern, Archivaren und Hobby-Genealogen ist aber keinesfalls so gut entwickelt. Grund dafür ist vor allem die Meinung der Historiker und Archivare, daß die Genealogie Selbstzweck sei und zu wissenschaftlichen Aussagen wenig oder gar nichts beitragen könne. Denn auf den ersten Blick scheinen eine Familiengeschichte oder eine Ahnenliste nur von persönlichem Interesse für den zu sein, der sie geschrieben hat, oder nur von Interesse für seine Verwandten. Zweifel an dieser Feststellung kommen einem dann, wenn man sieht, daß sich um 1600 etwa die Hälfte der Bevölkerung eines Dorfes, mit vielen Details über ihre wirtschaftliche Lage, unter den 3000 Einzelpersonen einer Ahnenliste befinden. Denn diese Personen, die um 1600 gelebt haben, sind nicht nur (und schon fast zufällig) die Vorfahren des Verfassers der jeweiligen Liste, sondern zugleich Vorfahren von weiteren Millionen heute lebender Menschen. – Ein anderes Arbeitsziel vieler Genealogen ist die engere Familiengeschichte. Fotos und Urkunden werden zusammengetragen, die Lebensdaten der Verwandten erfragt. Arbeitsziel ist eine mit Fotos, Dokumenten und Kurzbiographie belegte Abschlußarbeit. In der Deutschen Zentralstelle für Genealogie in Leipzig sind derzeit über 7000 Ahnenlisten archiviert und einige hundert „Familiengeschichten". Hat man hundert derartige Familiengeschichten in den Händen gehabt, die Fotos betrachtet und die Kurzbiographie überflogen, dann bekommt man eine Ahnung von der „Alltagsgeschichte des Volkes", zu der die „große Geschichte" zwar mehr als die Summe solcher „Geschichtchen" ist, aber die ein Bestandteil der subjektiven Geschichtserfahrung darstellt, die auch in der Fachwissenschaft mehr und mehr Aufmerksamkeit findet.

Wie die hier vorgelegte Arbeit für viele Fachhistoriker in der Methode eine Überraschung sein dürften, so kann die Verbindung von Hobby-Genealogie und nachfolgender fachwissenschaftlicher Auswertung auch noch für weiterreichendere Ziele fruchtbar werden: Aus der Summe von 1000 Ahnenlisten (bzw. den Stichproben aus dieser Summe) und 100 Familiengeschichten kann der Spezialist der Sozial-, Wirtschafts- und Bevölkerungsgeschichte, der Volkskunde oder Namenforschung, Schlüsse ziehen, an die von den 1100 Verfassern nur wenige gedacht haben dürften. Voraussetzung dafür ist allerdings, daß die meisten der 1100 Einzelarbeiten gewissen Mindestanforderungen an die Qualität (WEISS 1989a) gerecht werden, deren Maßstäbe die Genealogen selbst immer höher setzen (vgl.

WEISS 1992a). Personengeschichtliche Datensammlungen, die in ursprünglich rein privatem Interesse und mit privaten Mitteln, wenn auch mit dem Beitrag von Tausenden Arbeitsstunden hauptamtlicher Archivare (oder Pfarrer) entstanden sind, erweisen sich in ihrer Summe als eine neue wissenschaftliche Quelle, die Aussagen von allgemeinem Interesse erlaubt (ROGERS und SMITH 1991). Eine Tatsache, die dazu führen sollte, die Bewertung genealogischer Forschungen zu überdenken. Genealogie ist zwar selbst keine „Wissenschaft", aber deren Quellenaufbereitungen, wie von Kirchenbuchverkartungen schon lange bekannt (KNODEL und SHORTER 1976; BÖSER 1985), und nunmehr die Ahnenlisten selbst, werden zu einer wissenschaftlichen Fundgrube. – So habe ich in einer für mich persönlich schwierigen und kritischen Zeit die Möglichkeit gesehen, mit dieser Arbeit zwischen Laien und Fachleuten eine Brücke zu schlagen.

Eine Besonderheit der vorliegenden Arbeit sind die zwischen die einzelnen Kapitel eingeschobenen Teile, die auf den ersten Blick in keinem unmittelbaren Zusammenhang zur fortlaufenden Argumentation des Grundtextes zu stehen scheinen. Auch ohne große Kommentare zu diesen Einschüben wird aber der Leser den Sinn dieser „Komposition" selbst entdecken.

Hinter den anonymen statistischen Zahlen stehen tatsächlich reale Personen, die in realen Dörfern und Städten gelebt und gelitten haben. Manche Leser werden bedauern, daß nicht zu allen sozialen Schichten und Gruppen typische Einzelbiographien aufgenommen wurden. Eine solche Zielstellung hätte den Rahmen unseres Vorhabens gesprengt. Aber auch ein solches Lesebuch wird es einmal geben.

EXKURS 1:

Zwickau und Reinsdorf um 1550

Um 1550 hat Zwickau rund 7000 Einwohner und ist damit die viertgrößte Stadt Sachsens in unserem Untersuchungsgebiet (BLASCHKE 1967, S. 141).

Östlich an Zwickau angrenzend liegt Reinsdorf, ein Waldhufendorf mit 55 1/4 Hufen (BLASCHKE 1957). Ein Teil des Dorfes gehörte zum Amt Zwickau, der andere zur Grafschaft Wildenfels. Da es für beide Teile keine einheitliche Überlieferung von Steuerunterlagen gibt und auch die Kirchenbücher für das 16. Jh. nicht mehr erhalten sind, läßt sich die genaue Zahl der Haushalte im Dorf nicht angeben. Man darf aber rund 50 Bauern und einige wenige Gärtner (weniger als 10) annehmen.

Westlich von Reinsdorf breitet sich zwischen den Bauerndörfern Schönau, Vielau und Reinsdorf ein geschlossener Wald aus, der das Herrenholz genannt wird und Besitz der Grafen von Wildenfels ist.

2. Stichproben und Sozialgeschichte

Am Beispiel der Wahlhochrechnungen ist inzwischen allen bekannt, daß man mit Stichproben von wenigen tausend Personen das Gesamtergebnis für Millionen Stimmberechtigte bereits bei Schließung der Wahllokale ziemlich genau angeben kann. Oft stimmt das Endergebnis, auf volle Prozent gerundet, mit dieser ersten Hochrechnung genau überein. Das schließt Abweichungen mit spektakulären Folgen nicht aus: Etwa wenn in Deutschland eine Partei knapp an der Fünf-Prozent-Hürde scheitert oder Regierungsmehrheit und Opposition überraschend die Plätze tauschen. Bei näherem Hinsehen handelt es sich aber stets um Fälle, bei denen die absolute Mehrheit um ein oder zwei Prozent verfehlt wurde und die Mehrheit für die falsche Partei oder Koalition vorhergesagt worden war. Politisch ein schwerwiegender, wissenschaftlich aber ein belangloser Unterschied. Denn eine Genauigkeit von plus oder minus ein bis zwei Prozent ist in der Sozialgeschichte schon fast ein Traumergebnis.

Erstaunlicherweise sind aber repräsentative Stichproben in der Sozialgeschichte bisher noch wenig erhoben worden. Warum eigentlich? Bei näherem Hinsehen bemerkt man, daß die Frage das Verhältnis von traditionellem Schließen und Verallgemeinern in der Geschichtsforschung zu den neuen Anforderungen berührt, die sich aus der Stichprobentheorie ergeben. Zu denken gab mir eine Diskussion zwischen J. EHMER und J. WILKE auf der 4. Tagung der Fachkommission Regionalgeschichte in Eisenach im März 1988. EHMER referierte über „Regionale Typen der Familien- und Haushaltsstruktur in Europa um 1800" und ging so vor, wie bisher in der Geschichtsforschung allgemein üblich: Aus dem gesamten Untersuchungsgebiet wurden Einzelbefunde angeführt, die alle getrennt entstanden waren, ohne die Absicht der Verallgemeinerung für ein definiertes größeres Gebiet. Aber EHMER machte dennoch diese Verallgemeinerungen. Auf WILKEs Einwand, daß diese Einzeluntersuchungen (manchmal für ein ganzes Land nur eine einzige; manchmal, wie für Österreich, viele) keine repräsentativen Zufallsstichproben darstellten, die derartige Verallgemeinerungen rechtfertigten, erwiderte EHMER jedoch, daß die Einzeluntersuchungen alle zufällig entstanden seien (womit er offensichtlich in Blick auf seine, EHMERs, Verallgemeinerungen planlos meinte). Die Sache wurde damals in Eisenach weder ausdiskutiert, noch schienen sich allzuviele der Tatsache bewußt, daß hier zwei scheinbar unvereinbare Standpunkte vertreten wurden und von WILKE ein Problem von grundlegender Bedeutung angesprochen worden war.

Will der Historiker, nehmen wir an z. B. für Sachsen im 17. Jh., die Behausungsziffer feststellen, dann geht er in der Regel bisher so vor, daß er aus Arbeiten, die im Laufe der Jahrzehnte (und meist zu ganz anderen Themen, so daß die Behausungsziffer nur ein Nebenergebnis ist) entstanden sind, Angaben über Behausungsziffern zusammensucht. Liegen mehrere Angaben aus verschiedenen Orten vor, dann verallgemeinert er (vgl. KNODEL 1988 und die Einwände von SPAGNOLI 1977). Der Leser wird mir zustimmen, daß das der gängige Weg ist, aus vorliegenden Einzeluntersuchungen zu Verallgemeinerungen zu gelangen. Denn Einzeluntersuchungen werden in der Regel nicht um ihrer selbst willen durchgeführt, sondern um schließlich daraus zu Verallgemeinerungen in Zeit und Raum zu gelangen. Brachten Einzeluntersuchungen Unterschiede in den Zahlen und Entwicklungen, dann sucht man bei der vergleichenden Verallgemeinerung auch nach systematischen Ursachen für diese Unterschiede, etwa in unterschiedlicher Sozialstruktur bzw. unterschiedlichem Entwicklungsstand.

Die Stichprobentheorie (SCHWARZ 1975; BÖLTKEN 1976) verlangt nun aber, daß alle Dörfer und Städte, etwa Sachsens, erst einmal gleichberechtigte Elemente der statistischen Grundgesamtheit Sachsens sind und daraus zufällig eine bestimmte Anzahl von Orten auszuwählen sei (z. B. aus einer Lostrommel mit allen Ortsnamen). Diese Zufallsauswahl muß dann untersucht werden (etwa wie die 3% Auswahl, also 300 der rund 10 000 Kirchgemeinden Englands, durch die Cambridge Group, um die Berufsangaben in den Kirchenbüchern um 1810 mit denen der Volkszählung von 1841 zu vergleichen; NEWS 1990), und nur auf dieser Grundlage erzielte Ergebnisse können als repräsentativ bezeichnet und gültig verallgemeinert werden. Wenn man sich streng an diese Theorie hält, wie sie bei Forschungsproblemen der Gegenwart (so bei der eingangs erwähnten Wahlergebnisschätzung) von Soziologen und Demographen auch praktisch angewendet wird, dann muß man den Schluß ziehen, daß die Historiker so ziemlich keine einzige Verallgemeinerung hätten aufstellen dürfen. Irgend etwas kann an dieser Argumentation nicht stimmen.

Stellen wir uns einmal vor, der Historiker würde im 17. Jh. tatsächlich so vorgehen, wie es die Stichprobentheorie fordert. Er hätte z.B. 20 Städte und 60 Dörfer verschiedener Größenklassen – also eine geschichtete Stichprobe – zufällig verteilt für ganz Sachsen ausgewählt und wollte nun die Behausungsziffer aus Steuerunterlagen und verkarteten Kirchenbüchern ermitteln. Er würde dann aber feststellen, daß bei wenigstens einem Drittel der ausgelosten Orte die Quellen vernichtet sind, aus denen er die gesuchten Zahlen ermitteln wollte, bei einem weiteren Drittel der Orte sind die Quellen mehr oder weniger unvollständig, und bei dem restlichen verbliebenen Drittel, auch noch mit Quellen unterschiedlicher Aussagekraft von Ort zu Ort, erhebt sich dann sofort die Frage, ob diese Orte noch eine Zufallsstichprobe darstellen oder die Quellenverluste zu systematischen Verzerrungen der Ergebnisse führen (in Sachsen z. B. vor allem durch Kriegsverluste in den heutigen Großstädten). Der Untersucher wird aber auch feststellen, daß in Nachbarorten der ausgelosten Orte und in anderen Orten vergleichbarer Größenordnung die Quellen nicht nur erhalten sind, sondern in einigen der nicht in der Zufallsauswahl enthaltenen Orte sogar in besonderer Qualität. Und hier ist der Punkt erreicht, an dem vernünftige Überlegungen ansetzen müssen.

Historische Forschung hat bisher vor allem erst einmal nach Orten mit einer Quellenlage gesucht, die besonders reichhaltig ist, ja einmalig (z. B. ZWAHR 1978). Nur auf Grund solcher Quellenlage ist manche beispielhafte Untersuchung überhaupt möglich gewesen. Günstige Quellenlage bedeutet auch manchmal aus Gründen der Forschungsökonomie, daß bereits Bearbeitungen der Originalquelle vorhanden sind, d. h. Verdichtungen des Materials, wie Ortssippenbücher (GÜNDEL 1988) und Kirchenbuchverkartungen, die gezielt aufgespürt werden (KNODEL 1988). Es wäre unsinnig, diese Forschungspraxis jetzt – von einer engen Interpretation der Stichprobentheorie ausgehend – als unwissenschaftlich zu bezeichnen. Im Gegenteil, es gilt, die bisherigen Arbeitsmethoden und bewährten Denkweisen der Historiker mit brauchbaren Forderungen aus der Stichprobentheorie zu erweitern und zu ergänzen. Und so neu ist das auch nicht. In BLASCHKEs „Bevölkerungsgeschichte von Sachsen ..." (1967) finden sich genug Beispiele, wie der Verfasser seine Annahme über die Behausungsziffer durch die Analyse einzelner Ämter mit günstiger Quellenlage und zufällig herangezogenen Orten erhärtet, so daß er mit gutem Grund behaupten kann, daß seine Zahlen repräsentativ sind. Eine schöpferische Verbindung beider Ansätze könnte also so aussehen: Städte und Dörfer werden in Größenklassen gegliedert und mit der Lostrommel „Klumpen", d. h. Zufallsgruppen gebildet. Dann wird erst einmal geprüft (oder diese Prüfung zuallererst), wie in den Archiven die Quellenlage für das gestellte Ziel ist. Alle ungeeigneten Orte werden gestrichen, aus jeder Zufallsgruppe ein oder mehrere verbliebene geeignete Orte (je nach Auswahlplan) in die Stichprobe einbezogen, so daß man mit gutem Grund von einer repräsentativen Stichprobe sprechen kann. Zu empfehlen ist auch, für jeden zufällig ausgewählten Ort noch ein oder zwei „Stellvertreter" mit auszulosen, da es oft solche forschungspraktischen Gründe gibt, wie etwa den, einen dem Wohnort des Doktoranden näher gelegenen Ort zu bevorzugen.

In der Geschichtsforschung gibt es die zusätzliche Möglichkeit, auf der Zeitachse selbst Stichproben zu ziehen (METZKE 1990). Langfristige Trends lassen sich ebenso ermitteln, wenn man z. B. nur jedes zweite, also meinetwegen jedes gerade Jahr erhebt oder jede gerade Dekade. – Einen Ort zu erfassen, verlangt nicht, alle

Einwohner zu erfassen. Eine Zufallsauswahl, beispielsweise von einem Drittel der Einwohner nach irgendeinem sinnvollen Verfahren (ein Teil der Anfangsbuchstaben des Familiennamens z. B., wie bei DUPAQUIER 1972, oder die in ungeraden Monaten Geborenen oder alle auf der rechten Seite eines Kirchenbuches Registrierten usw.) genügt ebenso, und es ist dann möglich, in zwei weiteren Orten mit guter Quellenlage ebenfalls je ein Drittel zu erheben. Bislang sind viele Erhebungen in der Geschichtsforschung Totalerhebungen, und manchmal registriert man mit Kopfschütteln, wieviele Tausend Personen mit Akribie erhoben worden sind, wo ein Bruchteil davon zum selben Ergebnis geführt hätte, aber in der gewonnenen Zeit noch andere Quellen oder Orte hätten analysiert werden können, wodurch eine breitere Basis für Verallgemeinerungen geschaffen worden wäre.

Schon wegen der selektiven Quellenverluste ist es in der Sozialgeschichte völlig illusorisch, Zahlen mit einer Fehlergrenze, etwa für die soziale Herkunft irgendeiner sozialen Gruppe, von weniger als 2 % erheben zu wollen. Nach WRIGLEY und SCHOFIELD (1981) sind in den englischen Kirchenbüchern von 1705–1750 etwa 1,5 % aller Taufeintragungen, 2 % aller Sterbeeintragungen und 4,5 % aller Heiratseintragungen unterlassen worden; im 16. Jh. gar 4 %, 5 % bzw. 12 % bei den Heiraten. Wir müssen davon ausgehen, daß die Größenordnungen in Mitteleuropa ähnlich sind.

Der Historiker bestimmt aber auch nicht die wahrscheinliche Zusammensetzung des englischen Parlaments nach der letzten Meinungsumfrage, für die ein Prozent mehr oder weniger den Verlust der absoluten Mehrheit bedeuten kann, sondern langfristige Zeittrends, bei deren Bestimmung ein Meßfehler von 2 % für die Einzelwerte ziemlich bedeutungslos ist.

Daß man zu landesweiten Zahlen zur Sozialen Mobilität in historischer Zeit nur durch Stichproben gelangen kann, ist fast zwingend. Daß die Hilfe und das Material der Genealogen dabei ein gangbarer Weg sein können, ist ein Gedanke, der, wie so oft in der Wissenschaftsgeschichte, mehreren Personen unabhängig voneinander gekommen ist (vgl. METZKE 1990). Am 17. 1. 1990 hatte J. DUPAQUIER (Paris) in Paderborn im Wirtschaftshistorischen Kolloquium Ökonomie und Geschichte zu dem Thema „Genealogie und intergenerative Mobilität" gesprochen. Im Unterschied zu der hier vorgelegten Arbeit hat sich DUPAQUIER nicht auf bereits archivierte genealogische Ergebnisse gestützt, sondern die französischen Genealogen aktiviert (DUPAQUIER 1980), um für die Zeit nach 1800 eine repräsentative Stichprobe für bestimmte Familiennamenanfänge zustande zu bringen. Publizierte Ergebnisse dieser französischen Parallel-Untersuchung liegen dem Verfasser noch nicht vor. Jedoch darf man darauf gespannt sein.

Nach Abschluß unserer Untersuchung sind wir mit der Arbeit von IMHOF (1990) bekannt geworden, die einen weiteren Schritt darstellt, genealogische Materialien für demographische Fragestellungen heranzuziehen. Während KNODEL (1988; S. 31) für sein Material klar sagt, daß „kein Anspruch erhoben werden kann, daß die untersuchten 14 Dörfer für die ländliche Bevölkerung Deutschlands repräsentativ sind", ist bei IMHOF schwer zu sagen, ob für die von ihm untersuchte viel größere Zahl von Dörfern ein günstigerer Schluß gezogen werden kann. Während KNODEL vor allem Dörfer untersucht, von denen viele mehr oder weniger im wirtschaftlichen Abseits lagen (und für die wegen der deswegen beschränkten Größe die Ortssippenbücher eher druckfertig waren), hat IMHOF allein im Saarland 17 Gemeinden einbezogen, aber leider enthält keine seiner zahlreichen Ergebnistabellen irgendwelche soziale Klassifizierungen. Zusammenfassend läßt sich kritisch anmerken, daß es in der historischen Demographie so etwas wie eine statistische Metaanalyse (HUNTER et al. 1982), die aus den Varianzen der Einzelorte zu Schlüssen über die Grundgesamtheit gelangt, leider noch nicht gibt. Es ist aber ein notwendiger Schritt, da man nun einmal nicht beliebige Orte (und seien es noch so viele) zusammenfassen kann (wie FLINN 1981), in der Hoffnung, daß sich das entscheidende Repräsentativitäts-Problem dann von allein lösen würde (vgl. die Kritik von SPAGNOLI 1977).

Ebenfalls parallel zu unserer Untersuchung lief die von SCHÜREN, welche von KOCKA im Vorwort (in SCHÜREN 1989; S. I) als „zweifellos die umfangreichste, umfassendste und in ihrer Weise gründlichste Untersuchung der Aufstiegs- und Abstiegsvorgänge in zwei Jahrhunderten deutscher Sozialgeschichte" charakterisiert wird, „die bisher geschrieben wurde". Angesichts von 30 000 untersuchten Eheschließungen, für die vorwiegend ein Quellentyp, nämlich Heiratsregister, genutzt wurde, wenn auch teilweise ergänzt durch Daten aus anderen Quellen (z. B. aus Steuerregistern), scheint diese Einschätzung durchaus angemessen. Ob aber durch die Einbeziehung von Quellen aus 12 verschiedenen Orten bzw. Stadtregionen von SCHÜREN, in der Regel durch getrenntes Hintereinander-Auflisten der Teilergebnisse und nicht durch ihre Addition, das Repräsentativitätsproblem besser gelöst worden ist, als von KNODEL (1988) und IMHOF (1990), muß als methodische Frage erlaubt sein. Zeitlich reicht SCHÜRENS Untersuchung bis ins 20. Jh., für das ja eigentlich genügend statistische Daten (z. B. Beschäftigte pro Wirtschaftszweig) veröffentlicht sind, an denen man die Repräsentativität einer Untersuchung überprüfen könnte.

EXKURS 2:

Eine Väterlinie als Beispiel für einen Ausschnitt aus einer Ahnenliste

Weiß, Karl Friedrich Simon (AL 10205)
  Handarbeiter in Schönheide, Ah Schwarzenberg
   m 1853 mit der Tochter eines Blechwarenhändlers in Schönheide
sein Vater:
  Bergarbeiter in Schönheide
   m 1836 mit der Tochter eines Tischlers in Schönheide
dessen Vater:
  Hüttenarbeiter auf dem Hammerwerk Unterblauenthal; 1802 Stabschmied
   m 1802 „in der Stille" mit der Tochter eines Einwohners und Eisensteinpächters in Unterblauenthal Ah Schwarzenberg, der 1802 Hochofenarbeiter ist
dessen Vater wiederum:
  Getauft 1739 als uneheliches Kind auf den Familiennamen der Mutter. Obwohl seine Eltern 1 Jahr später heiraten, behält er zeitlebens diesen Familiennamen. Er selbst wird Stabschmied und Frischer auf dem Hammer zu Rittersgrün, Ah Schwarzenberg, später Vorschmied und Meister. 1781 setzt ihn der Vater in Schneeberg als seinen einzigen Erben ein; jedoch ist der Aufenthaltsort des Sohnes unbekannt. Die Mutter war 1766 gestorben; und der Vater hatte nochmals geheiratet. (Blieb der einzige Sohn unauffindbar, dann bestimmte das Testament die Stiefmutter zum Erben.)
   m 1769 „in Unehren" mit der Tochter eines Förderheißgleichers in Muldenhammer, Ah Schwarzenberg
dessen Vater Christian Gottlob *Seyffert*:
  1740 Gürtlergeselle; 1782 bei seinem Tode Herr, vornehmer Bürger, Knappschaftsvorsteher und Gürtler in Schneeberg mit Haus am Markt
   m 1740 „ohne Zeremonien" mit der Tochter eines angesessenen Inwohners und Arzneihändlers in Bockau, Ah Schwarzenberg
dessen Vater:
  Meister, Bürger und Posamentierer in Geyer, Ah Annaberg
   m 1699 mit der Tochter eines Meisters, Bürgers und Bierbrauers in Annaberg
dessen Vater:
  Bürger und Leineweber in Thum, Ah Annaberg
   m 1666 „mit Kirchenbuße" mit der Tochter eines Bürgers und Hufschmidts in Thum
dessen Vater:
  1646 in Scheibenberg, Ah Annaberg; wird 1652 „von einem Baum erdrückt"
   die Ehefrau stammt von Hermannsdorf, Ah Annaberg

3. Quellenlage

3.1. Kritische Einschätzung von genealogischen Quellen

Die offizielle Landesstatistik setzt in der Regel im 19. Jh. ein (Sachsen hatte 1834 seine erste Volkszählung), und an die Erhebung von Daten, mit denen sich die soziale Herkunft von Berufen, Berufsgruppen oder gar sozialen Schichten und Klassen beantworten ließe, dachte man damals noch nicht (PFÜTZE 1931). Dabei waren schon seit dem 15. Jh. Steuererhebungen („Türkensteuern") Anlässe zu Querschnitten durch die Bevölkerung gewesen, die wir als weitgestreute Stichproben auf der Zeitachse auffassen können. „Gerade die Landsteuerregister der Jahre 1551 und 1552 sind ... fast vollständig erhalten, so daß sie ... eine nahezu lückenlose Bevölkerungsstatistik Sachsens zu dieser Zeit darstellen" (BLASCHKE 1967, S. 44). Für das 16. Jh. ist leider kein gleichwertiges Archivmaterial überliefert. „Im Jahre 1748 sind von der kursächsischen Zentralbehörde für die Militärökonomie ... Erhebungen ... vorgenommen worden ... Für jedes Dorf wird die Zahl der Bauern, Gärtner, Häusler und Hufen, für jede Stadt die Zahl der Feuerstätten angegeben. ... Eine gleichartige Erhebung wurde im Jahre 1764 vorgenommen" (BLASCHKE 1967, S. 34). Die genannten Erhebungen sind so detailliert, daß sie zu einer groben Analyse der jeweiligen Sozial- und Klassenstruktur geeignet sind. BLASCHKE (1967) ging dieser Möglichkeit konsequent nach, und TILLY (1984, S. 30) dürfte recht haben, wenn er feststellt, daß „Sachsen das einzige größere Territorium ist, für das wir bis zurück ins 16. Jh. verläßliche Schätzwerte auch der Sozialstruktur haben".

Untersuchungen zur sozialen Herkunft setzen aber stets Massendaten über den Zusammenhang zwischen zwei Generationen, Kindern und ihren Eltern, voraus. Daß sich sozialstatistische Zusammenhänge mit genealogischen Materialien aufdecken lassen, haben einzelne weitsichtige Forscher (TILLE 1910 scheint es zum erstenmal klar formuliert zu haben) schon seit langem erkannt und als Forschungsmethode empfohlen (SCHAUB 1971). Demonstriert wurde es für das Bürgertum einzelner Städte von SCHAUB (1979) und WUNDER (1980), für eine ausgewählte Berufsgruppe z. B. von EULER (1978). Da wir (WEISS in WEISS et al. 1986, S. 87–119 und WEISS 1992b) an anderer Stelle bereits einen ausführlichen Überblick über den gegenwärtigen internationalen Forschungsstand zur sozialen Herkunft bestimmter Berufe, insbesondere im Hochleistungsbereich von Wissenschaft, Technik, Kunst und Unternehmensleitung, gegeben haben, möchten wir uns hier auf diesen Verweis beschränken.

Daß nicht nur lokal (vgl. ROGERS und SMITH 1991) oder auf eine Berufsgruppe mit besonders günstiger Quellenlage beschränkte Untersuchungen, sondern auf der Grundlage von genealogischen Materialien auch landesweite Untersuchungen möglich sind, dürfte als erster KÖLLMANN (1969, S. 18) erkannt haben, der schrieb: „Dabei bietet sich das von den Genealogen erarbeitete Datenmaterial für eine systematische, auf Strukturen und Prozesse der Strukturveränderung gerichtete Auswertung geradezu an" (vgl. auch HAYS 1975).
Ein Ergebnis dieser Einsicht war die von KÖLLMANN betreute und von Demographen sehr geschätzte Dissertation von Adelheid v. NELL (1974), die als erste von einer Stichprobe aus Ahnen- bzw. Stammlisten ausgeht, und zwar für den Raum Niedersachsen. V. NELL sieht für ihre Fragestellungen, insbesondere die Entwicklung des Heiratsalters, die Repräsentativität ihrer Materialien aus dem „Deutschen Geschlechterbuch" als gegeben, d. h. die Repräsentativität wird bei ihr nicht durch vergleichende Eckdaten oder Quotenziehung abgesichert.
Untersuchungen zur Sozialen Mobilität stützen sich bislang vor allem auf die methodisch relativ einfache Auswertung von Traubüchern (z. B. STONE 1966; SCHULTZ 1987a; SCHÜREN 1989), die aber den bekannten Nachteil haben, daß zum Zeitpunkt der Trauung die berufliche Karriere des Bräutigams noch nicht abgeschlossen ist bzw. noch nicht ihren Höhepunkt erreicht hat. Kombiniert man die Traudaten mit den Angaben über Beruf, Stand und Wohnort in den Tauf- und Sterbebüchern und bezieht auch noch die Gerichtshandelsbücher, Steuerlisten und ähnliche Quellen ein (WEISS und BUTTER 1988), dann hat man zwar alle erforderlichen Details, aber auch schon für eine einzige Kirchgemeinde einen gewaltigen Arbeitsaufwand. Bereits fertige Kirchenbuchverkartungen und Ortsfamilienbücher (BÖSER 1985) sind deshalb ein beliebtes Arbeitsfeld für Sozial- und Bevölkerungsgeschichte geworden. Da die Bevölkerung auch im geographischen Raum mobil ist und repräsentative landesweite Erfassung Daten über mehrere tausend Eltern-Kind-Paare voraussetzt, schien der Arbeitsaufwand für eine derartige Datenerhebung so unermeßlich groß, daß zwar die Absicht schon geäußert, aber noch nie Ergebnisse veröffentlicht wurden. So hatten FOGEL et al. bereits 1978 über ein Forschungsprojekt an der Harvard-Universität berichtet, das sich auf die Daten über 50 Millionen Personen und 40 000 gedruckten Familiengeschichten in den Sammlungen der Genealogischen Gesellschaft in Salt Lake City stützen sollte. Es sollte über soziale Unterschiede der Sterblichkeit geforscht werden. Da in den Datenspeichern in Salt Lake City aber für jede Person nur die Hauptlebensdaten gespeichert sind und soziale Angaben erst mühevoll wieder aus den Primärquellen erhoben werden müssen, sind bislang keine Ergebnisse dieses Projekts veröffentlicht worden, obwohl für

diese einfache Fragestellung darauf verzichtet werden könnte, zwei Generationen miteinander zu verknüpfen.

In mehrfacher Hinsicht kann unsere Arbeit, ebenso wie die von BLASCHKE (1967), von einem frühen und hohen Stand der wirtschaftlichen und kulturellen Entwicklung in Sachsen profitieren. Die Kirchenbücher setzen in Sachsen 1548 ein und sind seit dieser Zeit noch in rund 200 Kirchgemeinden erhalten (KÖHLER 1938). Für eine Reihe von Orten sind auch die Gerichtshandelsbücher seit dem Einsetzen in der ersten Hälfte des 16. Jh. lückenlos erhalten. Etwa seit 1900 ist Sachsen auch Betätigungsfeld einer besonders traditionsreichen und auf nichtadlige Vorfahren gerichteten Genealogie. Als Laienforscher haben die Genealogen, in der Regel Personen mit Fach- oder Hochschulbildung aller erdenklichen Fachrichtungen, nur wenige sind ausgebildete Historiker oder Archivare, Arbeitsvorschriften und Gütekriterien entwickelt (WEISS 1989a), die meist auch strengen wissenschaftlichen Maßstäben genügen (KNODEL und SHORTER 1976). Genealogen stellen aus den Primärquellen in aufwendiger Kleinarbeit, oft als Lebensarbeit, Ahnenlisten, Ahnentafeln, Stammtafeln, Nachkommenlisten und Ortsfamilienbücher zusammen, die mit ihrer eigenen Person bzw. ihrem Heimatort in Beziehung stehen, gelegentlich auch mit bestimmten historischen Persönlichkeiten. Bereits 1921 begann Karl Förster diese Ahnenlisten in der späteren „Deutschen Ahnengemeinschaft" in Dresden zu sammeln (HAMMER und WEISS 1993). (Dem langjährigen Betreuer dieser Sammlung, Kurt Wensch, dankt der Verfasser für die freundliche Bemerkung, daß die hier vorgelegte Arbeit der wissenschaftliche Verwendungszweck der Sammlung sei, der Karl Förster [gest. 1932] vorgeschwebt hätte.) Die Numerierung der heute in der Deutschen Zentralstelle für Genealogie in Leipzig archivierten Ahnenlisten überschreitet die Zahl 11 000. Unter anderem durch Kriegsverluste bedingt, übersteigt die Zahl der verwertbaren Listen aber kaum die 7000. Auch diese sind sehr unterschiedlich in Qualität und Umfang. Da das Sammelgebiet den gesamten deutschen Sprachraum umfaßt, so gibt es für jedes Territorium nur eine kleine Zahl Listen, die wirklich tiefgründig sind; dabei für Sachsen sicher die meisten, bedingt durch Quellenlage und Tradition. Die Listen stammen selbstverständlich auch von Verfassern, von denen einige sogar in Übersee wohnen und die nur einen Teil ihrer Vorfahren in Sachsen haben. Leider besaß zum Zeitpunkt der Untersuchung weder die Zentralstelle selbst noch sonst jemand eine Übersicht über die Qualität der Listen; und die Zuordnung von Sachsen, zusammen mit Thüringen und der ehemals preußischen Provinz Sachsen, zum Gebiet „Mitteldeutschland" (mit „M" auf den Listen ausgewiesen) erlaubte nur eine sehr grobe Orientierung über die geographischen Schwerpunkte einer jeden Liste.

Neben den zur Auswertung herangezogenen rund 500 Ahnenlisten (AL) mußte deshalb insgesamt die doppelte Zahl gesichtet werden, um die geeigneten Listen herauszufinden. (Viele Listennummern sind einfach nur wenig veränderte Neufassungen von älteren Listen; manche unbrauchbar wegen deutlicher Qualitätsmängel, z. B. fehlenden Berufsangaben.) Inzwischen wurden die in der Zentralstelle vorhandenen AL nach regionalen Gesichtspunkten klassifiziert (z.B. MÜNCHOW et. al. 1992 und 1993).

Auch das Material der im Krieg verlorenen Listen war weitgehend in die „Ahnenstammkartei des deutschen Volkes" der Zentralstelle eingearbeitet worden und blieb so erhalten. Auch aus dieser heute rund 1,1 Millionen Karteikarten umfassenden Kartei ließen sich theoretisch direkt Stichproben des gesamten deutschen Sprachraumes erheben, arbeitstechnisch ist das aber erst vorstellbar, wenn die 1991 zusammen mit den AL verfilmte Kartei in der Computerdatei der Genealogischen Gesellschaft von Utah verfügbar ist. In der Ahnenstammkartei sind die Familiennamen nach dem phonetischen Alphabet geordnet. Nur für besonders häufige Familiennamen gibt es eine zusätzliche Ortskartei. Für unsere Aufgabenstellung wäre es sehr wichtig gewesen, z. B. für einen bestimmten sächsischen Ort alle AL zu ermitteln, die dort Vorfahren nachweisen. Für derartige Fragestellungen ist aber die Ahnenstammkartei in ihrer jetzigen Form nicht angelegt. Der Umfang der gesammelten Listen schwankt von zwei Schreibmaschinenseiten bis zu mehrbändigen Arbeiten, in denen Daten über jeweils Tausende Vorfahren enthalten sind. Da AL meist von Probanden des 20. Jh. ausgehen und sich die Zahl der Vorfahren in jeder Generation verdoppelt, kann in den weiter zurückliegenden Generationen die Zahl der tatsächlich bekannten Einzelpersonen in den Listen so groß werden, daß von einem einzelnen Dorf um 1650 z. B. die Hälfte aller Bewohner in einer Liste enthalten sein kann. Denn ein Proband, 1944 geboren wie der Verfasser (vgl. AL 11414), hat Ausgang des Dreißigjährigen Krieges, in seiner 10. Vorfahrengeneration also, bereits 1024 Vorfahren, von denen in diesem Falle fast 700 bekannt sind (und diese AL allein schon rund 3500 Personen erfaßt). Bei einem so umfangreichen Material sind in den weiter zurückliegenden Generationen, die in unsere Stichproben eingingen, die jeweiligen Beziehungen zwischen den sozialen Zuordnungen von Vätern und ihren Söhnen, etwa in der 8. und 9. Generation, weitgehend unabhängig von dem Probanden, der 200 bis 300 Jahre später lebt. Probleme dabei und Einschränkungen der Repräsentativität werden wir weiter hinten (siehe S. 43 ff.) diskutieren.

Für die Abfassung einer AL hat sich in sieben Jahrzehnten ein Standard herausgebildet, der von der Zentralstelle für Genealogie in einem Musterblatt fixiert worden ist, dessen Vorgaben aber als Mindestanforderungen an die Qualität einer

AL (WEISS 1989a) aufzufassen sind. Galten in der Anfangsphase der Genealogie Beruf, Stand und die drei Hauptlebensdaten (Geburt, Heirat und Tod) als Angaben für eine männliche Person für ausreichend, so sind heute nähere Angaben dringend erwünscht (WEISS 1992a), etwa über seine steuerliche Belastung und den Kauf- und Verkaufspreis seines Hauses und Bauerngutes. Von den Genealogen, die auch schon die Gerichtshandelsbücher eingesehen haben, wird zwar oft bereits das Jahr des Kaufes von einem Gut genannt, der Preis (und das Angeld) aber weggelassen. Bei Fragestellungen wie den unseren muß man das tief bedauern, kann man doch mit dem notwendigen Hintergrundwissen aus Preis und Steuerbelastung ziemlich sicher auf die Größe eines Gutes schließen und die soziale Stellung des Besitzers, auch wenn sonst keine weiteren Angaben vorliegen. Wird eine Person nur als „in Adorf" lebend bezeichnet, als „Einwohner" oder „Inwohner" – wir diskutieren diese Begriffe noch – so ist das, in Sachsen wenigstens, fast wertlos. Weniger Namen, aber sozial besser charakterisierte, das macht eine AL erst aussagekräftig. Ist es doch gerade die Mehrfacherfassung der sozialen Stellung einer Person (bei seiner eigenen Heirat, bei der Geburt und Heirat seiner Kinder, bei seinem Tode und dem Tode seiner Ehefrau), die diese Daten aus Genealogien für Sozial- und Wirtschaftsgeschichte so wertvoll macht, läßt sich doch so auch Berufswechsel belegen, wirtschaftlicher Wandel und auch Wandel in den Begriffen und ihrer regionalen Verbreitung. Während die Pioniergeneration der Genealogen die Schreibweise der Familiennamen und die Berufs- und Standesbezeichnungen oft generalisiert hat bzw. modernem Gebrauch angepaßt, erscheint es heute wichtig, in jeder Vorfahrensgeneration die einzelnen Schreibweisen der Berufs- und Standesbezeichnungen originalgetreu wiederzugeben, ergeben sich doch dadurch einzigartige Aussagemöglichkeiten, z. B. der kartographischen Darstellung aller Synonyme für „Kleinbauer" im deutschen Sprachraum und ihrer Veränderung in Raum und Zeit. Nur wenige AL werden den eben gestellten Anforderungen bereits voll gerecht. Manche AL fallen in ein anderes Extrem und geben seitenweise zum Teil unwichtige Details aus Kaufverträgen in Gerichtshandelsbüchern wieder. Dennoch verdienen viele Genealogen für ihre eigene Arbeit und die Leistung ihrer Mitarbeiter Hochachtung (vor allem die Pfarrer und Kanzleiangestellten der Landeskirche sind zu nennen, aber auch am Ort oder in der Nähe wohnende Genealogen, da der Forschungsaustausch ein beliebter Weg ist, um eigene Zeit und Fahrkosten zu sparen). Es ist unvorstellbar, wenn die Datenerhebung für die vorliegende Untersuchung an Ort und Stelle – in den Kirchenbüchern (KB) selbst – hätte durchgeführt werden müssen. Der mindestens zehnfache Aufwand an Zeit und Geld für die Datenerhebung ist sicher eine viel zu vorsichtige Schätzung. Die Vorleistung der Hobby-Genealogie, auf der wir hier aufbauen, hat einen Arbeitswert von mehreren Millionen Mark. Ohne diese Vorleistung war und ist unsere Arbeit hier undenkbar und wäre niemals von einem einzelnen Bearbeiter in wenigen Jahren zu bewältigen gewesen.

Selbstverständlich ist nicht nur der Umfang der AL, sondern auch die Aussagekraft der Primärquellen wichtig, aus deren Angaben die Listen zusammengestellt worden sind. Bislang gibt es noch keine systematische Arbeit über die Aussagekraft der KB (wie sie HAMMER et al. 1992 anstreben), und der Verfasser, der rund 300 Kirchgemeinden im Untersuchungsgebiet persönlich aufgesucht und in all diesen Gemeinden u. a. die Traubücher im Zeitraum 1548–1721 Eintrag für Eintrag durchgelesen hat, bedauert sehr, daß er nicht bereits in einem frühen Stadium der Arbeitsplanung ein Formular (wie jetzt von HAMMER et al. 1992) entworfen hat, aus dessen Notizen sich jetzt eine wissenschaftlich befriedigende Antwort geben ließe. Es hätte schon gereicht, wenn man z. B. alle dreißig Jahre notiert hätte, ob Berufsangaben gemacht werden oder nicht und mit welchen Angaben sich die Generationen verknüpfen lassen. So läßt sich aus der Kenntnis von Hunderttausenden Original-Kirchenbucheintragungen nur ein Gesamteindruck wiedergeben, ohne daß er sich hier statistisch belegen läßt: Während von 1548 bis zum Ausgang des Dreißigjährigen Krieges die KB-Eintragungen oft nur lakonisch sind und auf den Dörfern ohne Berufsangaben, so daß ohne die Hinzuziehung anderer Quellen und ohne die Verkartung ganzer Orte die Angaben sozialgeschichtlich unbrauchbar sind, werden später Beruf und Stand in den KB stets angegeben. Seit dieser Zeit und im 18. Jh. mit allerorts zunehmender Genauigkeit enthalten die KB Informationen, mit denen es gelingt, die Mitglieder einer Kernfamilie zu identifizieren und die Generationen miteinander zu verknüpfen. Die Angaben der Väter von Braut und Bräutigam, wenigstens die Nennung des Vornamens auch der Mutter bei einer Geburt und eine Altersangabe bei Sterbeeintragungen gehören zu den Daten, mit denen sich der Anteil falscher Verknüpfungen sehr niedrig halten läßt. Ist die KB-Eintragung aber so lakonisch wie vielerorts im 17. Jh., daß derartige Angaben fehlen, ist auch in den AL mit einer gewissen Quote von falschen Vätern zu rechnen. Dennoch muß man bei den Genealogen davon ausgehen, daß sie bestrebt sind, diese Fehlzahl „durch kritisches Arbeiten minimal zu halten, damit in der Genealogie nicht noch mehr falsche Väter herumlaufen als in der Natur" (KIESSLING 1989, S. 23). Und da es die Tendenz zu einer Korrelation zwischen dem sozialen Status der falschen und richtigen Väter gibt, dürften 1 oder 2 % falsche Väter keine Größenordnung sein, die für unsere Ergebnisse hier zu sehr ins Gewicht fällt. Das Problem läßt sich aber nicht unterschlagen, und man kann über Fehlergrenzen von Zahlen zur

Sozialen Mobilität nicht diskutieren, wenn man nicht auch diesen Anteil von falschen Vätern berücksichtigt.

Im Umkreis der alten Bergstädte Freiberg und Annaberg gibt es bis in entlegene Dörfer hinein eine deutliche Ausstrahlung, die zu einer frühen gründlichen KB-Führung geführt hat (in Wiesa bei Annaberg z. B. schon ab 1600), denn eine genaue Buchführung war eine Voraussetzung erfolgreichen Bergbaus und Handels, und auch auf diese Weise profitiert unsere Arbeit von Sachsens Vergangenheit. Verbesserte einmal ein Pfarrer die KB-Führung, dann behielten seine Nachfolger das in der Regel bei. – In den Gerichtshandelsbüchern (GB) werden regelmäßig Käufer und Verkäufer genannt und, sofern gegeben, auch ihre verwandtschaftliche Stellung zueinander; bei ortsfremden Käufern oft auch dessen Herkunftsort. Während sich um 1700 aus der Aufschlüsselung der Tagzeiten (Termingelder) oft sehr gut die verwandtschaftliche Stellung der Personen zueinander ableiten läßt, werden vor 1600 die Tagzeiten kaum detailliert aufgeführt, und die GB enthalten nur Verzichterklärungen (d. h. Quittungen), aus denen verwandtschaftliche Zusammenhänge schwer zu belegen sind. (Eine ausführliche Darlegung dieser Probleme bei der Arbeit mit GB findet man bei WEISS und BUTTER [1988]).

Darüber hinaus gibt es noch eine große Anzahl weiterer Primärquellen, aus denen die Genealogen schöpfen, z. B. die Geburtsbriefe des 18. und die Heimatscheine des 19. Jh. Größere Bedeutung als Massenquelle haben aber nur noch die Leichenpredigten, deren gedruckte Überlieferung für Bürgertum und Adel im 17. Jh. eine Blüte erlebt. In Leichenpredigten werden in der Regel Eltern und Großeltern genannt, oft auch die Kinder mit ihrem Verbleib aufgeführt. Da es vor allem wohlhabende Familien waren, die so etwas drucken ließen, besteht vor allem in den Städten vor 1650 die Gefahr, daß unsere Stichproben in diese Richtung kopflastig werden. Daß vom 17. bis 19. Jh. in mindestens 40 Gemeinden des Untersuchungsgebietes (KÖHLER 1938) auch Lebensläufe einfacher Leute (PAPSDORF 1988) vorhanden sind, oft mehrere Jahrzehnte lang für die gesamte Bevölkerung, ist den Genealogen bisher oft entgangen. Vor 1650 verstärkt sich auch deutlich die Tendenz, daß die Pfarrer, die die KB selbst verfaßten und für die Trauung ihrer Töchter einige Zeilen mehr schrieben als sonst, und die Gebildeten insgesamt eine deutlich bessere Quellenlage haben als andere (z. B. auch die Universitätsmatrikel), so daß trotz ihres sehr großen räumlichen Heiratskreises Abstammungsnachweise keinesfalls aussichtslos sind. Zusammenfassend läßt sich aus der Quellenlage bei KB, GB und allen anderen „Sonderquellen", BLASCHKE (1967, S. 48) folgend, allgemeingültig schließen: „Es ist offensichtlich, daß die für 1550 zustande gekommenen ... Zahlen nicht mehr auf so sicherer Grundlage ruhen und nicht mehr den gleichen Grad von Zuverlässigkeit besitzen wie diejenigen für 1750."

Auch wenn wir, aufbauend auf der Übersicht von KÖHLER (1938), keine systematische Analyse der Quellenverluste (s. auch VERLUSTE) vorlegen können, dürften wir richtig mit der Annahme sein, daß die geographische Verteilung dieser Verluste durch Brände, Krieg und Nachlässigkeit in der Summe der Jahrhunderte weitgehend zufällig war. Daß aber einige große Städte besonders schwer getroffen wurden – Dresden im Siebenjährigen Krieg, die KB von Chemnitz und Zwickau im 2. Weltkrieg (s. VERLUSTE), dazu kommen noch Totalverluste der Archivalien in Frankenberg und Auerbach/V. im 18. Jh. und eine liederliche KB-Führung in Schneeberg – das alles hat Konsequenzen für unsere Untersuchung. Gab es so schon Probleme, die Repräsentativität der städtischen Unterschichten zu sichern, so wird es durch diese selektiven Quellenverluste bei drei (Dresden, Chemnitz, Zwickau) von fünf sächsischen Großstädten verschärft, ja für die Zeit vor 1800 unmöglich. – Die geographisch ungleiche Verteilung der genealogischen Forschungstraditionen, für das Erzgebirge gibt es viel mehr AL als für die Ah Grimma und Großenhain, konnte durch die Einhaltung der festgelegten Quoten wettgemacht werden. Im Vogtland sind die KB bis etwa 1750 noch so lakonisch, daß das Material aus diesem Gebiet sozialgeschichtlich oft unbrauchbar ist, so daß die sozialstrukturell und wirtschaftlich ähnlichen angrenzenden erzgebirgischen Amtshauptmannschaften (Ah) die Quoten auffüllen mußten. – Daß die Genealogen sich auf manche Städte, wie Leisnig, Hainichen und Reichenbach/V., besonders konzentriert, andere mit ebenso guter Quellenlage fast ausgespart haben, wie Mittweida oder Großenhain, dürfte dem bloßen Zufall zuzuschreiben sein und ist, da wir für keine dieser Städte gesonderte Aussagen machen, für unsere Untersuchung ohne Belang. Eine besonders entgegenkommende Atmosphäre in den Pfarrarchiven mag bei der Herausbildung derartiger lokaler Forschungsschwerpunkte eine Rolle spielen; bei den Dörfern kommt in einigen Fällen, so z. B. bei Claußnitz (Ah Rochlitz), Stangengrün (GÜNDEL 1988) und Bärenwalde eine exzellente Quellenlage hinzu, so daß unsere Aussagen zur Landbevölkerung vor 1650 auf Personen aus einer immer kleineren Zahl von sehr gut erforschten Dörfern fußen.

3.2. Erhebungsmethode

Als Untersuchungsgebiet (vgl. Abb. 1) verstanden wir unter „Sachsen" operational Kongreßsachsen (in den Grenzen nach bzw. ab 1815), ohne die Oberlausitz, also die Schönburgischen Herrschaften und Wildenfels stets inbegriffen, ebenso das frühere Bistum Wurzen. In der Grenzziehung zwischen den Amtshauptmannschaften folgten wir streng dem „Historischen Ortsverzeichnis von Sachsen" (BLASCHKE 1957), woraus sich ergibt, daß die Grenze unseres Untersuchungsgebiets nicht vollständig mit der historischen Grenze zwischen der Markgrafschaft Oberlausitz und dem Meißnischen Kreis der Erblande identisch ist. – Mit der Ausgliederung der Oberlausitz beschränken wir uns damit auf ein Gebiet, das im gesamten Untersuchungszeitraum relativ geschlossen und verfassungsrechtlich einheitlich war. Wir werden das Untersuchungsgebiet deshalb gelegentlich als „Kernsachsen" bezeichnen.

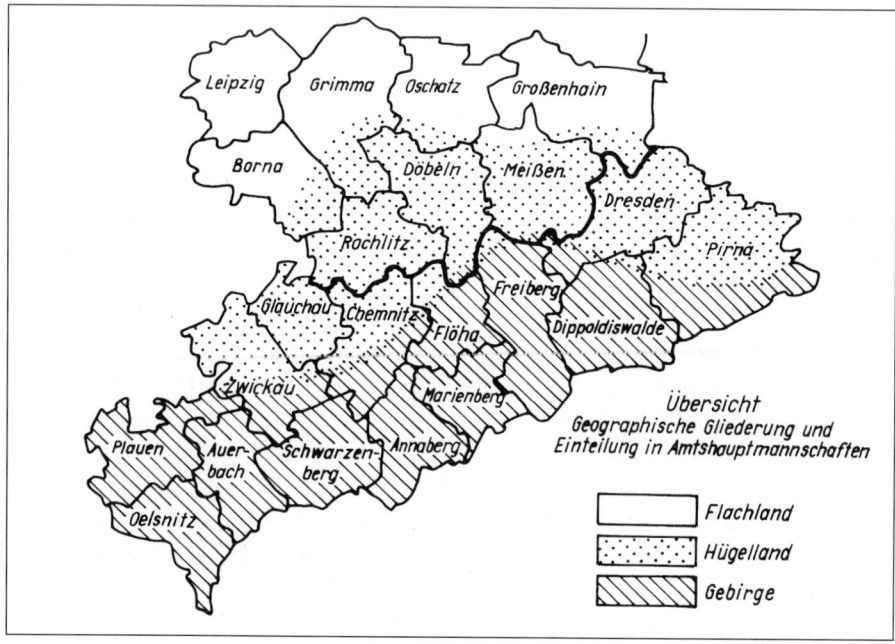

Abb. 1: Das Untersuchungsgebiet: Sachsen in den Grenzen nach 1815 (ohne Oberlausitz)

Für die zeitliche Abgrenzung war 1548 mit dem Einsetzen der KB das Jahr vorgegeben, von dem ab man erst von einer einheitlichen Quellengrundlage für die gesamte Bevölkerung sprechen kann. Unser Schlußjahr, das Traujahr 1870, ist weniger durch das markante Datum der Reichsgründung bestimmt, sondern aus vier methodischen Gründen, die aus der inneren Logik der Untersuchung selbst folgen: Erstens wird die Personenzahl in den AL zur Gegenwart hin immer kleiner (d. h., die Zahl der AL, die auf geeignete Personen durchgesehen werden müssen, verdoppelt sich dabei pro Generation); zweitens ist, da die AL nun einmal überproportional häufig von Angehörigen der Intelligenz verfaßt werden, bei gegenwartsnahen Generationen eine Verzerrung durch einen Aufsteigereffekt zu befürchten; drittens verändern sich um 1890 durch die Eingemeindungen von Dörfern in Großstädte und viertens durch den starken Umbruch der Struktur der Erwerbstätigen die dementsprechenden Klassifizierungen so stark, daß ein Vergleich mit den sonst hier angewendeten Einteilungen nicht mehr ohne weiteres möglich ist. So sehr wir aus inhaltlichen Gründen im folgenden noch mehrfach bedauern müssen, die Untersuchung nicht bis zu den Traujahren 1900 oder 1910 fortgeführt zu haben, so sind die angeführten Gründe zwingend genug, mit 1870 aufzuhören.

Die zeitliche Abgrenzung der Stichprobenzeiträume 1650–1699 und 1700–1749, die zuerst erhoben wurden, folgte einfach aus der Überlegung, mit Sicherheit eine ausreichend hohe Personenzahl pro Generation in den AL zu finden. Als das gelungen war, war die Unterteilung des Zeitraums 1750–1870 in die Stichproben 1750–1814 und 1815–1870 naheliegend. Zusätzlich wurde angestrebt, für den ursprünglich nicht mit eingeplanten Zeitraum 1548–1649 eine weitere vollständige Stichprobe zu erheben. Daß dabei größere Unsicherheiten der Ergebnisse in Kauf genommen werden mußten, war von vornherein klar. Die Verlängerung der Zeitreihen um drei weitere Generationen zurück dürfte aber die zusätzliche Arbeit gelohnt haben.

Als einheitliches zeitliches Kriterium für die Aufnahme in die Stichprobe bot sich das Traujahr an. Ist nämlich dieses bekannt, dann meist nur auf Grundlage der KB, d. h. einer einheitlichen Quellenüberlieferung. Hätte man z. B. auch die Dekade, in der die Trauung erfolgte, als ausreichend angesehen, hätte das automatisch zu einer Verzerrung zugunsten der Besitzenden geführt, die sich in den GB oft noch weiter zurückverfolgen lassen als andere, aber eben ohne genaues Traujahr. – Da im sehr groben Durchschnitt für beide Geschlechter zusammen die Trauung mit etwa 25 Jahren erfolgt, dann wird das mittlere Leistungsalter (der Höhepunkt der beruflichen Karriere bei den Männern) etwa 15 Jahre später erreicht. Für dieses mittlere Leistungsalter haben wir in der Regel die Angaben zu Beruf, Amt und Stand klassifiziert; folglich beziehen sich in den Tabellen unserer Arbeit die Jahreszahlen auf Personen im mittleren Alter von 40 Jahren. Sicher könnte man das alles „genauer" machen, aber es wäre nichts weiter als der Versuch, den Durchmesser eines Luftballons mit der Mikrometerschraube bestimmen zu wollen.

Zu beachten war ferner, daß alle Dekaden relativ gleichmäßig zu besetzen waren, wenn eine Generation ein Mittel über drei gleichwertige Dekaden sein soll. Das ist annähernd gelungen, indem immer wieder Zwischenrechnungen gemacht wurden und indem, wenn notwendig, die Stichprobe aus bestimmten Dekaden dadurch reduziert wurde, daß nur noch Personen mit ungeraden Traujahren genommen wurden, um so eine Überziehung der Quoten zu vermeiden. Nur für den Zeitraum 1548–1599 war das wegen des geringen brauchbaren Datenmaterials nicht sinnvoll; statt dessen ergab sich hier als arithmetisches Mittel für alle Paare in diesem Zeitraum das Traujahr 1580 (anstatt 1574), als mittleres Leistungsalter folglich das Jahr 1595. Der Generationsabstand bis 1630 ist dann in unseren Tabellen ausnahmsweise 35 Jahre, sonst stets 30 Jahre. Wir müssen uns vor Augen halten, daß es sich bei den Jahreszahlen in unseren Tabellen um Mittelwerte über eine Generation handelt. Wenn im Titel unserer Arbeit als Zeitbegrenzung 1550–1880 angegeben ist, so sind doch die ältesten Eltern unserer ersten Generation um etwa 1480 geboren und scheiden die letzten unserer Probanden erst etwa im ersten Weltkrieg aus dem Erwerbsleben und sterben in den dreißiger Jahren. Daß sich soziale Strukturen in der Regel nicht durch den Frieden von Soundso und die Thronbesteigung irgendeines August von heute auf morgen verändern, davon spricht jede Ergebnistabelle dieser Arbeit. Es sollen nur diejenigen schon darauf aufmerksam gemacht werden, die ihre „Epochen" nicht so ohne weiteres in den Zeitangaben hier wiederfinden.

Aus den eingesehenen AL wurde jede Person herausgezogen, die nach der Trauung in „Kernsachsen" wohnhaft war und deren Daten die Mindestanforderung genaues Traujahr und Angaben zu Beruf und Stand bei männlichem Probanden und dessen Vater erfüllte; alle anderen Daten konnten dagegen mehr oder weniger lückenhaft sein. Das betrifft auch die Angaben für den Schwiegervater des männlichen Probanden, wodurch erklärt ist, daß in den Tabellen die Zahl der Schwiegerväter fast stets etwas niedriger ist als die der Väter. Der Grund dafür war arbeitstechnischer Art: Die AL mußten Seite für Seite durchgelesen werden und jedes in Kernsachsen wohnende Ehepaar auf eine speziell dafür gedruckte Karteikarte DIN A5 übertragen werden, solange die jeweilige Quote noch nicht voll war. Da die AL alphabetisch geordnet sind, war sofort zu erkennen, ob bei Proband und Vater vollständige Daten vorhanden waren. Für den Schwiegervater mußte dann in der AL beim entsprechenden Familiennamen nachgeschlagen werden; waren dabei die gefundenen Angaben unvollständig, so wurde die Karteikarte dennoch in der Stichprobe belassen. Der nach Beruf oder Stand nicht-klassifizierbare Schwiegervater taucht in den Ergebnistabellen nicht auf. War aber ein Heimatort angegeben, so wurde das bei der Auswertung der räumlichen Mobilität mit berücksichtigt.

Bloße „Einwohner" und „Inwohner" – wir diskutieren das Problem noch eingehend (siehe S. 50 ff.) – und Männer „in Adorf" wurden als nicht-klassifizierbar eingestuft und nicht erfaßt. An dieser Stelle kann Kritik ansetzen. Jedoch kann man Sozialgeschichtsforschung nun einmal nur mit Personen machen, die sich sozial einstufen lassen. In allen Ergebnistabellen wären die nicht-klassifizierbaren ein Störfaktor allerersten Ranges gewesen: Man hätte praktisch alle Ergebnisse zweimal ausweisen müssen, mit und ohne Nicht-Klassifizierbare. Da aber bei allen Vergleichen letztendlich nur die Klassifizierten verglichen werden können, wäre dies nur eine Quelle der Konfusion. Es schien klüger, die Quoten mit Personen aus den Dörfern zu füllen, wo die Genealogen bereits auch mit Steuerlisten und GB gearbeitet hatten, und statt dessen die „Einwohner" aus schlecht erforschten Dörfern erst einmal wegzulassen. Es mag zukünftigen Untersuchungen überlassen bleiben, für unzählige Dörfer die „Einwohner" z. B. aus den Steuerlisten selbst zu charakterisieren zu versuchen. Auch das wird nur teilweise gelingen. Für die vorliegende Untersuchung waren zusätzliche Anstrengungen in diese Richtung unmöglich.

Noch schwieriger war die Entscheidung bei den „Bürger in ...", da hierdurch vor allem die Wanderungsstatistik beeinflußt werden kann. Nach 1649 galt ein Proband als bloßer „Bürger in ..." auch als nicht-klassifizierbar; dieselbe Praxis war aber für die Traujahre 1548–1648 nicht durchzuhalten, da in dieser Zeit diese Angabe oft die einzige ist, die über einen Stadtbewohner überhaupt gemacht wird. Hätte man diese „bloßen" Bürger weggelassen, wären die Daten sehr stark zugunsten des Anteils der Herren des Großbürgertums in den großen Städten verzerrt worden. Da in den Wanderungsstatistiken die „Bürger in ..." bei den Schwiegervätern stets mit ausgewertet wurden, ergab sich so auch eine Kontrolle der möglichen Verzerrung. Da sich dabei keine wesentlichen Unterschiede in den Verteilungen von Vätern und Schwiegervätern ergab, konnte in den Wanderungsstatistiken darauf verzichtet werden, beide getrennt auszuweisen.

Per Hand wurden aus den in der Regel maschinengeschriebenen AL folgende Daten auf die Karteikarten übertragen:

Für den Probanden: Name, Vorname; Quelle (Nr. der AL); Angaben zu Beruf, Stand, Amt und Besitz; Wohnorte, Geburtsort, -monat, -jahr; Sterbemonat, -jahr; wievielte Ehe; Traumonat, -jahr.

Für die Ehefrau: Geburtsname, Vorname; Geburtsort, -monat, -jahr; Sterbemonat, -jahr; wievielte Ehe.

Für die Väter von Probanden und Ehefrau je: Angaben zu Beruf, Stand, Amt und Besitz; Wohnorte, Geburtsname der Ehefrau (die Ahn ist jeweils, sofern es mehrere gab); Geburtsmonat, -jahr und die Angabe, ob die Linie in väterlicher Linie mindestens noch eine Generation mit vollständigem Namen und Vornamen weitergeht oder abbricht.

Bei unehelichen Geburten wurde das errechnete Zeugungsjahr dem Traujahr gleichgesetzt; ansonsten war alles andere analog. Wegen der überhöhten Sterblichkeit unehelicher Kinder sind sie in AL gegenüber dem damaligen tatsächlichen Vorkommen unterrepräsentiert. Wie in der sozialen Wirklichkeit (PRENGER 1913), so ist auch in unserem Material im 18. Jh. eine deutliche Zunahme unehelicher Kinder festzustellen. Wegen der geringen Zahl im Gesamtmaterial haben wir aber auf eine gesonderte Auswertung verzichtet.

Insgesamt enthält also jede EDV-gerechte Karteikarte rund 20 Daten. Da die Angaben zu Beruf, Besitz und Wohnort manchmal mehrere Zeilen lang sind und sehr komplex, ist es in diesem Zusammenhang wenig sinnvoll, eine genaue Zahl festlegen zu wollen. Die Größenordnung wird aber richtig getroffen, wenn wir für die 11 000 Probanden-Ehepaare von rund 200 000 Daten sprechen und dabei die größer werdende Unvollständigkeit vor allem vor 1650 in Rechnung stellen.

Die Karteikarten wurden nach Siedlungsart (Dorf oder Stadt), ab 1750 auch nach Aggregationsgrad bzw. Stadtnähe der Dörfer, nach der Zentralität der Städte, nach Ah und selbstverständlich nach sozialen Kriterien vom Verfasser kodiert und dann per Hand jahrzehnteweise sortiert. Für die Kodierung wäre sicher eine Parallelkodierung durch einen zweiten unabhängigen Bearbeiter sinnvoll gewesen; praktisch durchführbar war das nicht.

Der Leser der neunziger Jahre wird an dieser Stelle verwundert fragen, warum kein Personal- bzw. Bürocomputer verwendet wurde. Als 1984 mit der Untersuchung begonnen wurde, stand ein solcher Computer noch nicht zur Verfügung. Als 1988 die Erhebung des Urmaterials abgeschlossen wurde, bestand noch keine Möglichkeit, unmittelbar im Archiv die Daten aus den AL in einen leistungsfähigen transportablen Computer zu übertragen. Denn nur diese direkte Übertragung hätte ein Arbeitsergebnis dargestellt. Alle technischen Arbeitsgänge der Datenerhebung, -aufbereitung und -verarbeitung sind vom Verfasser selbst ausgeführt worden. Die Erhebung der Daten aus den AL war dabei der weitaus aufwendigste Arbeitsschritt. Es hätte mindestens noch ein weiteres Jahr relativ eintöniger Arbeit bedeutet, nur um allein die Daten von den Karteikarten (die dann nur Zwischenträger gewesen wären) wieder in einen Computer zu übertragen. In derselben Zeit oder schneller konnte die Auswertung durch Sortieren der Karteikarten mit der Hand abgeschlossen werden. Auch die Kodierung auf den Karteikarten ging rasch und zügig voran; bei Computerarbeit sind dabei eine Reihe zusätzlicher Probleme nicht zu übersehen (z. B. wäre eine fünfstellige Probandennummer notwendig gewesen, deren Auftragen auf die Karten, Lochen und Wiederaufrufen für jeden Kodierungsschritt allein schon eine beträchtliche zusätzliche Arbeit gewesen wäre). Für die Bewertung der Arbeitsorganisation muß ferner berücksichtigt werden, daß der Archivort und zugleich Wohnort des Verfassers, Leipzig, von der mit moderner Rechentechnik ausgerüsteten Arbeitsstelle in Berlin räumlich getrennt war, so daß vor allem auch aus dieser Sicht zweckmäßige Arbeitsweisen gefunden werden mußten, bei denen Zeit, Weg und Aufwand in einem günstigen Verhältnis standen. Manche Leser mögen diese Darlegung hier als überflüssig empfinden, aber es ist gerade die rationale Kalkulation dieser Details und ihre Absicherung durch Voruntersuchungen (WEISS 1989b), die notwendig ist, um bei einer derart aufwendigen Untersuchung den schließlichen Erfolg zu sichern.

Daten zur Sozialen Mobilität sind erst einmal recht einfache prozentuale Häufigkeiten. Von der Datenstruktur und der Menge der gesammelten AL in der Zentralstelle für Genealogie wäre die durchgeführte Untersuchung seit 20 oder 30 Jahren möglich gewesen. Erst noch weitergehende Forschungsziele (siehe Schlußbemerkungen) waren und sind nur mit Computereinsatz vorstellbar.

In die Arbeit ging Material aus rund 500 genealogischen Arbeiten ein, zumeist AL. Selbstverständlich wurde über die eingearbeiteten genealogischen Sekundärquellen und ihren jeweiligen Beitrag (Anzahl der daraus erhobenen Personen pro Stichprobe) genau Buch geführt. Die vollständige Wiedergabe dieser Auflistung wäre aber eher irreführend, als irgendwie nützlich. Denn einzelne Genealogen spalten ihre AL in eine Reihe von Teillisten auf, und die Zentralstelle hat über die Jahrzehnte keine Art beständiger Praxis durchgehalten, die Teillisten und Neubearbeitungen von früher schon einmal eingereichten Arbeiten als zusammengehörig ausweist. Da es keine Übersicht über die „Sachsen" betreffenden Bestände gab, war die praktische Seite der Arbeit auch mit erheblichen Anforderungen an die Mitarbeiter der Zentralstelle für Genealogie verbunden, für deren konstruktive jahrelange Mitwirkung an dieser Stelle nochmals herzlich gedankt sei. Das Material für die Zeit ab 1815 wurde durch Material aus 106 Listen, zumeist Stammlisten, aus dem Kirchlichen Archiv Leipzig, dem früheren Kirchenbuchamt, ergänzt. (Diese 106 Listen sind in der Summe von rund 500 inbegriffen.) Auch dafür danke ich sehr. Die größte Verpflichtung zum Dank besteht aber gegenüber den hier ungenannten Hunderten Genealogen, auf deren Arbeit wir aufbauen. Da das Material einer AL oft nur teilweise in unserer Untersuchung verwendet worden ist, bedingt durch die Festlegung der Quoten, ist der jeweilige Beitrag einer Liste nicht unbedingt für ihre Qualität, ihre zeitliche Tiefe oder ihren „sächsischen Anteil" charakteristisch, sondern eher von dem Zufall abhängig, ob die Liste zu einem frühen Zeitpunkt ausgewertet wurde, als alle Quoten noch offen waren, oder später. Grund genug, hier von einer Auflistung aller einbezogenen AL abzusehen. (Das Erhebungsprotokoll wird zusammen mit den Karteikarten der Untersuchung archiviert werden.) Wir wollen aber wenigstens alle die AL und ihre Verfasser nennen, die mit mehr als 70 Probanden an dem Material beteiligt sind: AL 10408 (W. Kaden); AL 7565 (A. Lindner für Eulitz); R. Wätzig mit mehreren AL (darunter AL 9607 für Hänichen); AL 9517 (W. Hoppe); AL 8900 (D. Leonhardt); AL 10006 (E. Wegwitz); AL 9635 (R. Kaltofen); AL 10635 (E. Brunner); AL 10230 (W. Müller-Strauch); AL 10361 (M. Wolf); AL 8787 (O. Schmidt); AL 7396 (G. Beyer); AL 9418 (J. Richter), AL 7680 (W. Nestler); AL 7343, 9670 und 10352 (alle F. Richter); AL 10327 (E. Schanz); AL 8300 (L. Wunderwald); AL 11414 (V. Weiss); Ahnentafel Wiede (K. STEINMÜLLER 1940); AL 10833 (W. Lorenz); AL 11020 (E. Weinberger); AL 10722 (H. Berger); AL 7454 (W. v. Dosky); AL 8773 (B. Sprotte); AL 10826 (E. Ziechner); AL 8701 (J. Schaufuß); AL 10282 (G. Werner); AL 10643 (H. Mocker); AL 10654 (A. Just); AL 7776 (A. F. H. v. Kirchbach); AL 11083/I (E. Mittenzwei); AL 9063 (H. Hesky); AL 10312 (G. Wunderlich); AL 9360 und 9487 (H. F. Nagel); M. Raunert (RAUNERT 1975); AL 10902 (E. Stimmel); AL 7750 (W. Roch). In dieser Aufzählung von 37 Namen sind mehrere vertreten, die in Sachsen nicht nur als Genealogen bekannt sind, sondern sich darüber hinaus mit profunden Arbeiten als Heimatforscher einen Namen gemacht haben. Hätten wir bei der Auflistung die „Eintrittsschwelle" auf 50 oder 40 Probanden gesenkt, könnten wir der Liste weitere 20 bis 30 Namen hinzufügen, darunter dann wieder mehrere auch durch Publikationen und Verkartungsarbeiten ausgezeichnete Personen und hauptamtliche Archivare. Wie jeder durch eine Überschlagsrechnung leicht bestätigen kann, stammt allein mindestens die Hälfte unseres Datenmaterials von diesen namentlich genannten besonders sachkundigen Genealogen. Das Verhältnis zugunsten der Qualität ist aber noch günstiger, da hervorragende Sachkenner manchmal nur ein paar Ahnen in Sachsen haben, die anderen anderswo, und ein Großteil der mit einbezogenen anderen Materialien auch aus Arbeiten von ausgewiesenen Spezialisten stammt (z. B. Dorfhain von H. PETZOLD 1980 und 1983).

Wenn unter den namentlich Genannten noch einmal Namen hervorgehoben werden sollen, dann sind es die AL von R. Wätzig und W. Müller-Strauch, die in Gründlichkeit und dennoch Knappheit der Darstellung sich dem nähern, was als Datengrundlage für eine Untersuchung wie die unsere als optimal anzusehen ist. Die mit über 7 000 Personen umfangreichste AL überhaupt dürfte die Arbeit von E. Ziechner sein. Dieser Verfasser hat jahrelang auch die GB im Sächsischen Hauptstaatsarchiv (SHStA) Dresden ausgewertet und gibt in seiner AL auch Kauf- und Verkaufsjahr der Grundstücke an, leider aber meist nicht die Preise.

Die sind im Urmaterial seiner Arbeit enthalten, das zwar in Dresden archiviert worden ist, aber nicht einmal mit den Kekuleziffern gekennzeichnet ist, so daß das Nachtragen der Preise in diese Liste ein Arbeitsaufwand gewesen wäre, der nicht bewältigt werden konnte. (Ein Beispiel, was man an einer AL falsch machen kann.) – Der umfangreichste Einzelbeitrag zum Material stammt vom Verfasser selbst mit 481 Probanden, gefolgt von R. Wätzig mit 383, der gedruckten Ahnentafel Wiede (verfaßt vom Archivar K. STEINMÜLLER 1940) mit 318, W. Kaden mit 276, E. Ziechner mit 232 verwertbaren, W. Müller-Strauch mit 221 und W. Lorenz mit 212, d. h., in der Summe stellen diese 7 Genealogen bereits ein Fünftel der Daten. Diese besonders sorgfältigen Arbeiten wurden auch vollständig in allen Stichproben einbezogen, so daß bei diesen AL kaum ein Weglassen durch bereits volle Quoten vorkam.

Der Bearbeitungsgrad und die Vollständigkeit der AL ist naturgemäß unterschiedlich und vielfach von der Entfernung des Wohnorts des Genealogen von den Orten, in denen er nach seinen Vorfahren forscht, abhängig. Im jahrhundertelangen Abstand sind auch diese Entfernungen stark von Zufällen abhängig, durch die aber nun wiederum der Bearbeitungsgrad (Gesamtumfang und zeitliche Tiefe) einer AL begrenzt wird. Nur bei sehr wenigen Listen, und das gilt auch noch für die Arbeiten der eben namentlich genannten 37 Genealogen, kann man von einer annähernden Ausschöpfung der KB sprechen.

Während in den Zeitraum 1548–1649 nur 138 Listen zurückreichten, stammt das Material für die folgende Jahrhundertspanne 1650–1749 aus 159 AL (WEISS 1989b). Noch für die Zeit 1750–1814 vermag die AL 10408 von W. Kaden einen Beitrag von allein 103 Probanden zu bringen, für die folgende Stichprobe von 1815–1870 aber nur noch 22, und auch das ist der höchste Beitrag aus einer einzelnen AL zu diesem Zeitraum. Es bestand also das Problem, für die Zeit nach 1815 eine sehr große Zahl von AL zu finden (an dieser Stichprobe sind fast alle 500 ausgewerteten Materialien beteiligt), wobei aber auf die Gegenwart zu immer mehr ein Aufsteigereffekt zu befürchten war, wenn statt der Arbeiten junger heute lebender Genealogen auch solche AL einbezogen wurden, deren Verfasser etwa um 1900 geboren waren. Als ein Ausweg bot sich an, auch Stammlisten mit auszuwerten. Stammlisten gehen von einer oder mehreren Personen, oft mit demselben Familiennamen, aus und versuchen, alle männlichen Nachkommen zu erfassen. Gute Arbeiten dokumentieren dabei auch für die weiblichen Nachkommen den Ehepartner und seine soziale Herkunft, ebenso für die einheiratenden Frauen. Werden alle Nachkommen einer historischen Persönlichkeit erfaßt, so etwas gibt es z. B. für Martin Luther bis heute (SCHMIDT 1960), sprechen wir von einer Nachfahrenliste. Im Gegensatz zu AL haben Stamm- und

Nachfahrenlisten die Eigenschaft, daß sich auf die Gegenwart zu die Personenzahl vervielfacht. Besonders wertvoll sind derartige Materialien natürlich für unseren Zweck, wenn sie einen Querschnitt durch die Bevölkerung bieten, also nicht z. B. aus dem Anlaß entstanden sind, den Aufstieg einer Firma und der sie tragenden Familie zu belegen. Solche Stammlisten mit bescheidenen Namen sind die der Lemmel (die 67 Probanden für die Zeit 1815–1870 beitrugen), der Oehmlich (10 Probanden), der Papsdorf (15), Mittenzwei (19) und Schanz (64), ferner das schon erwähnte, oft aus Anlaß bei der Suche nach fehlenden Erben entstandene Material im Kirchlichen Archiv Leipzig (173 Probanden) und darüber hinaus die Nachfahrenliste von Adam Ries (ROCH 1967, mit 38 Probanden nach 1814). Da Adam Ries rund 300 Jahre vor dem Auswertungszeitraum lebte und seine Nachkommen, im Gegensatz zu denen von Martin Luther, von dieser Abstammung keine Kenntnis und keine Tradition mehr hatten, konnten wir diese Nachfahren getrost in unsere Untersuchung einbeziehen. Da das Material immer noch nicht ausreichte, bezogen wir aus drei Gebieten Sachsens je ein Ortsfamilienbuch mit ein: Großzöbern/Ah Plauen (MOCKER 1987) mit 74 Probanden nach 1814, Dorfhain/Ah Dresden (PETZOLD 1980) mit 225 und Leutewitz/Ah Großenhain (LEUTEWITZ 1938) mit 59. Dorfhain ist für die Entwicklung eines sächsischen Dorfes im 19. Jh. so typisch und so gut erforscht (PETZOLD 1983), daß – es wurde nur die erste alphabetische Hälfte des Ortsfamilienbuches verwendet – es gut zu verantworten ist, daß dieses Dorf ein Zehntel der Stichprobe stellt. Dieses Verfahren der Stichprobenerhebung nach 1814 deutet die Möglichkeiten und Erfordernisse der Forschungsplanung bei künftigen Untersuchungen an. Wir werden das am Ende diskutieren.
Die Gesamtzahlen der ausgeschriebenen Karteikarten, d. h. der Probanden, betrug für die Stichproben 1548–1649 insgesamt 2039, 2310 für 1650–99, 2269 für 1700–49, 2291 für 1750–1814 und 2205 für 1815–70. Nach Ausscheiden der Dopplungen reduzierten sich die Stichproben etwas, z. B. 1650–1699 und 1700–1749 auf je 2203. Um diese Dopplungen festzustellen, wurde das Gesamtmaterial nach dem phonetischen Alphabet geordnet und die Angaben von verschiedenen Karteikarten zur selben Person auf der verbleibenden Karte ergänzt. Bei sich widersprechenden Angaben, etwa Angabe verschiedener Geburtsjahre, wurden beide Angaben gestrichen; bei sehr wesentlichen Unterschieden (aber das kam nur zweimal vor), etwa bei der Angabe des Berufs, schieden die Probanden völlig aus.
– Es kam immer wieder einmal vor, daß eine Einzelkarte aus unerfindlichen Gründen in einen falschen Stapel oder eine falsche Stichprobe geriet bzw. falsch kodiert war. Wurde es festgestellt, wurde der Fehler sofort korrigiert. Es erwies sich aber nicht als zweckmäßig, bei so einem Fehler alle Summen in bereits vor-

Quellenlage

Tabelle 1
Zusammensetzung der Stichprobe für den Zeitraum 1750 bis 1814

Amtshaupt-mannschaft	Einwohner-zahl 1785[1]	davon in der Stadt in Tausend	in %	Quote Soll n	Quote Ist n	Quote Stadt Ist n
Annaberg	40 000	22	3,9	88	118	74
Auerbach	28 000	9	2,7	61	45	17
Borna[F]	44 000	16	4,3	97	73	18
Chemnitz	58 000	20	5,7	128	123	24
Dippoldiswalde	32 000	7	3,1	70	63	10
Döbeln[F]	49 000	19	4,8	108	164	76
Dresden	102 000	62	10,0	225	152	76
Flöha	36 000	15	3,5	79	89	23
Freiberg	52 000	13	5,1	115	95	27
Glauchau	47 000	20	4,6	104	103	53
Grimma[F]	45 000	13	4,4	99	117	30
Großenhain[F]	32 000	7	3,1	70	69	20
Leipzig[F]	76 000	47	7,5	169	140	110
Marienberg	27 000	7	2,6	59	85	13
Meißen[F]	49 000	12	4,8	108	82	18
Oelsnitz	25 000	8	2,5	56	64	31
Oschatz[F]	31 000	8	3,0	68	70	27
Pirna	54 000	17	5,3	119	65	25
Plauen	39 000	19	3,8	86	124	89
Rochlitz[F]	50 000	17	4,9	110	114	22
Schwarzenberg	47 000	23	4,6	104	143	70
Zwickau	57 000	19	5,6	126	151	55
	1 020 000	400	100,0	2249	2249	908

[1] Geschätzt als Mittelwert von 2x Einwohnerzahl von 1750 plus 1x Einwohnerzahl von 1843 (nach den Daten von BLASCHKE 1967)
[F] Amtshauptmannschaften des Flachlands

handenen Tabellen zu korrigieren, da unsere Ergebnistabellen auf Prozentgenauigkeit gerundet sind und eine einzelne Person nur einen Bruchteil von einem Prozent ausmachte, so daß die Korrektur eines solchen Fehlers in der Regel keine Veränderungen ergab. Geringe Differenzen in den absoluten Summen können also auch mit auf derartigen Fehlern bzw. ihrer Korrektur beruhen; in der Regel stehen aber dahinter zum Sachverhalt fehlende Daten.

Wie die Quoten festgelegt und erhoben wurden, sei am Beispiel der Stichprobe 1750–1814 detailliert erläutert.

Wie Tab. 1 zeigt, sind die Quoten für die Ah nur annähernd eingehalten worden. Da immer nur schubweise kodiert wurde, waren die Quoten im vorliegenden Fall wegen einer Häufung besonders guter AL für die Ah Schwarzenberg, Annaberg und Döbeln schon überschritten, ehe sie gesperrt wurden. Das ist nicht weiter schlimm, solange die Quoten für sozialökonomisch ähnlich strukturierte Gebiete (also die Summen zweier oder mehrerer Ah) eingehalten wurden. Für die 8 Flachland-Ah betrug das Soll der Quotensumme 829. Das wurde exakt eingehalten. Beim Stadtanteil war das Soll für die Flachland-Ah 306, das Ist 321. Das entstand dadurch, daß durch die starken Quellenverluste der Stadtkirchen von Dresden im Siebenjährigen Krieg nur Leipzig als Stadt gleichwertiger Zentralität zur Verfügung stand. Wird aber nach mehreren Kriterien gleichzeitig optimiert, muß das Ergebnis ein Kompromiß sein, bei dem eine Einzellösung nicht für sich allein optimal sein kann. So mußte in diesem Falle das Bestreben, auch die Quoten für die großen Städte (von denen aber nur die eine, Leipzig, im Flachland liegt) annähernd einzuhalten, dazu führen, daß durch den überhöhten Stadtanteil bei der Ah Leipzig auch die Summe für die Flachland-Ah leicht überhöht wurde. Für den Stadtanteil insgesamt war das Soll 882, das Ist 908. Auch diese Abweichung liegt noch im vertretbaren Schwankungsbereich, da ja die angenommene Einwohnerzahl für 1785 und der jeweilige Stadtanteil mangels besserer Angaben nur ziemlich grobe Schätzungen sind, und es Gründe gibt, den Stadtanteil, insbesondere die Einwohnerzahl von Dresden, höher anzusetzen. Auch stellt die Annahme von konstanten Prozentanteilen pro Ah für alle Dekaden innerhalb einer Stichprobe eine Vereinfachung dar, die wiederum von der Realität abweicht. Die Wiedergabe dieser Überlegungen – und bei jeder Stichprobe gab es etwas andere Probleme – sollen belegen, daß keine Anstrengung gescheut wurde, die Stichproben wirklich repräsentativ zu machen. Die dabei gesetzten Grenzen diskutieren wir im folgenden Abschnitt.

Um Mißverständnisse zu vermeiden, sei noch einmal ausdrücklich darauf hingewiesen, daß nicht die Städte und Dörfer als Wohnorte selbst Ausgangspunkt der Quotenfestlegung waren, sondern die Verwaltungseinheiten (Amtshauptmannschaften) Sachsens, und es sich für die zufällig erhobenen und bestimmten Quoten zugeordneten Personen im nachhinein ergab, daß sie irgendwo genau wohnten.

3.3. Probleme der Repräsentativität

Der angestrebte Stichprobenumfang von rund 2200 bzw. 2250 für alle 5 Stichproben war durch die aus der Stichprobenstatistik bekannte (SCHWARZ 1975; BÖLTKEN 1976) hinreichende Größenordnung bestimmt, daß bei Stichproben dieses Umfangs ein Optimum erreicht ist, d. h. daß durch eine weitere Erhöhung der Probandenzahl sich das Verhältnis von Forschungsökonomie und weiterem Erkenntnisgewinn zuungunsten der Ökonomie verschiebt. Jedoch gilt diese Aussage strenggenommen nur für die Sachverhalte, für die Repräsentativität angestrebt wurde, also für den Stadt-Land-Anteil etwa und den unmittelbar daraus folgenden Anteil von Bauern und Handwerkern. Wie wir im folgenden belegen werden, reichen aber Stichprobenumfänge von reichlich 1000 Ehepaaren pro Generation tatsächlich aus, um große Entwicklungen und Trends zu belegen. Jedoch läßt sich der Unterschied zwischen den Schustern von Oschatz und Glauchau damit nicht erforschen und manchmal gerade noch der Unterschied zwischen allen Schustern zu allen Fleischern Sachsens in einer bestimmten Generation und in der Regel, wie wir zeigen werden, der Unterschied zwischen allen Handwerkern der größeren zu denen der kleineren Städte und stets der Unterschied zu den Landhandwerkern. Für kleine Gruppen ergeben sich zwar rein rechnerisch auch Ergebnisse, die man sogar auf jede Dekade aufschlüsseln könnte, aber repräsentativ sind diese Ergebnisse nicht mehr, da sie großen zufälligen Schwankungen unterliegen und deshalb eher irreführend sind. Zwar wäre es möglich gewesen, für die Zeiträume 1650–1814 den Umfang der repräsentativen Stichproben aus AL über 2250 hinaus zu erhöhen, das Material ist für diese Zeit durchaus vorhanden, aber bei dieser Arbeit, in der erst einmal die großen und bisher unbekannten Linien der Sozialen Mobilität abgesteckt werden sollten, verbot sich ein derartiger zusätzlicher Arbeitsaufwand. Aus dieser Selbstbeschränkung heraus mußten manchmal mehrere kleine Gruppen (Berufe) zu größeren zusammengefaßt werden, für die noch sinnvolle Aussagen möglich waren.

Bei einer kritischen Bewertung dieser Arbeit wird immer wieder die wichtige Frage auftauchen, wie repräsentativ das Material ist und wie groß der vermutliche Fehler- und Schwankungsbereich der Ergebnisse. Da von dieser Bewertung die Weiterverwendung der Ergebnisse in anderen Zusammenhängen und Argumentationen abhängt, wollen wir aus eigener kritischer Sicht die Gründe für das Für und Wider zusammentragen.

Die in AL auftretenden Personen sind nicht repräsentativ für die frühere Gesamtbevölkerung. Unterschiedliche Kinderzahlen pro Sozialschicht (WEISS 1981), selektive Wanderung und Selektivität der Quellen selbst führen zu Verzerrungen der verschiedenen Anteile der sozialen Klassen und Schichten gegenüber den wahren. Die Frage kann also nur noch sein, wie und ob es uns mit den Quotenfestlegungen gelungen ist, diese Verzerrungen auszuschalten bzw. zurückzudrängen.

Die erste Frage ist deshalb, für welche Personenzahl wir die Quoten festzulegen hatten und ob diese Zahl überhaupt bekannt ist. BLASCHKE (1967) gibt für 1550 und 1750 absolute Einwohnerzahlen an, die, auf der Grundlage einer großen Zahl von zusätzlichen Annahmen und Daten, in der Regel aus Behausungsziffern bzw. Kopfzahlen pro Familien (und beides ist nicht dasselbe) geschätzt worden sind. Für 1550 ging BLASCHKE (1967; S. 46) von einer sozial undifferenzierten Kopfstärke von 5 bei den Familien aus, plus die überlieferte absolute Kopfzahl der „Inwohner" (in der Annahme, daß es sich bei ihnen um Personen ohne Familie handle). Für 1750 wurde für die Landbevölkerung (S. 38) „die überlieferte Zahl der Bauernstellen mit 6 bzw. 7,5 (im Gebirge) multipliziert, die Zahlen der Gärtner- und Häuslerstellen mit 4 und für jedes im Ort vorhandene Pfarrhaus, Vorwerk, Rittergut oder Schloß noch 5, 8, 12 oder 15 Personen hinzugezählt." Die Gründe für dieses Verfahren sind bei BLASCHKE ausführlich dargestellt, und wir gehen hier von der Annahme aus, daß BLASCHKE seine Zahlen nach bestem Wissen und Gewissen bearbeitet hat. Und wenn er für 1550 (S. 78) auf eine Einwohnerzahl von 557 000 kommt, dann stellt der mögliche Schwankungsbereich von vielleicht 400 000 bis 600 000 gegenüber einer Vermutung von vielleicht 1 Million oder nur 200 000 einen deutlichen Erkenntnisfortschritt dar.

Für unsere Zwecke können wir aber nur die Repräsentativität für die etablierten Familien anstreben, d. h. für die Familien, bei denen die Männer durchschnittlich 40 Jahre alt sind. Junge, bereits im Arbeitsleben stehende Personen, wie Gesinde, Soldaten und Gesellen ohne Familie, sind mit unserer Quellengrundlage nicht zu fassen. Wenn wir wirtschaftliche und soziale Strukturen abbilden wollen, dann können wir es nur für diese etablierten Familien. Bettler und marginale Existenzen fehlen damit fast vollständig. Daß etwa 10 % aller Ehepaare kinderlos sind, betrifft alle sozialen Schichten und dürfte kaum zur Verzerrung beigetragen haben. Störend ist aber, daß die Zahlenangaben bei BLASCHKE für die Bevölkerung Absolutzahlen sind, wir aber statt dessen die Absolutzahl der etablierten Familien gebraucht hätten. Daß beide Absolutzahlen hoch miteinander korrelieren, wenn auch nicht identisch sind, rechtfertigt unser Verfahren für die Festlegung der Quoten. Auf den Unterschied muß aber aufmerksam gemacht werden.

Besonders schwerwiegend wirken sich die geringen Aufwuchszahlen auf die Ergebnisse bei den städtischen Unterschichten aus. Es muß sich um einen Personenkreis mit verhältnismäßig vielen Unverheirateten gehandelt haben, auch viele Junge darunter, die nur zeitweilig in der Stadt waren. Ihre Lebenserwartung war gering und heirateten sie, dann war die Kindersterblichkeit extrem hoch (SCHULTZ 1987a). Das alles hat zur Folge, daß sie nur eine geringe Chance hatten, sich durch Nachkommen in den AL späterer Genealogen zu verewigen. Auch wenn wir Repräsentativität nur für den verheirateten Teil der Bevölkerung beanspruchen wollen, dann müssen wir zu der kritischen Feststellung gelangen, daß auch die Festlegung von Quoten nicht ausgereicht haben dürfte, daß dieser Bevölkerungsteil vor 1815, und noch mehr vor 1650, ausreichend vertreten ist. Es bedarf in zukünftigen Untersuchungen noch zusätzlicher Anstrengungen, um von diesen städtischen Unterschichten noch weitere Daten zu erhalten. Zum Teil konnten wir mit Daten aus dem Kirchlichen Archiv in Leipzig unsere Daten aus AL ergänzen (so nach 1814 in großem Umfange). Aber für 1700 etwa ist auch generell unbekannt, wie groß der Verheiratetenanteil bei dieser Schicht ist und wieviele überlebende Kinder hatten. So wurde dann doch darauf verzichtet, das Material unserer Untersuchung z. B. durch Auszüge aus den Traubüchern der Städte zu ergänzen. – Aus der Unterrepräsentation der städtischen Unterschichten vor 1650 folgt eine gewisse Überrepräsentation des Besitz- und Bildungsbürgertums und hier wiederum der großen Städte wegen besonders guter Quellenlage (Leichenpredigten usw.). Wir bitten das bei der Interpretation der Ergebnistabellen (z. B. zur Wanderungsdynamik) zu beachten.

Trotz der Quotenfestlegung war es z. B. bei Pfarrern und Adel für die Zeit von 1650 bis 1749 dazu gekommen, daß ihr Anteil etwa doppelt so hoch war, als ihr Bevölkerungsanteil bei BLASCHKE (1967) angegeben ist. Um das zu korrigieren, kann man die Hälfte des Materials nach dem Zufallsprinzip wieder ausscheiden. Das wurde für die Zeit vor 1650 gemacht. Die zweite Möglichkeit, den Anteil durch die Multiplikation, in diesem Falle mit 0,5, zu wichten, wurde nach 1649 beschritten. Pfarrer und Adel stellen so geringe Anteile der Gesamtbevölkerung, daß nur bei bestimmten Sachverhalten, etwa der Fernwanderungsstatistik, eine Verzerrung der Ergebnisse durch zu große Anteile in der Stichprobe zu befürchten ist.

Ist die Erforschung der Sozialen Mobilität ein Hauptziel einer Untersuchung, wie hier, dann kann man von der landesweiten Repräsentativität der Stichprobe durchaus gewisse Abstriche zulassen. Für die soziale Herkunft von 1000 Bauern zu einem bestimmten Zeitpunkt ist es, wie jeder durch eine einfache Überlegung bestätigen kann, gleichgültig, ob in der gesamten Stichprobe z. B. 10 oder 30 Pfarrer zuviel oder zuwenig sind; an den Vätern und Schwiegervätern der Bauern ändert das gar nichts und auch nichts am mittleren Heiratsalter der Bauern selbst. Ein Fehler wäre dagegen, wenn die Bauern gehäuft in den verstädternden Dörfern wohnten oder Mehrhufenbauern zu stark vertreten wären. Aber dem sollte die Quotenfestlegung entgegengesteuert haben. Für die umgekehrte Frage, was die Söhne und Töchter der Bauern werden und die Wanderungsstatistik, besitzt die Repräsentativität der Stichproben schon eine ganz andere Bedeutung. Der kritische Leser sollte also selbst zwischen Fragestellungen unterscheiden, für die die Repräsentativität sehr wesentlich ist und solchen, bei denen Abstriche möglich sind, ohne daß das Ergebnis falsch wird.

Schwerwiegend ist die Vermutung, daß unterschiedliche Quellenlage dazu führt, vor allem bei den mobilen Teilen der Landbevölkerung, daß sie in den Listen seltener auftauchen oder schwerer zu verfolgen sind oder die Genealogen gar die

Tabelle 2
Anteil der Personen (in %) in Ahnenlisten, bei denen die folgende Generation nicht mehr namentlich bekannt ist: Sachsen (nach 1815 ohne Oberlausitz) um 1680

	Eltern unbekannt	n
Vollbauern	30	1892
Kleinbauern	30	557
Landhandwerker und -händler	40	485
Häusler	27	306
„Geschulte"	43	110
Pfarrer	11	93
(„Geschulte" plus Pfarrer)	(28)	(203)
Adel	3	32
Landbevölkerung insgesamt	31	3475
Stadtbevölkerung insgesamt	27	1800
Besitz- und Bildungsbürgertum	14	164
„Besitzlose Intellektuelle"	30	106
Städtische Handwerker und Gewerbetreibende	28	1454
Städtisches Proletariat	46	76
Gesamtbevölkerung	30	5275

Erforschung von „interessanten" Besitzfamilien bevorzugen. Diese Frage ließ sich am besten empirisch beantworten, indem die Wahrscheinlichkeit, mit der die Listen in männlicher und weiblicher Linie (Geburtsname der Mutter von Mann bzw. Frau bei unseren Probanden-Ehepaaren bekannt oder nicht) abbrechen, was erfaßt und statistisch ausgewertet wurde, wobei der Zeitraum um 1700 als besonders kritisch angesehen wurde (siehe Tab. 2).

Da der Verfasser selbst von der Arbeitshypothese ausgegangen war, daß es aus den genannten Gründen zu Verzerrungen käme, war es eine der angenehmen Überraschungen dieser Untersuchung, daß die empirischen Daten belegen, daß es zwischen den Gruppen, die den Hauptanteil der ländlichen Bevölkerung stellen, keine signifikanten Unterschiede in der genealogischen Erforschung gibt. Bauern, Gärtner und Häusler, und vor allem auf letztere bezieht sich die angenehme Überraschung, sind genealogisch gleichermaßen gut erforscht und im Raum relativ wenig mobil. Für die Landhandwerker müssen wir das schon etwas einschränken. Schwerwiegend wäre es aber erst, wenn wir annehmen müßten, daß nicht technische Schwierigkeiten der Erfassung zu dieser leicht erhöhten Abbruchwahrscheinlichkeit führen würden, sondern systematische Verzerrungen vorlägen. (Nebenbei bemerkt wird jede Untersuchung bei wandernden Personen mit diesem Problem konfrontiert werden, und jeder praktikable empirische Ansatz kann nie das Ideal der Vollständigkeit erreichen.) Am problematischsten ist die kleine Gruppe der „Geschulten", bei denen hohe Mobilität bei oft schlechter Quellenlage zu einem Abbruch von 0,43 führt. Auch hier wäre das erst gravierend, wenn angenommen werden müßte, daß die ausgefallenen Personen sich völlig anders verhielten als die bekannten. Das ist aber z. B. schon aus dem Grunde unmöglich, da bei 0,20 aller Abbrüche die Gründe für den Abbruch allein fehlende Quellen sind, denn um 1680 sind in einer Reihe von Orten die KB verlorengegangen. Bei Pfarrern und beim Adel hingegen bewirkt die ausgezeichnete Quellenlage die befürchtete Überrepräsentation auf etwa das Doppelte, trotz hoher Mobilität im Raum. Über die notwendige Korrektur durch Wichtung ist auf S. 45 bereits eingegangen worden.

Eine Möglichkeit, die wir gehabt hätten, die Zuverlässigkeit unserer Ergebnisse zu überprüfen, wäre die Berechnung der Halbierungsreliabilität. Hier hätten wir das gesamte Material (oder Teile) in zwei Teile (und dann eventuell vier und acht) zerlegen und dann die Korrelation zwischen ihnen berechnen können. Da die Probanden aber nicht einzeln in die Stichprobe gelangen, hätte das nur Sinn, wenn man die 500 AL bzw. Quellen nach dem Zufallsprinzip halbiert. Da das aber eine Verdopplung des Auswertungsaufwandes und monatelange zusätzliche Arbeit allein für diese methodische Feinheit bedeutet hätte, haben wir auf diesen methodisch interessanten Schritt verzichtet und müssen ihn für eventuelle Nachauswertungen aufheben. Denn dabei ist das Problem zu lösen, ob nicht mit niedrigeren Stichproben als 2200 bereits relativ zuverlässige Ergebnisse hätten erzielt werden können. In einer veröffentlichten Voruntersuchung (WEISS 1989c) konnte z. B. gezeigt werden, daß die Prozentzahlen der sozialen Herkunft der Bauern und Gärtner bei der AL 11414 (V. Weiss) mit n = 87 und 7 weiteren AL mit n = 359 identisch waren. Es war eines der Ergebnisse der Voruntersuchungen, die uns zu dieser großen Untersuchung hier ermutigt hatten.

Eine andere Möglichkeit besteht darin, unsere Stichproben mit auf ganz anderer Grundlage entstandenen Daten zu validieren. Für die Pfarrer z. B. stellt das „Sächsische Pfarrerbuch" (GRÜNBERG 1940) eine Totalerfassung dar, bei der auch die soziale Herkunft angegeben wird. In einer Spezialarbeit kann hier einmal ein direkter Vergleich gemacht werden. – Im Privatbesitz des Verfassers befindet sich eine Spezialkartei, die alle Müller und Müllerssöhne, die von 1548 bis 1721 im mittleren und westlichen Erzgebirge sowie Vogtland und im Vorland lebten und heirateten, zu erfassen versucht (vor allem durch die Auswertung der Traubücher), insgesamt rund 6000 Probanden. In der Voruntersuchung (WEISS 1989c) wurde eine Stichprobe (n = 170) aus dieser Kartei (beschränkt auf Erstehen) der Stichprobe aus 7 Ahnenlisten (n = 62) gegenübergestellt. Bei beiden Stichproben waren jeweils 81 % der Väter von Müllern auch Müller und 10 bzw. 9 % der Väter Bauern und Gärtner.

Eine Besonderheit Sachsens ist, daß die Zahl der Bauernstellen von der Mitte des 16. Jh. bis ins 20. Jh. annähernd konstant geblieben ist. Wir können von der Annahme ausgehen, daß sich der Rückgang der Bauernstellen durch Bauernlegen und die Zunahme durch Teilung (z. B. von Mehrhufengütern) annähernd die Waage gehalten haben. BLASCHKEs Schätzung (1967, S. 190) der Zahl der vollbäuerlichen Bevölkerung für „Kernsachsen" mit 215 000 für 1550 und ebenso fast unverändert für 1750 bieten eine Möglichkeit, unsere Stichprobe auf ihre inhaltliche Repräsentativität zu prüfen, da der prozentuale Anteil der Bauernehepaare in der Stichprobe dem an der Gesamtbevölkerung von damals entsprechen müßte.

Wenn wir mit dieser Annahme die I. Variante in Tab. 3 betrachten, dann gibt es für die Zeit nach dem Dreißigjährigen Krieg keine wesentlichen Probleme. Die Abweichungen halten sich in Grenzen, die leicht durch die Unsicherheiten im Stichprobenanteil, bei der absoluten Einwohnerzahl oder durch tatsächliche Veränderungen im 19. Jh. erklärt werden können. Für die Zeit vor und während des Dreißigjährigen Krieges weicht die Zahl der Bauern von ihrer theoretischen Zahl 215 000 aber so stark ab, daß irgend etwas nicht stimmen kann bei Variante I. Der

Quellenlage

Tabelle 3
Schätzung der absoluten Zahl der bäuerlichen Bevölkerung (einschließlich Erbmüller und Bauern mit Nebenerwerb) aus den mittleren absoluten Einwohnerzahlen und den relativen Stichprobenanteilen:
Sachsen (in den Grenzen nach 1815 ohne Oberlausitz) 1565–1870

	Stichprobe Landbevölkerung	davon Bauern	Variante I Landbevölkerung[1]	Bauern	Variante II Landbevölkerung	Bauern
	n	in %	in Tausend		in Tausend	
1565	446	84	309	258	257	216
1595	292	79	367	290	278	220
1630	448	74	395	300	297	220
1660	624	65	297	193	300	195
1690	832	60	352	211	363	218
1720	894	55	409	225	409	225
1750	775	47	471	217	470	221
1780	707	41	512	210	524	215
1810	562	35	665	233	666	233
1840	702	27	897	242	889	240
1870	695	19	260	240	1260	240

[1] Die Absolutzahlen der Landbevölkerung der Variante I sind interpoliert nach den Angaben in: BLASCHKE, Karlheinz: Bevölkerungsgeschichte von Sachsen bis zur industriellen Revolution. Weimar 1967. – Für 1840 und 1870 auch nach: LOMMATZSCH, Georg: Die Einwohnerzahlen der Landgemeinden von 1834 bis 1900 und die Veränderungen in der Verwaltungseinteilung des Königreiches seit 1815. Zeitschrift des Königl. Sächsischen Landesamtes 51 (1905) 12–91.

kontinuierliche Trend bei unserem Bauernanteil auch für die Zeit vor 1660 und die später noch dargelegten Ergebnisse lassen uns vermuten, daß die Gesamteinwohnerzahl der Landbevölkerung in Variante I stark von der historischen Realität abweicht. Indem wir für diese Zeit die Argumentation auf den Kopf stellen und so von der relativ konstanten Zahl der Bauern ausgehen, haben wir in Variante II die Gesamtzahl der Landbevölkerung als abhängige Größe berechnet. Das ergibt eine ziemlich kontinuierlich wachsende Landbevölkerung, für die der Dreißigjährige Krieg nicht der dramatische Einschnitt (vgl. GUTMANN 1977) war, als der er zumeist gilt. Wir werden das später noch diskutieren.

Eine weitere Möglichkeit, die inhaltliche Gültigkeit unserer Untersuchung abzusichern, wären im 19. Jh. Vergleiche mit der offiziellen Gewerbestatistik gewesen. Denn eine bestimmte Summe von Handwerksberufen z. B. sollte in unserer Stichprobe für diese Zeit in derselben Häufigkeit vertreten sein wie in der damaligen Gesamtbevölkerung. Leider aber ist es durch die einbezogenen Ortsfamilienbücher (Dorfhain usw.) und Stammlisten zu einer gewissen regionalen Schwerpunktbildung gekommen, so daß zwar noch erwartet werden kann, daß die Sozialstruktur richtig abgebildet wird, nicht aber die Verteilung der Gewerbe und Wirtschaftszweige, die ja selbst regionale Schwerpunkte bilden.

3.4. Das „Inwohner"-Problem

Bereits im „Historischen Ortsverzeichnis von Sachsen" (BLASCHKE 1957, S. X) lesen wir: „Als Inwohner wird die Gruppe der haus- und grundbesitzlosen Hausgenossen (Einmieter) und Dienstboten (Knechte und Mägde) bezeichnet." In der darauf aufbauenden Bevölkerungsgeschichte Sachsens kann BLASCHKE (1967, S. 45) bereits feststellen: „Das Gesinde und die Hausgenossen sind vor einigen Jahren im ‚Historischen Ortsverzeichnis ...' in Anlehnung an einen aus der Überlieferung stammenden Begriff als ‚Inwohner' zusammengefaßt worden. Dieser Ausdruck ist inzwischen von der einschlägigen Literatur übernommen worden, so daß er hier beibehalten werden kann. Er entspricht den ‚Einliegern' oder ‚Insten' anderer deutscher Landschaften und ist als Bezeichnung für die haus- und grundbesitzlosen, wirtschaftlich meistens unselbständigen Einwohner zu definieren, die entweder zum Haushalt eines ‚Hauswirts' gehörten oder zur Miete wohnten." Daß BLASCHKE (1967, S. 190) zu der Feststellung gelangt, daß 1550 der Inwohneranteil in den Dörfern bereits 19 % der Landbevölkerung betragen haben soll, dann 1750 auf 13 % zurückgegangen ist und 1843 auf 8 %, hätte BLASCHKE und seine Leser bereits stutzig machen können, denn jede konkrete Untersuchung eines Dorfes (wie z. B. Dorfhain von PETZOLD 1983) zeigt, daß der Hausgenossenanteil im Steigen war, vor allem dann im 19. Jh.
Das Inwohner-Problem ist für unsere Fragestellung derart zentral, daß wir es hier an dieser Stelle, in Zusammenhang mit Quellenlage und Repräsentativität diskutieren müssen, hängt doch auch von einem sachlich richtigen Standpunkt zu diesem Problem das Urteil des Lesers über die Gültigkeit der hier vorgelegten empirischen Ergebnisse entscheidend mit ab. Zum Beispiel fänden so die vermutlich überhöhten Bevölkerungszahlen, die BLASCHKE (1967) für die Zeit vor dem Dreißigjährigen Krieg angibt (vgl. Tab. 3), eine teilweise Erklärung.

Quellenlage

Die Zentralbehörden hatten um 1550 verlangt, die „besessenen Mannen" zu erfassen und zu besteuern; 1748 und 1764 ging es dann um die Zahl der Hufen und ihre Besetzung durch Bauern, Gärtner und Häusler. Nun ist aber „besessenen Mannen" ein in der Staatskanzlei üblicher Begriff, der in den Dörfern selbst ziemlich ungebräuchlich war und in den KB nicht auftaucht. Als 1700 den Ämtern eine ähnliche Zählung zur Pflicht gemacht wurde, erfolgte die Anweisung dazu ebenfalls so, daß – wie BLASCHKE (1967, S. 33) schreibt – „es den Amtsleuten überlassen blieb, wie sie die Worte ‚Familien und Mannschaft' auslegen und was sie demzufolge zählen wollten: grundbesitzende Ansässige, Hüfner, Hauswirte, Familien, Mannschaft, ‚wirkliche' Mannschaft, Gärtner, Häusler, Hausgenossen, Männer, Weiber, Kinder, Gesinde, Knechte, Mägde, Personen." Dann führt er Beispiele an, so daß das Amt Stollberg alle Männer über 18 Jahre (aber ohne Knechte und Dienstboten) gezählt hat, das Amt Wurzen bei den Männern nur die Hauswirte, das Amt Eilenburg vermutlich nur die militärisch einsatzfähigen Familienväter, das Schulamt Meißen die „Mannschaft" aber mit Personen gleichsetzte. Wir neigen zu der Annahme, daß es bei anderen Steuererhebungen zu ähnlich verschiedenen Auslegungen gekommen ist. Sehen wir uns z. B. einmal das Dorf Oberwürschnitz bei Stollberg genauer an: Laut Landsteuerregister (SHStA Dresden, Nr. 378, Reg.-Nr. 293, fol. 393) von 1552 hat das Dorf 18 „mit Gut" (das sind die, die BLASCHKE als „besessene Mann" bezeichnet), die unterschiedlich steuern, zumeist aber für 20 oder 30 Schock. Dann folgen 4 „Gärtner, schätzen ihre Güter auf" 6, 3, 4 und 6 Schock. (Häusler wird keiner genannt.) Auf den Bauerngütern liegen noch 20 Gesindepfennige. Dann werden noch namentlich 7 Hausgenossen benannt, darunter „die alte Pochmanin, die Oßwalt Hüblerin, ..., Paul Merten vor sich und sein Weib". Mit dieser zuletzt genannten Ehefrau also insgesamt weitere 28 Personen, die bei BLASCHKE als „Inwohner" erscheinen. – Ein sorgfältiges Durchblättern des Landsteuerregisters von 1552 zeigt dann, daß in manchen Orten streng zwischen Hausgenossen, Gesinde (bzw. „Knecht" und „Magd") und Alten („die Mutter", aber auch ein „1 Bruder" usw.) unterschieden wurde, in manchen Dörfern aber überhaupt keine Angaben über Hausgenossen und Gesinde gemacht wurden. Daß solche Personen aber dann völlig fehlten, ist kaum anzunehmen. Auch in Oberwürschnitz sind die Alten aus der eigenen Familie, die Gebrechlichen und mitarbeitenden volljährigen Geschwister nicht gesondert ausgewiesen, die woanders die Zahl der „Inwohner" hochtreiben. Würde das Ortsverzeichnis für 1552 die Originalzahlen (so wie bei SCHWARZE 1975 etwa) getrennt für Gesinde, Hausgenossen und Alte ausweisen, anstatt der „Inwohner"-Summe, könnte man die Summen regional noch korrigieren.

Für 1764 gibt BLASCHKE (1957) für Oberwürschnitz an: 18 „besessene Mann", 12 Gärtner, 20 Häusler. (Nach Hausgenossen war bei dieser Zählung nicht gefragt worden.) Zugrunde liegt diesen Angaben das Individual-Hufen-Verzeichnis Nr. 19 im StA Dresden, datiert vom 24. 5. 1764. Die Nachprüfung der Angaben und verwendeten Begriffe ergab: 17 „Güter und Nahrungen", 12 Gärtner, 20 Häusler. Das „Hufen-Register des Gebürgischen Kreyses 1748" (StA Dresden, Indiv.-Hufen-Verz. Nr. 41), datiert vom 30. 1. 1753, gab 17 „Bauern an, die geteilte Güter besitzen", 5 Gärtner, 30 Häusler. Die Differenz von 17 zu 18 dürfte dadurch zustande gekommen sein, daß die Mitarbeiter, die für BLASCHKE die Verzeichnisse ausgezählt haben, 1764 fälschlich den Übertrag auf die zweite Seite der Bauernaufstellung mitgezählt haben. So ein Fehler kann leicht einmal passieren. Stutzig machen aber die stark differierenden Angaben der Gärtner und Häusler im Abstand von nur 11 Jahren. Was steckt dahinter? Bei den „Gärtnern" steht 1764 als erklärende Fußnote: „deren 12 Personen Häußer stehen auf den Bauerngütern Grund und Boden"; bei den Häuslern: „derer 20 Personen Häußer stehen auf dem Gemeinde Grund und Boden". Da keine Besitzgrößen angegeben werden, ist es sicher richtig, daß die 12 Gärtner auch nichts weiter als Häusler waren. Vielleicht hatten 5 etwas mehr Land, vielleicht die, die bereits 1754 als „Gärtner" eingestuft waren? – 1753 wird über die Bauern Oberwürschnitzs ausgesagt: „Die Bauern bestehen teils aus ganzen und halben Pferdebauern, teils aus Handfronbauern, halten zwar nicht alle Zugvieh, besitzen aber alle Felder und Wiesen." 1764 erhalten wir dann genauere Angaben über die Besitzgrößen: 3 x 3/8, 2 x 1/3, 6 x 1/4, 5 x 1/6, 1 x 1/8 Hufe. Nach den Kriterien unserer weiter hinten folgenden Einteilung hätte also Oberwürschnitz 1764 keinen Vollbauern, 16 Teilhüfner, 1 Gärtner (den Achtelhüfner nämlich) und 32 Häusler. Das Ergebnis der detaillierten Betrachtung eines Dorfes ist ernüchternd und belegt die Vermutung, daß zu unterschiedlichen Zeiten und Orten sehr unterschiedliche Größen von Häusern und Grundstücken als Gärtner und Häusler bezeichnet oder von BLASCHKE zu „besessene Mannen" zusammengefaßt wurden. Oberwürschnitz ist kein Einzelfall, sondern eher ein typisches Beispiel. Das auch unweit Stollberg gelegene Meinersdorf hat 1748 als weiteres Beispiel 21 „Bauern und Anspänner" und 21 „Gärtner und Häusler", 1764 (StA Dresden, Indiv.-Hufen-Verz. Nr. 21, fol. 20) dann aber 21 „Bauern" (von denen keiner mehr als eine halbe Hufe hat, aber 5 Achtelhüfner darunter sind, die woanders als Gärtner zählen), keinen Gärtner und 24 Häusler. „Diese Häußler haben kleine Gärten, und ist keiner darunter, der jährlich eine Kuh davon füttern könnte." Nach unseren Kriterien hätte Meinersdorf 1764 demnach 16 Teilhüfner, 5 Gärtner und 24 Häusler. Es sind derartige sorgfältige Analysen jedes einzelnen Ortes und jeder namentlichen Besitzangabe (auch in den Städten) und deren Zuordnung zu Familien, um die die Sozial-, Wirtschafts- und Bevölkerungsgeschichte nicht herumkommen wird, wenn sie einmal zu genaueren Zahlen kommen will, als sie von BLASCHKE oder hier in dieser Arbeit vorgelegt werden konnten.

BLASCHKE ist ein Historiker, der die Akten des Sächsischen Landeshauptarchivs, seiner Arbeitsstelle in den fünfziger Jahren, sehr gründlich kannte, aber weniger die in den KB üblichen Begriffe. Dem Verfasser hier, der seine persönlichen Erfahrungen in viel stärkerem Maße in Pfarrarchiven gemacht hat, war die Diskrepanz zwischen dem von BLASCHKE definierten „Inwohner" und dem tatsächlichen Gebrauch von „Inwohner" in den Quellen bald aufgefallen. Stellvertretend für 100 Dörfer, die man anführen könnte und Tausende von Einzelbelegen, auch aus dem Material unserer 11 000 Probanden-Ehepaare und ihrer Eltern, gehen wir einmal in das Dorf Pfaffroda/Ah Glauchau: Bis 1683 ist im Traubuch nur von Inwohnern die Rede, ab 1784 nur noch von Einwohnern. In den hundert Jahren dazwischen wechseln „Inwohner" und „Einwohner" regellos ab, dabei „Inwohner" allmählich seltener werdend. Aus Bezeichnungen wie 1685 „Einwohner und Gerichtsschöppe", 1688 „Inwohner und Gerichtsschöppe" und 1734 im Nachbarort Tettau im selben Jahr „Inwohner und Anspanner", „Inwohner und Gärtner" neben „Einwohner und Anspanner" wird deutlich, daß „Inwohner" keinesfalls einem hausgenossenähnlichen Sozialstatus vorbehalten war, sondern völlig entgegengesetzt – dem Hausbesitzer. Wir können aber auch im 18. Jh. die Entstehung des modernen Einwohnerbegriffs belegen, so daß dann „Einwohner" schließlich jeder ist, der an einem bestimmten Ort wohnt (eine ähnliche Begriffsinflation hat ja auf die Gegenwart zu der „Bürger" erfahren) und zu dessen „Einwohnerzahl" beiträgt. (Zu den Proletariern kann man deswegen die „Einwohner" um 1800 nicht alle zählen, um hier der Polemik mit ZWAHR [siehe S. 195 ff.] vorzugreifen). Die Belege für den Sprach- und Begriffswandel am Anfang des 18. Jh. lassen sich auch in den KB der Städte finden. Zum Beispiel heißt es in den KB Hainichen: 1708 „Häusler und Einwohner", 1714 „Schenkwirt und Inwohner", 1715 „Inwohner und Großgärtner" und noch 1717 „Bauer und Inwohner" im kirchlich zu Hainichen gehörenden Dorf Schlegel. Im Zwickauer Raum sind die Bezeichnungen „Bauer und Inwohner" und „begüterter Inwohner" so weitverbreitet, daß wir uns der Kritik von HERZOG (1984, S. 154), der seine Erfahrungen um Oschatz gesammelt hat, am Inwohner-Begriff von BLASCHKE anschließen müssen: „Als willkürlich gewählter Oberbegriff für Hausgenossen, Auszügler und Gesinde steht er im Widerspruch zum zeitgenössischen Verständnis." Wenn wir auch die lautere Absicht von BLASCHKE anerkennen, der sozusagen einen akademischen Oberbegriff schaffen wollte, so müssen wir die dadurch in der sächsischen Sozialgeschichte entstandene Begriffsverwirrung bedauern. Die Arbeiten von BLASCHKE (1957 und 1967) sind so schwerwiegend und in ihrer Substanz im allgemeinen so vorzüglich, daß man gerade deswegen voraussehen kann, daß das „Inwohner"-Problem nicht nur in Sachsen noch viele Jahrzehnte diskutiert werden wird und von jedem, der in die Diskussion einsteigt, neu durchlitten wird, sondern das Problem wird noch lange zu Verständigungsschwierigkeiten mit anderen Forschern schon im deutschen Sprachraum (denen sich die Insten-Analogie ja aufdrängt) beitragen, von der internationalen Diskussion ganz abgesehen.

HERZOG (1984) erwähnt auch die Auszügler. Wenn ein Bauer alt war oder sich alt und krank fühlte, verkaufte er das Gut meist an einen Sohn oder Schwiegersohn. Neben vielen Gütern stand dann im 18. Jh. ein kleines „Auszughäusel". Wohin bei Steuerbelastungen diese Auszügler gehörten, war nicht eindeutig festgelegt. Denn manchmal bewirtschaftete der Bauer selbständig noch ein Stück Land, manchmal hatte er für seinen Auszug das Haus eines Häuslers auf- bzw. freigekauft, manchmal hatte auch ein Fremder das Bauerngut gekauft, so daß der Auszügler keinen unmittelbaren Familienanschluß mehr hatte. Ebenso konnte der alte Bauer noch in einer Wohnung im Gut wohnen. PETZOLD (1983) berichtet z. B. von Bestrebungen, die Auszügler zur Bezahlung des Häuslergroschens mit heranzuziehen. Die alten Bauern setzten sich aber in Lampertswalde/Ah Oschatz mit der Auffassung durch, daß ihr Steueranteil von ihrem früheren Gut bereits bezahlt würde. Daß bei allen Zählungen auf Steuerlistenbasis dieser Auszügleranteil eine ständige Fehlerquelle ist, bedarf keiner weiteren Erklärung.

Auch bei der Auswertung städtischer Steuerregister sind die Hausgenossen und das Gesinde das eigentliche Problem. Wenn z. B. BRÄUER (1978, S. 19) für das Jahr 1557 für Chemnitz 558 Hausbesitzerfamilien und 373 Hausgenossenfamilien beide unterschiedslos zu je 5 Personen rechnet, so dürfte das für die Hausgenossen, mit Sicherheit relativ, zu hoch gegriffen sein. Auch der prozentuale Anteil der „Vermögenslosen", 1557 mit 65 % in Chemnitz (BRÄUER 1978, S. 31) an der Gesamtzahl aller Steuerzahler, täuscht über das wirtschaftliche und zahlenmäßige Gewicht dieser „Volksmasse" hinweg. Denn die Mägde, Kämmerinnen, Gesellen und Knechte waren – im Gegensatz zu dem Drittel „vermögender" Steuerzahler – sehr oft nur Einzelpersonen, und ihr Status war für viele nur zeitweilig.

EXKURS 3:

Wer zum Beispiel alles „Nachbar" oder „Einwohner" sein konnte

Heintze, Johann Christian (AL 9517):
 Geboren 1728; Einwohner und Hausgenosse in Pulsitz, Ah Oschatz; zweite Eheschließung 1765; gestorben 1792.
Gerhardt, Johann Christian Ernst (AL 7282):
 Geboren 1752; Schuhmacher und Einwohner in Wachau, Ah Leipzig; gestorben 1818.
Beck, Carl (AL 10662):
 Geboren 1733; erbansässiger Inwohner und Schneider in Stahlberg, Ah Annaberg; Eheschließung 1768; gestorben 1802.
Bohne, Johann Daniel (AL 10875):
 Geboren 1727; Nachbar, Einwohner und Schneider zu Medewitzsch, Ah Borna; Eheschließung 1752; gestorben 1803.
Kilian, Daniel (AL 10408):
 Geboren 1730; Nachbar und Hintersasse in Prießnitz, Ah Borna; Eheschließung 1753; gestorben 1802.
Döhler, Johann Friedrich (AL 11083/IV):
 Geboren 1777 als Sohn eines begüterten Einwohners in Stangengrün, Ah Zwickau; 1804 Kutscher bei der adeligen Herrschaft in Reuth, Ah Zwickau; danach Fleischhauer, Gastwirt und begüterter Einwohner in Reuth; diesem sozialen „Aufstieg" wird alles Spektakuläre genommen, wenn man weiß, daß der Schwiegervater Einwohner und Gasthofsbesitzer in Reuth war.

Alte Erbgärten und neue Gärten (nach PETZOLD 1983, S. 45)

Der Meinung BLASCHKEs (1967) und HÖTZSCHs (1900) über das fehlende Nachbarschaftsrecht der Gärtner können wir angesichts der Dorfhainer Verhältnisse nicht, oder besser gesagt, nur teilweise zustimmen. In Dorfhain, Ah Dresden, gab es nach den Steuerlisten und dem Amtsbuch um 1550 6 Alt- oder Erbgärten. Diese Altgärtner hatten ein Miteigentum an dem Gemeindebesitz gleich den Hüfnern und wurden auch sonst vielfach den Bauern gleich gehalten, ohne daß man diese Rechte auf eine Teilhabe am Hufenland beziehen kann. Sie verdienen auch eine Anerkennung als Kleinbauern, die sich im wesentlichen selbst ernähren. Denn 1609 z. B. hat nur ein Altgärtner einen Nebenberuf als Zimmermann.
Das Miteigentum der Altgärtner an der Gemeindewiese ist gut belegt, so im Hufenregister von 1725. Die Altgärten, die in Dorfhain auf unverhufter Flur entstanden sein dürften, heben sich deutlich von den späteren Gärten und Häusern ab. Drei dieser Altgärten haben ihre Altgarteneigenschaft und weitgehende Gleichstellung mit den Hüfnern durch die Folgen des Dreißigjährigen Krieges verloren, indem sie auf amtlichen Befehl hin in Häuser umgewandelt wurden. Die späteren neuen Gärten hatten zwar anfänglich auch noch eine ansehnliche Größe, aber sie erreichten, je später desto weniger, bei schon stark aufgeteilter und voll verteilter Flur nicht mehr die Größe der Erbgärten und sind meist aus Bauernland abgetrennt worden.

1571/72 zählte der Schosser in Dorfhain (also in Großhain und Kleinhain zusammen) 61 besessene Mann, als da sind 27 Anspanner, 6 Hindersassen („alte Erbgertner") und 28 „Eingebeuder" (an anderer Stelle „neue Gertner und eingebaute Heusler" genannt).

Hausgenossen oder Häusler? (nach PETZOLD 1983, S. 51)

1551 werden in Dorfhain, Ah Dresden, im Landsteuerregister 44 Hausgenossen aufgeführt. Nun liegt die Vermutung nahe, daß in den frühesten Quellen dort, wo „Hausgenossen" genannt sind, auch Häusler darunter zu verstehen sind. Und die für Dorfhain zugängigen Quellen bestätigen das. Die Amtsrechnungen der Jahre nach 1600 geben nämlich die Namen derer an, die Hausgenossenzins bezahlen – 4 gr von jedem, „er sey beweibt oder nicht". Der Vergleich dieser Namen mit denen, die wir aus den gleichzeitigen Landsteuerregistern und GB als wirkliche Häusler feststellen können, ergibt folgende Zahlen: Nach der Amtsrechnung 1600/01 gaben in Dorfhain 43 Personen Hausgenossenzins. Davon waren 25 Personen zu diesem Zeitpunkt Häusler. 8 waren noch Hausgenossen, wurden aber alsbald Häusler. 1610/11 waren von 45 nachweisbar 36 Häusler. In der Amtsrechnung von 1614/15 finden wir die Bemerkung: „Einnahme Erbzinse ... von den Heuselern ... welche unter den andern zurückbemelten Erbzinse nicht mit begriffen, sondern hiebevorn von den Richtern vor Haußgenoßen angegeben und denselben gleichgerechnet, nunmehr aber von Ihnen ... veranlaßt durch ein kurfürstliches Mandat – abgesondert und anher gesetzt worden." Danach werden namentlich 40 Häusler aufgeführt, 11 verehelichte Hausgenossen und 16 einzelne Personen. Aber noch 1617 werden die besitzenden Häusler immer wieder „Hausgenossen" genannt, so in dem Visitationsprotokoll. Als es darum ging, die Verweigerung der Zahlung des „Heuselgroschen" an den Pfarrer abzustellen, erscheinen in der Niederschrift im Dorf „pauren, gertner und Haußgenoßen".
Anschließend an diesen Auszug bei PETZOLD (1983) läßt sich anmerken, daß man davon ausgehen sollte, daß Amts- und Sprachgebrauch sich nicht um 1615 überall gleichzeitig geändert haben. So führt das Erbbuch von Niederzwönitz, Ah Chemnitz, für 1693 (im StA Leipzig, GH Thammenhain 445) allein 25 eheliche Hausgenossen an. Es drängt sich dabei die Vermutung auf, daß es sich bei einem Teil dieser Familien auch um Häusler gehandelt haben müßte (bzw. um Hausgenossen mit selbständigem Haushalt in einem gemieteten Haus).
Durch diese Belege bei PETZOLD wird nun auch klar, warum BLASCHKE (1967) für 1550 auf 12,6 % Hausgenossen in sächsischen Dörfern gekommen ist, 1750 nur noch auf 8,1 %, also zu einem Ergebnis, das der objektiven Entwicklung in diesem Punkte glatt zuwiderläuft. Die Akribie von PETZOLDs Arbeit läßt sich aber bei landesweiten Untersuchungen nicht durchhalten, und Sozialgeschichte stößt hier an Grenzen des Auflösungsvermögens.

Zur Ausweitung des Nebenerwerbs (nach PETZOLD 1983, S. 313)

In den guten Jahren 1613–16 vor dem Dreißigjährigen Krieg zahlten in Dorfhain, Ah Dresden, von denen, die sicher zu identifizieren sind, nur ein einziger Halbhüfner Handwerkerschutzgeld als Zimmermann, 1632 nur ein Hüfner Schutzgeld als Maurer. Dann änderte sich das Bild, offensichtlich aus zwingender Notwendigkeit, grundlegend. Allein aus den

Angaben von 1641–45 ist zu berichten: Es zahlten, ohne daß die Frage nach einer Lehre oder Innungszugehörigkeit überhaupt gestellt wurde, 8 Bauern Handwerkerschutzgeld als Zimmerleute, 6 als Maurer, 2 als Schmiede, 3 als Glaser; ein Maurer zahlte dazu noch einen Blasenzins als Branntweinbrenner. Die Zusammenstellung zeigt viele Besitzer der geteilten, also schwachen Güter, als Handwerker, aber auch einige Vollhüfner.

Der Kinder Unterhalt und Erziehung in Dorfhain, Ah Dresden (nach PETZOLD 1983, S. 648)

Die Kinder wurden, soweit sich die Eltern darum kümmern konnten, vom 16.–18. Jh. bis zum 12. Lebensjahr im Elternhaus erzogen und gingen oder „zogen" dann meist „in Dienste" (vgl. auch WUTTKE 1893), sofern nicht Bauernkinder als willkommene Arbeitskräfte auf dem Gut blieben. Das heißt, daß bis zu der Kinder 12. Lebensjahr das Gut oder Haus die Unterhaltpflicht trug und daß nach dem 12. Lebensjahr den heranwachsenden Kindern eigentlich ein Lohn oder eine Abfindung zustand.
Nach der Amtsordnung von 1550 wurde „jde Person, die XII jar alt worden", mit 4 Pfennig kirchensteuerpflichtig. 1725 bezeugte der 60 Jahre alte Gerichtsschöppe Michael Fleischer einen Sachverhalt „als er etwann 12 Jahr alt gewesen (und) bey Jacob Große gedienet". – 1593 verpflichtete sich der Käufer eines Hufengutes gegenüber den Kindern des verstorbenen Vorbesitzers (dessen Witwe er heiratet). „Käufer erzieht die Kinder im Gut, bis sie 12 Jahre alt sind", oder zahlt, wenn sie anderswo erzogen werden, jährlich 2 Schock Ziehgeld. – Augustin Priemer, als Käufer eines Hauses, gewährte 1730 des verstorbenen Vorbesitzers 4 Kindern Herberge, bis „sie 12 Jahr alt sind und zu Dienst ziehen", und diese auf dem Haus ruhende Verpflichtung, die Kinder sicherzustellen, erlosch nicht, als Priemert 1732 weiter verkaufte, sondern mußte von dem neuen Besitzer Paul Büttner übernommen werden. Auch Alimentationsforderungen waren bis auf 12 Jahre begrenzt.
Das „Ziehgeld" betrug nach dem Dreißigjährigen Krieg auf Gütern in der Regel jährlich 3 Schock Groschen, also 1/2 Groschen für den Tag. 1685 sind für ein Haus 2 Schock jährlich Ziehgelder sicher belegt, 1675 für ein anderes Haus eine nur einmalige Zahlung von 3 Schock Ziehgeld.
Gegen Ende des 18. Jh. wurde die Erziehungspflicht bis zum 14. Jahr ausgedehnt. Wenn wir in den Kaufbestimmungen zweier Häuser aus den Jahren 1774 und 1776 lesen, daß der Stiefvater die Stiefkinder „zu verpflegen und zur Schule anzuhalten ..." verspricht, bis sie 14 Jahre alt sind und daß im anderen Falle die Geschwister des Käufers Herbergsrecht bis zum 14. Jahr behalten, haben wir in diesen Bestimmungen eine Auswirkung des Generales vom 24. 7. 1769 zu sehen, in dem die Schulpflicht vom 5. bis zum 14. Jahr festgelegt worden war, auch wenn etwa die Kinder „vor dem 14. Jahr vermietet werden".
Die Erziehungs- und Unterhaltspflicht für kranke und erwerbsunfähige Kinder war zeitlich nicht begrenzt. So wurde z. B. 1700 für einen Altgarten ein Herbergsrecht für die beiden „gebrechlichen" Töchter des Vorbesitzers festgeschrieben und 1784 für ein Gut der Unterhalt für die 32 Jahre alte blöde Stiefschwester des Verkäufers geregelt.
Blieben herangewachsene Kinder nach dem 12. bzw. 14. Lebensjahr auf dem elterlichen Anwesen, stand ihnen ein regelrechter Arbeitslohn zu. Das geht z. B. hervor aus der Schlichtung der Irrungen zwischen den Gebrüdern Schmidt auf dem Gut 44, wo Veit Schmidt 1567 seinem Bruder Georg 3 Jahre „lidelohn" nachzahlte, ebenso wie aus einer

späteren Verkaufsbestimmung, nach der ein Bruder wegen der bisher unentgeltlich dem Vater geleisteten Dienste vom Kaufgeld, das ein anderer Bruder zu zahlen hatte, eine besondere Abfindung erhielt. 1796 z. B. erhielt Johann Christian Hofmann von seinem Bruder aus den Kaufgeldern des Gutes 6 extra 200 fl. „als verdienten Lohn, da er dem Vater in der Wirtschaft beigestanden".

Darüber hinaus erhielten die Söhne väterliche Hilfe oder Hilfe von den Nachfolgern des Vaters auf dem Gut bei ihrer Handwerkslehre, zu einer Ausstattung und auf ihre Hochzeit hin. Oft steht die „Kür", die der Jüngste als Abfindung erhielt, wenn nicht er, sondern ein älterer Bruder das väterliche Anwesen bekam, in Zusammenhang mit Legaten, so 1640 auf der Halbhufe 109, wo dem Sohn noch des vorvorigen Besitzers ein gut Schock „für die Kür und zur Beförderung eines Handwerks" gegeben wurden. 1742 erhielt auf der Viertelhufe mit dem Haus 88 der Jüngste „15 fl. für die Kühr und ein Handwerk zu lernen" und ein Herbergsrecht bis zu seinem 25. Jahr. Es gab Fälle, wo die Herberge über die Lehrzeit hinausreichte bis zur selbständigen Existenz des jungen Handwerkers. Im Jahre 1700 wurde dem 21jährigen Bruder des Käufers im Gut 41, „wenn er von der Arbeit (als Zimmermann) nach Hause kommt, in einer verschlossenen Kammer über dem Pferdestall mit Bett", freie Herberge zugesagt. Dieser Samuel Richter heiratete 1703 und erwarb 1704 ein eigenes Haus.

Auch für die Söhne gab es eine Ausstattung der Hochzeitsfeier. Bei den Töchtern gehörte zu dieser Ausstattung der Hochzeitsfeier und für die Gründung eines eigenen Hausstandes in den Gütern und Gärten vom 16. bis ins 19. Jh. auch eine Hochzeitskuh. – Auf den Gütern waren die Bestimmungen zur Sicherung der Waisen und Halbwaisen oft sehr weitreichend. So verpflichtete sich 1706 der Käufer des Gutes 17 gegenüber der Witwe des Vorbesitzers und Mutter nicht nur zur Zahlung von Ziehgeldern für die kleinen, noch nicht 12 Jahre alten Kinder und zur sonstigen Ausstattung und der Kuh, sondern auch, daß dieser der ältesten Tochter jährlich ein halbes Viertel und den beiden kleinen je eine Metze Leinsamen einsäen müsse, bis sie zwanzig sind. – Für ihren 1673 geborenen Jüngsten, Balthasar, machte die Mutter, als sie 1684 als Witwe ihr Gut 15 verkaufte, eine Hochzeitsausstattung von einer Kuh, einem Scheffel Korn und einer Tonne Bier aus. Als der Abkäufer 1693 wieder verkaufte, wurde für den bis dahin unverehelichten Balthasar dies Legat unverkürzt übernommen. In den Häusern war die Gewährung eines Herbergsrechts für die heranwachsenden Kinder das geringste, was ihnen nach ihrer Kindheit aus dem väterlichen Besitz noch zustand und darum besonders bei den Häusern, deren Besitzer nicht mehr geben konnten.

Nirgendwo in Sachsen waren die Zerstörungen des Dreißigjährigen Krieges so groß, daß die Kontinuität dieser schriftlich fixierten Verpflichtungen, selbst gegenüber ortsabwesenden und „ausländischen" Geschwistern und Miterben, unterbrochen wurde. In Dorfhain setzte z. B. Paul Kuhnt 1658 seine halbe Hufe als Pfand ein für 58 fl., „so er in Vormundschaft des vor 26 Jahren mit in Krieg genommenen Michel Dieze zu sich gehoben." – In Zschocken, Ah Zwickau (WEISS unmd BUTTER 1988), wird erst 1679 das Erbe des 1632 in der Schlacht bei Lützen verschollenen Christoph Lessig (geb. 1607) auf seine Geschwister und deren Erben und Enkel aufgeteilt. 1665 erscheinen in Zschocken Peter Klitzsch und sein Schwager Matz Rüger aus Frommersdorf in der Markgrafschaft Bayreuth und fordern alte Gelder aus dem Erbe ihres Vaters bzw. Schwiegervaters auf Gut Nr. 72, wobei bereits 1635 diese Erbansprüche als „alt" bezeichnet worden waren und somit noch einige Jahrzehnte früher zurückreichen können.

Exkurs 3

Der Auszug bzw. die auf Gütern und Häusern ruhende Altersversorgung (nach PETZOLD 1983, S. 662)

Ein besonderes Auszugshaus kann man in der Regel wohl nur auf den Gütern erwarten. Es entsprach oft in der Größe einem Häusler-Anwesen voll und ganz, übertraf ein solches sogar gelegentlich. Ein Auszugshaus finden wir für Dorfhain, Ah Dresden, erstmals 1607 auf dem Gut 41 belegt: Wenn der Vater es verlangte, mußte ihm der Sohn ein Häuslein bauen. In der Zeit des Aufbaus nach dem Dreißigjährigen Krieg entstanden offensichtlich in Dorfhain eine ganze Reihe Auszugshäuser. Für 1643 schon ist das „neu gebaute Haus" auf dem Zweihufengut 18/22 belegt. Von 1656–1661 läßt sich der Bau von drei Auszugshäuslein in zwei Hufengütern und einem Halbhufengut belegen. 1669 mußte auf dem Gut 33 der Sohn mit „Brettern und anderem mehr" und der Vater mit Arbeit aushelfen, weil das „Häuslein über dem Hof noch nicht zu rechten ausgebauet" war.

Bei den Wohnungsauszügen bei Häuslern muß man deutlich unterscheiden zwischen einer einfachen Herberge zum Schlafen und einem tatsächlichen Wohnen. In manchen Fällen wurde die Stube geteilt, entweder durch eine gedachte Linie „vom hintern Fenster die länge herunter bis an den Ofen" – so 1745 im Haus 73 – oder durch einen Verschlag oder eine Wand, so 1765 im Haus 12 und 1803 im Haus 112.

Auch in den Bauernauszügen wird nicht nur von Korn und Butter und Eiern geredet, sondern z. B. auch von der Übergabe von ein oder zwei Kühen und von Platz für Heu, von „Beeten" für Korn, Erdäpfel und Kraut, in den Auszügen der Gärten auch von „Stallung für eine Ziege". 1740 behielt sich der Vater von dem Zweihufengut 18/22 eine halbe Hufe wenigstens auf 3 Jahre zurück. Dadurch entstanden in derartigen Fällen, wenigstens auf Zeit, um das Auszugshaus herum richtige Kleinbauernwirtschaften, die, mit dem reichlichen Naturalauszug mancher Güter ergänzt, ein weit besseres Auskommen boten, als es Häusler hatten, wobei aber die Auszügler noch dazu steuerfrei waren. Daran entzündete sich aber das Mißfallen der sich benachteiligt fühlenden Häusler, die auf ihr bescheidenes Häuschen den Häuslergroschen zahlen mußten, wodurch die Frage der Altersauszüge in den Streit um den Häuslergroschen hineingezogen wurde, so daß sich der Kurfürst 1709 veranlaßt sah, für solche Auszugswirtschaften die Zins- und Fronpflicht gleich Häuslern festzustellen.

Häusler-Auszügler und gelegentlich auch Bauern-Auszügler suchten sich aber auch auf andere Weise einen gewissen Unterhalt zu sichern, indem sie sich nämlich das Recht zu einer handwerklichen Tätigkeit vorbehielten.

Der Auszug haftete als ein dingliches Recht auf dem Grundstück in dem Umfang, wie es zur Zeit der Festsetzung des Auszugs bestand und belastete damit auch spätere Veränderungen. Der Schubertsche Altersauszug auf dem Haus 20, verkauft 1754, bestand 24 Jahre lang, und die Witwe Anna Maria Schubert wurde bis zu ihrem Tode durch 8 Käufe und einer Verpachtung unter 8 Besitzern in ihrem Altersrecht geschützt. Der Auszug überstand sogar den Abbruch des alten Hauses nach 1775 und wurde auf den Neubau an anderer Stelle übertragen.

Für die bescheidenen Verhältnisse der Häusler waren die Auszüge oft sehr belastend. Bei Wiederverkäufen kann es zu nachrückenden Auszügen kommen, d. h., ein zweiter Auszug wird zwar ausbedungen, aber erst wirksam, wenn der erste sich ganz oder teilweise erledigt hat. 1734 verkauften die beiden ledigen Schwestern Anna Margareta und Anna Rosina

Geißler das von ihrem Vater ererbte Haus an Christian Praßer mit dem Vorbehalt der Herberge für Anna Rosina und nach deren Tod für die kranke Anna Margareta. Als Praßer 1748 weiter verkaufte, lebten beide Schwestern noch, und der Auszug für Praßers Eheweib konnte erst wirksam werden nach dem Tode der Anna Margareta, falls diese die Anna Rosina überlebte.

Die Einführung der Landgemeindeordnung 1839: Wahl und Einsetzung des neuen Gemeinderates in Dorfhain, Ah Dresden (nach PETZOLD 1983, S. 112)

Die alten „Localgerichte" hatten weisungsgemäß eine Liste der Wahlberechtigten eingereicht, die das Justizamt am 13. 2. 1839 geprüft zurückschickte. Zur Wahlversammlung am 20. 3. 1839 erschienen vor dem Justizamtmann, dem Erbrichter Töpfer, Vizerichter Henker und je einem Gerichtsschöppen aus Groß- und Kleindorfhain 26 Begüterte, wozu der Pfarrer und Schulmeister hinzukamen, und 66 Häusler. Das war eine gute Wahlbeteiligung, denn die genaue Durchsicht und der Vergleich mit anderen Listen ergibt, daß nur die Namen von 13 Grundstücksbesitzern nicht genannt sind. 6 Wahlberechtigte waren laut Protokoll von der Wahl ferngeblieben; von den restlichen 7 Fehlenden hatten 4 seit 1824 den Häuslergroschen zu zahlen sich geweigert (der jahrhundertelang schon Gegenstand innerdörflicher Auseinandersetzungen gewesen war), einer hatte Schulden; sie hatten also nach dem Wahlgesetz das Stimmrecht verloren.

Die Versammlung beschloß sodann, daß aus 3 Klassen 12 Gemeinderatsmitglieder gewählt werden sollten, nämlich mit Rücksicht auf den Grundbesitz und die Kopfzahl 7 Begüterte, 3 Häusler und 2 Hausgenossen. Die 5 anwesenden Gärtner hatten auf eine eigene Klasse verzichtet. Bei der Berechnung von Besitz und Kopfzahl kam man aber doch wieder auf die alte Hufenverfassung zurück, indem man zu den 28 1/2 Hufen der Begüterten 10 1/2 Hufen für die Häusler und Gärtner, je 8 auf eine Hufe, und 6 1/2 für die Hausgenossen, je 12 auf eine Hufe rechnete. „Die Versammlung verließ darauf das Versammlungslokal, und es erschienen die einzelnen wahlberechtigten Gemeindemitglieder, einer nach dem anderen ..., die Namen von 7 Begüterten, 3 Häuslern und 2 Hausgenossen angebend."

Das Ergebnis war für die wahre Lage im Dorf bezeichnend: Unter den Bauern erschien der bisherige Erbrichter Töpfer mit 34 Stimmen erst als Neunter. Der Zweihüfner Heinrich Böhme hatte es auf 89 Stimmen gebracht. Unter den Häuslern hatte der bisherige Häusler-Gerichtsschöppe Christian Kunath 62 Stimmen. Am gleichen Tag wurde mit Stimmzetteln von den 12 gewählten Gemeinderatsmitgliedern der Gemeindevorstand gewählt: 11 der 12 Mitglieder wählten den Häusler und Krämer Christian Kunath zum Gemeindevorstand. Dadurch schied Kunath aus der Zahl der 12 Gemeindevertreter aus, und an seine Stelle rückte der Häusler Horn nach. In gleicher Weise rückten die nächsten für die aus den Zwölfen herausgewählten beiden Gemeindeältesten, den schon erwähnten Bauern Böhme und den Häusler Carl Franke, nach. Dieser neugewählte Gemeinderat, also der Gemeindevorstand Kunath, die beiden Gemeindeältesten und 12 Mitglieder wurden am 16. 5. 1839 durch den Justizamtmann feierlich eingesetzt.

Der bisherige Erbrichter Töpfer wollte in dem Maße, wie die bisherige Befreiung seines Richtergutes wegfiel, auch seiner Pflichten ledig sein. Gegenseitige Ansprüche auf Entschädigung zwischen dem Erbrichter und der Gemeinde wurden dahin entschieden, daß Töpfer einwilligen mußte, auf sein Erbgericht alles zu leisten, was jeder andere auf seine

Hufe leistet. – Bei den Ersatzwahlen für die 1842 turnusgemäß ausscheidenden Mitglieder rückte in den Gemeinderat der alte Erbrichter, jetzt Vizerichter Töpfer (der nach Verkauf des Erbgerichts jetzt das Gut 81 besaß), mit 60 Stimmen nach. Bei dieser Wahl hatten aber wieder einige Gemeindemitglieder schuldenhalber ihr Wahlrecht verloren. 1843 wurde Töpfer Gemeindeältester. – Bei einer späteren Wahl, am 26. 10. 1860, wurde Eduard Töpfer, der Sohn des letzten Erbrichters, zum Gemeindevorstand gewählt. Sein Nachfolger wurde 1866 der Bauer Heinrich Büttner.

Kapitel 1
Die Klassen- und Sozialstruktur

Das Modell der Klassen- und Sozialstruktur, das den folgenden Analysen zugrunde liegt, konnte sich nicht allein an den theoretischen Erkenntnissen und Erfordernissen der Gegenwart orientieren, sondern mußte auch den Angaben Rechnung tragen, mit denen in den Primärquellen die Männer nach ihrem Beruf, Stand und Amt überhaupt charakterisiert worden sind. Dabei geht es aus mehrfachen Gründen (SCHULTZ 1987b) nicht ohne Kompromisse. In einer Reihe von Dörfern, im Vogtland fast immer, fehlen bis etwa 1700 in den KB Angaben zu Beruf oder Stand, und fast alle Einwohner (mit Ausnahme des Pfarrers, Schulmeisters und Müllers vielleicht) werden unterschiedslos als „in …", „Inwohner in …", später auch als „Einwohner in …" bezeichnet, d. h. bereits ganz im Sinne unseres heutigen Einwohnerbegriffs. Wir hatten das eben diskutiert. Andere Pfarrer hielten es für wichtiger anzugeben, ob die betreffende Person Mitglied des Kirchenchors war als eine Berufsangabe, und wichtiger, ob die Zeremonie mit oder ohne Geläut stattfand, statt einer Altersangabe. Ähnlich unbestimmt wie „Inwohner" sind Bezeichnungen wie „erbangesessen" und „erbgesessen" im mittleren und westlichen Erzgebirge (vgl. JÄPEL 1985). Es kann sich dabei um Häusler als auch um Teilhüfner handeln, wobei manchmal die Entscheidung bei genauer Ortskenntnis möglich ist. Zwar ist ein „begüterter Inwohner" um Zwickau meist ein Vollbauer, aber es könnte sich auch um einen Teilhüfner oder Gärtner handeln, und ähnlich vage sind die Bezeichnungen „begütert" und „Hauswirt". Hochwillkommen sind dann zusätzliche Angaben wie Steuereinstufung oder aus den GB die Kaufpreise der Grundstücke, da mit diesen Angaben fast immer eine Zuordnung möglich ist. – Daß es in den Städten, vor allem vor 1650, nicht überall besser war und es von bloßen „Bürgern in …" und Leuten „in …" nur so wimmelte, ist schon ausgeführt worden. Und es wäre ein Trugschluß, die Leute „in …" als Proletarier anzusehen, denn die meisten von ihnen waren städtische Handwerker. Lange Zeit war es den Zeitgenossen wichtiger, eine Person als „Herr", „Richter" oder später als „Hoflieferanten" zu bezeichnen, als eine genaue Berufsangabe zu machen. Bei den Bezeichnungen, die Amt und Würde betonen, also bei den „Herren" und „Richtern", ist es den Genealogen aber meist gelungen, Beruf oder bei den Richtern in den Dörfern die Besitzgröße zu ergänzen.

Klassen- und Sozialstruktur 63

Bei den Standesangaben entsteht vor allem bei der ländlichen Bevölkerung der Eindruck von einer Vielfalt von Begriffen (vgl. z. B. MOOSER 1984), deren räumliches Muster auch den Zeitgenossen schon nie ganz durchschaubar war. Ortsfremde Pfarrer oder Verwaltungspersonen, die Steuerlisten zusammenzufassen hatten, brachten in ihren ersten Amtsjahren oft zusätzliche Verwirrung in diese Vielfalt, bis sie sich wieder den lokalen Gepflogenheiten anpaßten. Es sind gerade diese örtlichen Abweichungen, durch die es schwer wird, die noch hinzukommende zeitliche Dynamik richtig zu erfassen. Ist schon innerhalb Sachsens (vor und nach 1815) die Begriffsvielfalt schwer durchschaubar, so „kranken" viele Vergleiche innerhalb des deutschen Sprachraums einfach daran, daß für viele Autoren die regional unterschiedlichen Bezeichnungen für Vollbauer, Kleinbauer, Häusler und Hausgenosse nicht nachvollziehbar sein dürften. Wenn SCHILDT (1986, S. 343) die „Nachbarn" in ZWAHRs Arbeit (1978, Tab. 30 und 31) wie „Kotsassen" behandelt, ist das ganz sicher falsch, aber ein Beispiel dafür, wie die Verständigung zwischen Spezialisten bereits auf der Ebene der historischen Begriffe an deren Veränderlichkeit in Zeit und Raum scheitern kann, von Verständnisschwierigkeiten durch die unterschiedliche methodologische Ausgangsposition ganz abgesehen. Eine Kartierung der üblichen Bezeichnungen in den KB und zu verschiedenen Zeitpunkten, etwa 1600, 1680, 1720 und 1820, für den gesamten deutschen Sprachraum täte not. Die Historiker können nicht erwarten, daß ihnen die Germanisten diese Arbeit abnehmen.

Wie weit die begriffliche Unsicherheit selbst bei Fachleuten (vgl. auch SCHÜREN 1989, S. 224) geht, soll ein Zitat aus dem Beitrag von S. HOYER in der „GESCHICHTE SACHSENS" (1989, S. 179) belegen, der schreibt: „Allerdings verstärkte der Kontakt zum Markt auch die um 1500 schon fortgeschrittene Differenzierung zwischen den besitzenden Bauern weiter, in der Sprache der Zeit ,Nachbarn' genannt. Die Zahl der Eigentümer von weniger als einer Hufe (Halb-, Viertel-, Achtelhüfner) nahm zu, ebenso die der Gärtner mit minimalem Grundbesitz und der besitzlosen Inwohner (Gesinde, Hausgenossen), die allesamt keine Rechte in der Dorfgemeinde geltend machen konnten." Zweifellos verwechselt hier HOYER die Gärtner mit den Häuslern (die er gar nicht zu kennen scheint). Anzumerken wäre noch, daß die Bezeichnung der Vollbauern als „Nachbarn" und mit sonst nichts weiter nur eine typische Eigenheit der Gegend unmittelbar um Leipzig ist (so daß hier HOYER, dessen Wohnort Leipzig ist, vorschnell verallgemeinert). Und Nachbarschaftsrecht hatten in sehr vielen Gemeinden (s. POLLMAR 1947) auch die Teilhüfner und Gärtner (die meist Achtelhüfner waren), wenn auch in manchen Orten eingeschränkt (PETZOLD 1983). Bei den „Inwohnern" bezieht sich HOYER dann auf BLASCHKE (vgl. die Diskussion unter Gliederungspunkt 3.3.).

Warum man überhaupt Klassen- und Sozialstruktur untersucht, scheint in einer historischen Untersuchung keiner seitenlangen Erklärung zu bedürfen. Wenn man aber nachweisen will (wie z. B. STEINMANN 1974), daß soziale, wirtschaftliche, demographische und politische Strukturen in Raum und Zeit in Korrelationen zueinander stehen, dann muß man diese Strukturen auf verläßliche Weise messen. Kein entwickeltes Territorium, wie es Sachsen 1880 war, konnte mehr mit den Methoden des Geheimen Consilium von 1580 erfolgreich regiert werden, keine Stadt wie Leipzig mehr mit Energie versorgt werden. So evident das alles ist, so muß man es quantitativ belegen, wenn man von bloßen verbalen Argumenten zu Analysen von Ursachen und Wirkung und gegenseitigen Abhängigkeiten fortschreiten will. Auch hinter der äußerlichen Gleichheit der Begriffe steckt eine Dynamik des Inhalts: Der Häusler von 1840 war, nach dem Beginn der feudalen Ablösung 1834 und der Einführung der Landgemeindeordnung von 1838, nicht mehr der gleiche Häusler wie 1600 oder 1700. Und sein „Häusel" war 1800 ein richtiges „Häusel" und keine Hütte mehr wie 1600. Viele der „Häusel" aus dem 19. Jh. stehen im Erzgebirge noch, äußerlich und innen zwar oft etwas modernisiert, aber doch so, daß ein äthiopischer Bauer noch heute einen erzgebirgischen Häusler von 1800 um seinen bescheidenen „Wohlstand" beneiden könnte. Diese Dynamik des Inhalts müssen wir als Hintergrundwissen vom Leser mehr oder weniger als bekannt voraussetzen. Die Einkommen und was man sich dafür kaufen konnte, die Gebäude, die Infrastruktur und die politischen Reformen, all das können und wollen wir hier weder abhandeln noch bebildern.

Uns geht es vielmehr darum, die Dynamik der Klassen- und Sozialstruktur zu messen. Nun gibt es verschiedene Bestimmungsgrößen für Klassen- und Sozialstruktur: für die Klassen die Stellung zu den Produktionsmitteln und zur Macht; für die sozialen Strukturen innerhalb der Klassen Besitz und Macht, aber auch Bildung oder ererbte Privilegien. Auch diese wenigen Zeilen könnten jetzt der Ausgangspunkt zu mehreren Seiten Erörterung sein, die aber eher von den pragmatischen Lösungen wegführen würden, zu denen uns die Quellenlage gezwungen hat. Wenn man Mobilität messen will, dann könnte man es nach sehr strengen Kriterien tun. Zum Beispiel könnte man nach Besitz oder Einkommen eine Skalierung durchführen: die fünf Prozent Reichsten, die zehn Prozent Ärmsten – und die gab es im gesamten Untersuchungszeitraum, auch wenn der konkret dahinter stehende Betrag jeweils verschieden war – und noch mehrere Zwischengruppen und dann zwischen ihnen die jeweilige Soziale Mobilität messen. Das wäre der Weg, zu tatsächlich vergleichbaren Ergebnissen zu kommen. Aber das Vorhaben wäre völlig unrealistisch, die Genauigkeit nur scheinbar. So gab es Gründe genug, um z. B. für eine Steuereinschätzung seinen Besitz unterzubewerten. Verallgemeinernd können wir deshalb jetzt schon feststellen, daß alle Gliederungen der Klassen- und Sozialstruktur mit einer mehr oder weniger großen Unschärfe behaftet sind. Die eine Person oder Familie gehört einer bestimmten Klasse oder Schicht (wir werden vereinfachend oft von statistischen Gruppen sprechen) nur mit einer bestimmten, aber uns nicht genau bekannten, Wahrscheinlichkeit an, mit einer anderen ungenau bekannten Wahrscheinlichkeit zu einer anderen (oder mehreren anderen) Klasse oder Schicht. Zum einen liegt das daran, daß wir zur Klassifizierung in der Regel nur die Berufs- oder Standesangaben zur Verfügung hatten, manchmal sogar nur ausgeübte Ämter (Richter z. B.). Innerhalb eines Berufes (z. B. reicht bei Tuchmachern das Spektrum von sehr armen bis zu solchen, die eigentlich, da sie gleichzeitig meist auch Tuchhändler waren, dem Besitz- und Bildungsbürgertum zugerechnet werden müßten; in Zwickau versteuerten, nach MUELLER 1929, im Jahre 1542 von 183 Tuchmachern 39 % bis zu 100 fl., 8 Tuchmacher darunter nur 30 fl. und weniger, aber 17 dagegen 1000 fl. und mehr; der reichste gar 5900 fl.) war die soziale Differenzierung oft gewaltig, ebenso innerhalb eines Standes (und reichte vom wohlhabenden Mehrhufenbauern bis zu irgendeinem verschuldeten „Bauern", der nur ein Teilhüfner war, ohne daß das aus unseren Unterlagen ersichtlich ist).

Eine zweite Ursache der Unschärfe: So willkommen auch Mehrfachangaben zu einer Person sind, so bringt das doch auch methodische Schwierigkeiten mit sich. Es wurde, wenn keine Übergangsgruppe festgelegt war (z. B. eine landwirtschaftliche Betriebsgröße mit Nebenerwerb), der Proband dem Beruf oder Stand zugeordnet, dem er den größten Teil seines Lebens angehörte, im Zweifelsfall dem jeweils „höheren Stand". Da die Biographien unserer Probanden fast nie lückenlos sind, bleiben bei Veränderungen der sozialen Stellung bzw. des Berufes dazwischen Jahre offen, so daß uns oft auch der genaue Zeitraum unbekannt bleibt, in denen sich die Personen in der einen oder der anderen sozialen Stellung befunden haben. Die Gründe für den Wechsel der sozialen Stellung oder des Berufes sind nur manchmal erkennbar, manchmal zu ahnen. Das Wechselspiel von individuellem Lebenslauf und gesamtwirtschaftlichem Strukturwandel, nicht nur durch Statistik, sondern durch Biographien belegt, ist ein eigenes Thema, dem man sich später in speziellen Arbeiten stellen muß. Waren auch Klassen- und Schichtenzugehörigkeit in erheblichem Maße dadurch vorherbestimmt, was man von den Eltern und Schwiegereltern erben konnte, so war doch dem Zufall, aber auch der Tüchtigkeit und dem Versagen des einzelnen (z. B. durch Trunksucht, Verschuldung oder der Ausweisung wegen krimineller oder sittlicher Delikte) Spielraum gegeben (WEISS 1986). – Zum Beispiel ist ein Traugott Zimmermann (geb. 1682) anfangs (belegt 1708) Bauer in Friedersdorf, dann (1716) Bauer in Pretzschendorf, wo der Vater Richter auf einem Hufengut (Verkaufspreis 800 fl.) war, der

Schwiegervater Gerichtsschöppe auf einem Anderthalbhufengut (900 fl.). 1717 aber muß Traugott Zimmermann, trotz dieser für einen Bauernsohn glänzenden Startposition, sein Viertelhufengut für 556 fl. verkaufen, und nach mehreren nachweisbaren Zwischenstationen ist er ab 1734 Häusler in dem Städtchen Rabenau (dort gest. 1746). – Johann Georg Otto (geb. 1681) dagegen war anfangs Häusler (wie sein Vater) und Zimmermann, später aber Bauer und Kirchenvorsteher in Euba (dort gest. 1744). – Zwei völlig gegenläufige Lebensläufe zur selben Zeit, für die wir die Gründe der Gegenläufigkeit bestenfalls mutmaßen können, stehen für Tausende, die hier nur Statistik sind.

In mehr als 300 Jahren unterliegt die Berufsstruktur, von der wir oft ausgehen mußten, einem starken Wandel. Unsere Klassifizierungen zielen deshalb auf relative Konstanten der Sozial- und Klassenstruktur: Ein fast Landloser war z. B. um 1600 und 1850 landlos, ob er nun um 1600 Holzfäller und Häusler war oder um 1850 Fabrikspinner und Häusler. Ebenso ist eine Definition wie etwa die der 5 oder 10 % Wohlhabendsten (die in den Städten zum Besitz- und Bildungsbürgertum gehören dürften), mit bestimmten Einschränkungen, ebenso zeitlos wie die der „besitzlosen Intellektuellen".

Als wichtig hat sich in der Voruntersuchung (vgl. WEISS 1989c) die durchgehende Unterscheidung von Land- und Stadtbevölkerung erwiesen, ohne die viele wesentliche Ergebnisse der folgenden Kapitel nicht möglich gewesen wären. Wenn SCHÜREN (1989, S. 15) die Kleinbauern mit den Handwerksmeistern und Gastwirten, ob nun aus Stadt oder Dorf, und den mittleren Beamten und Angestellten, zu einer einzigen „Unteren Mittelschicht" zusammenfaßt, und ebenso die Vollbauern, die Großhandelskaufleute und die Ingenieure zu einer „Oberen Mittelschicht", um dann zur Mobilität zwischen diesen Schichten eine ganze Reihe Tabellen zu veröffentlichen, dann muß doch befürchtet werden, daß durch eine solche Klassifizierung wesentliche Zusammenhänge eher verwischt, als aufgedeckt werden.

Obwohl selbst Harvard-Professoren wie SØRENSEN (1991) unbekümmert über die „Nützlichkeit der Klassenanalyse bei Forschungen zur Sozialen Mobilität" schreiben, könnte es dem einen oder anderen Kritiker in dieser Zeit schon wegen der bloßen Verwendung des Klassenbegriffes als opportun erscheinen, den Wert der folgenden Analysen zu bezweifeln. An dieser Stelle möchten wir auf SCHULTZ (1987b) verweisen, die fordert, daß eine Klassifizierung so einleuchtend sein müsse, daß sie mit verschiedenen theoretischen Modellen von Klassen oder Schichten vergleichbar sein sollte, ob man sich nun der Meinung von KOCKA (1990, S. 34) anschließt oder nicht. Nach KOCKA unterschieden sich die Angehörigen von Klassen „nicht durch besonderes Recht ... von den Angehörigen anderer Klassen. Vielmehr setzt das vollentwickelte klassengesellschaftliche Ungleichsmuster Rechtsgleichheit

geradezu voraus ... Klassen sind vielmehr gesellschaftliche Großgruppen, deren Angehörige die ökonomische Stellung und, daraus folgend, gleiche Interessen teilen, sich – der Tendenz nach – auf dieser Grundlage als zusammengehörig begreifen und entsprechend handeln, und zwar im Unterschied, in Spannung und Konflikt mit den Angehörigen anderer Klassen, die eine andere ökonomische Stellung und, daraus folgend, andere, entgegengesetzte Interessen besitzen. Wie nun ökonomische Stellung definiert wird, danach unterscheiden sich die üblicherweise verwendeten Klassenbegriffe." Bei KOCKA „ist die Stellung auf dem Markt gemeint, also das ‚Eigentum' im Sinne des Verfügungsrechtes über Produktionsmittel, Arbeitskraft oder spezifische Leistungskompetenz, die im ungleichen Tausch auf dem Markt angeboten und verwertet werden. Wo keine Märkte, dort keine Klassen."
Die Zeitgenossen unserer Untersuchung begriffen jedoch bis ins 19. Jh. in der Regel die soziale Ungleichheit nach ihrer Zugehörigkeit zu Ständen. Ein Stand war eine gesellschaftliche Großgruppe (KOCKA 1990, S. 34), „deren Mitglieder sich durch spezifisches Recht und eigene Gerichte, ein bestimmtes Maß der Teilhabe an der politischen Herrschaft, durch eine besondere Form des Einkommens bzw. des Auskommens und vor allem durch eine besondere Lebensführung und Kultur von Mitgliedern anderer Stände oder von nicht-ständischen Schichten unterscheiden. Man denke an die frühneuzeitlichen Stände des Adels, des Klerus, des Stadtbürgertums und der Bauern, die allerdings vielfach untergliedert waren. Zum Mitglied eines Standes wurde man durch Geburt oder bewußte Akte der Aufnahme bzw. des Eintritts. Auf der Grundlage der genannten Gemeinsamkeiten entwickelten sich dichte Kommunikationsbeziehungen – standesspezifische Kommunikationsbeziehungen – standesspezifische Geselligkeits- und Heiratskreise z. B. – zwischen den Angehörigen eines Standes, oft über lokale Distanzen hinweg, durch ritualisierte symbolische Praktiken abgestützt."
Auf dem Lande waren der Tagelöhner, der nicht-zünftige Handwerksmeister und der Schulmeister ihrer rechtlichen Stellung und ihrem Stande nach oft gleichermaßen Häusler, auch wenn wir sie im folgenden in unserer Analyse getrennten Gruppen zuweisen. Mit der Ausgliederung der „Geschulten" auf dem Lande und der „Besitzlosen Intellektuellen" in der Stadt führen wir dabei eine weitere Dimension der Ungleichheit ein, nämlich die des Bildungsgrades bzw. der Voraussetzung dazu (d. h. der persönlichen Intelligenz, vgl. WEISS et al. 1986), die vor allem dann von besonderer Bedeutung für die Mobilität zu sein scheint, wenn Bildungsgrad und materieller Besitz nicht zusammenfallen, wie das insbesondere bei den „Besitzlosen Intellektuellen" in der Stadt im Gegensatz zum Besitz- und Bildungsbürgertum der Fall war, da dadurch bei den Besitzlosen ein ausgeprägtes und vielfach erfolgreiches Aufstiegsstreben gefördert worden ist.

EXKURS 4:

Die Einwohner des Dorfes Greifenhain, Ah Borna, Frohburger Anteil, nach Mahlgroschen vom 30. 4. 1767 (SHStA Leipzig, GH Frohburg 1429)

Nr. des Haushalts	Namen der Einwohner	Beschaffenheit	Alter
1.	H. Mag. August Friedrich Uhle	Pastor	54 Jahre
	a) Johanna Magdalena	dessen Ehefrau	44
	b) Daniel Teichmann	– Knecht	26
	c) Christina Eißeltin	– Große Magd	20
	d) Maria Rosina Müllerin	– Kleine Magd	17
	e) Christian Wilhelm Nietzold	– Kühjunge	16
2.	Johann Samuel Schaub	Schulmeister	62
	a) Beata Dorothea	dessen Ehefrau	56
	b) Johanna Eleonora	– Tochter	15
3.	Martin Keil	Anspanner	60
	a) Maria	dessen Ehefrau	40
	b) Martin	– Sohn	13
	c) Maria Elisabeth Lockin	– Große Magd	22
	d) Maria Hermannin	– Kleine Magd	17
	e) H. Friedrich Siegmund von Bodenhausen; Lieutenant, läßet sein Brot in allhiesigem Städtlein holen		(ohne Altersangabe)
	f) Johann Wilhelm Gatter	dessen Bedienter	34
	g) Johann Richter	– Bedienter	21
	h) Christoph Schmidt	– Kutscher	30
4.	Andreas Eitner	Häusler	29
	a) Sybilla	dessen Ehefrau	29
	b) Andreas	– Sohn	3
	c) Friedrich	– Sohn	1
5.	Gottfried Hartmann	Häusler	30
	a) Maria	dessen Ehefrau	28
	b) Maria Regina	– Tochter	7
	c) Maria Rosina	– Tochter	1
	d) George Jäniche	Auszugsmann	67
	e) Maria	dessen Ehefrau	68
6.	Regina Graichin	Häuslerin, dienet auswärts als	(ohne Altersangabe)
	a) Dorothea Lindnerin	Hausgenossin	30
	b) Christian Wieland	deren Sohn	5
	c) Maria Krafftin	Hausgenossin	30
	d) Sophia Voigtin	deren Tochter	6
7.	Gottlieb Schömberg	Häusler	31
	a) Sophia Margaretha	dessen Ehefrau	28

Klassen- und Sozialstruktur 69

Nr. des Haushalts	Namen der Einwohner	Beschaffenheit	Alter
	b) Gottfried Schömberg	Auszugsmann	52
	c) Anna Sybilla	dessen Ehefrau	52
8.	Michael Kärmse	Anspanner	38
	a) Regina	dessen Ehefrau	38
	b) Gottlob	– Sohn	5
	c) Maria Regina	– Tochter	2½
	d) Johann Georg Brendel	– Knecht	22
	e) Maria Regina Keilin	– Magd	16
9.	Rosina Heinckerin	Häuslerswitwe	37
10.	Christian Herrmann	Häusler	53
	a) Rosina	dessen Ehefrau	48
11.	Andreas Grötsch	Häusler	45
	a) Maria	dessen Ehefrau	42
12.	Gottlob Eißelt	Hintersässer	29
	a) Maria Rosina	dessen Eheweib	29
13.	Christian Eißelt	Hintersässer	28
	a) Johanna Rosina	dessen Eheweib	27
	b) Maria Rosina	– Tochter	3
	c) Christina Eißeltin	Auszugsfrau	61
14.	Gottlob Höhle	Hintersässer	41
	a) Anna Rosina	dessen Ehefrau	36
	b) Johann Michael	– Sohn	15
	c) Eva Rosina	– Tochter	7
	d) Jacob Steinert	Auszugsmann	60
	e) Sybilla	dessen Ehefrau	58
15.	Johann Michael Quellmalz	Hintersässer	39
	a) Rosina	dessen Ehefrau	38
	b) Christian Gottlieb	– Sohn	9
	c) Johann Christian	– Sohn	6
	d) Christian Gottfried	– Sohn	3
16.	Christoph Kirsten	Häusler	26
	a) Anna Rosina	dessen Ehefrau	24
	b) Christina Schömbergin	Auszugsfrau	61
	c) Sybilla Thielin	Hausgenossin	65
17.	Hans Heinig	Hintersässer	58
	a) Anna Rosina	dessen Ehefrau	46
	b) Anna Elisabeth Beckerin	Auszugsfrau	60
18.	Gottfried Wendler	Anspanner	26
	a) Regina	dessen Ehefrau	22
	b) Christian	– Sohn	2½
	c) Gottlieb Jähniche	– Knecht	20
	d) Tobias Fromhold	Auszugsmann und Zimmermeister	55

Nr. des Haushalts	Namen der Einwohner	Beschaffenheit	Alter
	e) Eva	dessen Ehefrau	57
	f) Christina	– Tochter	27
	g) Christian Rähmer	– Lehrbursche	19
19.	Christian Schönfeld	Anspanner	28
	a) Christina	dessen Ehefrau	21
	b) Christoph Schönfeld	Auszugsmann	61
	c) Dorothea	dessen Ehefrau	53
	d) Johanna Wagnerin	– Kuhmägdgen	10
20.	Johann Eißelt	Häusler	56
	a) Maria	dessen Ehefrau	50
	b) Maria Rosina	– Tochter	23
21.	Gottfried Wagner	Häusler	38
	a) Maria	dessen Ehefrau	28
	b) Eva Maria Beckerin	Auszugsfrau	57
22.	Johann Wilhelm Werner	Häusler	46
	a) Anna Rosina	dessen Ehefrau	37
	b) Christian Gottfried	– Sohn	5
	c) Sybilla Waldenburgerin	Auszugsfrau	55
23.	Gottfried Focke	Häusler	37
	a) Regina	dessen Ehefrau	33
24.	Johann Georg Köhler	Häusler	30
	a) Maria	dessen Ehefrau	24
	b) Maria Christina	– Tochter	1
	c) Sybilla Frenzelin	Auszugsfrau	54
25.	Hannß Kretschmar	Häusler	30
	a) Maria Dorothea	dessen Ehefrau	28
	b) Martha Kretschmarin	Auszugsfrau	63
26.	Johann Gottfried Pfitzner	Hintersässer	48
	a) Maria	dessen Ehefrau	48
	b) Christian	– Sohn	21
	c) Gottlob	– Sohn	12
27.	Gottfried Karthe	Hintersässer	52
	a) Regina	dessen Ehefrau	45
	b) Christoph	– Sohn	23
	c) Michael	– Sohn	18
	d) Martha Wicklerin	Auszugsfrau	69
	e) Maria Rosina Ahnertin	Kuhmägdgen	13
28.	Christian Arnold	Hintersässer	46
	a) Maria	dessen Tochter	18
	b) Christian	– Sohn	16
	c) Johanna Raschkin	Hausgenossin	33
	d) Christian Fuge	Auszugsmann	68
	e) Maria	dessen Ehefrau	69

Klassen- und Sozialstruktur 71

Nr. des Haushalts	Namen der Einwohner	Beschaffenheit	Alter
29.	Martin Enge	Hintersässer	30
	a) Justina	dessen Ehefrau	29
	b) Eva Rosina Reymannin	– Kuhmägdgen	12
30.	H. Wilhelm Eusebius Herschels, Postmeisters in Rochlitz, Anspannergut		
	a) Eusebius Herschel	der das Gut administrieret	67
	b) Anna Sophia	dessen Ehefrau	65
	c) August Herschel	– Enkel	10
	d) Christoph Berger	– Knecht	49
	e) Maria Bergerin	– Magd	29
	f) Christina Meißnerin	– Magd	23
	g) Christian Raschke	Auszugsmann	48
31.	Michael Teichmann	Hintersässer	38
	a) Christina	dessen Ehefrau	27
	b) Gottfried	– Sohn	$1^1/_2$
32.	Andreas Oertel	Hintersässer	43
	a) Maria Elisabeth	dessen Ehefrau	36
	b) Maria Regina	– Tochter	12
	c) Maria	– Tochter	7
	d) Regina Oertelin	Auszugsfrau	68
33.	Christian Leischel	Hintersässer	57
	a) Maria Rosina	dessen Ehefrau	31
	b) Andreas	– Sohn	14
	c) Johann Gottfried	– Sohn	9
34.	Michael Lohrige	Hintersässer	48
	a) Rosina	dessen Ehefrau	46
	b) Johann Michael	– Sohn	17
	c) Maria	– Tochter	9
35.	Michael Ulbricht	Anspanner	32
	a) Rosina	dessen Ehefrau	19
	b) Gottlieb Welsch	– Knecht	31
	c) Maria Rosina Thielin	Große Magd	18
	d) Johanna Regina Raschkin	Kleine Magd	14
	e) Gottlieb Thänert	Kuhjunge	10
36.	Christian Berger	Hintersässer	23
	a) Christina Bergerin	Auszugsfrau	46
37.	Andreas Mieselwitz	Anspanner	36
	a) Regina	dessen Ehefrau	35
	b) Anna Regina	– Tochter	15
	c) Anna Christina	– Tochter	14
	d) Andreas	– Sohn	10
	e) Maria Rosina	– Tochter	7
	f) Michael Mäther	– Knecht	19

Nr. des Haushalts	Namen der Einwohner	Beschaffenheit	Alter
38.	Hannß Saupe	Anspanner	47
	a) Eva Maria	dessen Ehefrau	30
	b) Christina	– Tochter	3
	c) Christoph Keil	– Knecht	25
	d) Anna Rosina Thatin	– Magd	30
	e) Maria Rosina Saupin	– Kuhmägdgen	13
39.	Christian Friedrich	Häusler	27
	a) Anna Sybilla	dessen Ehefrau	23
	b) Sybilla Friedrichin	Auszugsfrau	61
40.	Johann Michael Petzold	Anspanner	41
	a) Regina	dessen Ehefrau	43
	b) Anna Rosina Goyin	– Stieftochter	22
	c) Johann Michael Petzold	– Sohn	15
	d) Christian Gottlob	– Sohn	13
	e) Anna Christina	– Tochter	8
	f) Anna Christina Dietzin	– Magd	15
41.	Johann Gottfried Ziegert	Anspanner	26
	a) Maria	dessen Ehefrau	22
	b) Friedrich	– Sohn	2
	c) Christian Liebing	– Knecht	21
	d) Gottlieb Geißler	– Knecht	14
	e) Rosina Böhmin	– Magd	23
	f) Gottlieb Müller	Hausgenosse	45
	g) Maria	dessen Ehefrau	43
	h) Johann Gottfried Richter	Corporal (ohne Altersangabe)	
	i) Christiana Maria	dessen Ehefrau	38
	k) Christian Gottfried	– Sohn	8
42.	Hannß Keil	Anspanner	53
	a) Maria	dessen Ehefrau	48
	b) Regina	– Tochter	21
	c) Andreas	– Sohn	15
	d) Gottlieb Engelmann	– Kühjunge	13
43.	Martin Liebers	Häusler	50
	a) Dorothea Sophia	mdessen Ehefrau	44
44.	Andreas Fischer	Anspanner	31
	a) Regina	dessen Ehefrau	28
	b) Gottfried	– Sohn	6
	c) Andreas Sporwald	– Knecht	17
	d) Regina Gröberin	– Magd	20
45.	Christoph Keil	Häusler	24
	a) Maria	dessen Ehefrau	18
	b) Johann Dietrich Kummer	Auszugsmann	69
	c) Maria	dessen Ehefrau	49

Klassen- und Sozialstruktur 73

Nr. des Haushalts	Namen der Einwohner	Beschaffenheit	Alter
46.	Johann David Dietze	Häusler	43
	a) Christina	dessen Ehefrau	42
	b) Sophia	– Tochter	15
	c) Gottlob	– Sohn	6
	d) David	– Sohn	3
47.	Gottfried Petzold	Hintersässer	67
	a) Maria	dessen Ehefrau	39
	b) Regina	– Tochter	13
48.	Gottlieb Richter	Hintersässer	48
	a) Anna	dessen Ehefrau	40
	b) Johann Michael	– Sohn	13
	c) Christina	– Tochter	9
	d) Andreas	– Sohn	7
	e) Gottfried	– Sohn	4
	f) Regina	– Tochter	2
49.	Johann Georg Törpe	Häusler	53
	a) Maria	dessen Ehefrau	45
	b) Christiana	– Sohn	12
	c) Margaretha Vogelin	Auszugsfrau	72
50.	Johann Gottlieb Schaub	Häusler und Schneider	28
	a) Johanna Regina	dessen Ehefrau	32
	b) Johann Gottlob	– Sohn	3
	c) Johann Christoph Naumann	– Lehrjunge	16
51.	Andreas Gehring	Hintersässer und Schenkwirt	67
	a) Christina	dessen Ehefrau	40
	b) Regina	– Tochter	13
	c) Johanna Rosina Mahnin	– Kuhmägdgen	13
52.	Michael Ulbrichts Hintersässer-Gut, so er bei seinem Anspannergut besorget		
	a) Anna Ulbrichtin	Auszugsfrau	58
	b) Hanns Voigt	Hausgenosse	39
	c) Maria Rosina	dessen Ehefrau	28
	d) Johann Michael	– Sohn	6
	e) Anna Regina	– Tochter	3
53.	Gottfried Müller	Häusler	61
	a) Maria	dessen Ehefrau	42
	b) Christian	– Sohn	11
54.	Michael Voigt	Anspanner	37
	a) Rosina Sophia	dessen Ehefrau	30
	b) August	– Sohn	13
	c) Johanna Sophia	– Tochter	11
	d) Michael	– Sohn	7

Nr. des Haushalts	Namen der Einwohner	Beschaffenheit	Alter
	e) Maria Christina Fiedlerin	– Magd	17
	f) Justina Voigtin	Auszugsfrau	68
55.	Johann Michael Keil	Anspanner	22
	a) Maria Mätherin	Auszugsfrau	53
	b) Christian Müller	Hausgenosse	32
	c) Rosina	dessen Ehefrau	28
	d) Regina	– Tochter	1
	e) Maria Rosina Böhligin	Hausgenossin	36
56.	Andreas Werners Hintersässer-Gut, so er bei seinem Anspannergut mit besorget		
	a) Johann George Schilling	Hausgenosse	57
	b) Justina	dessen Ehefrau	55
57.	Tobias Eytner	Häusler	25
	a) Maria	dessen Ehefrau	25
	b) Tobias	– Sohn	1
	c) Michael Eytner	Auszugsmann	61
	d) Martha	dessen Ehefrau	66
58.	Michael Behnert	Anspanner	31
	a) Sophia	dessen Ehefrau	22
	b) Maria Rosina	– Tochter	2
	c) Carl Wilhelm Mahler	– Knecht	15
	d) Anna Maria Dietzin	– Magd	17
	e) Gottfried Thiele	– Kühjunge	15
59.	Gottlieb Haubenreißer	Häusler und Schmidt	41
	a) Elisabeth	dessen Ehefrau	40
	b) Regina Großin	Hausgenossin	36
	c) Regina	deren Tochter	4
60.	Christian Becker	Anspanner	38
	a) Anna Maria	dessen Ehefrau	24
	b) Michael Reihm	– Knecht	15
	c) Maria Elisabeth Reichertin	– Magd	26
	d) Rosina Jahnin	Auszugsfrau	62
61.	Christoph Enge	Anspanner	64
	a) Susanna	dessen Ehefrau	45
	b) Christoph	– Sohn	12
	c) Gottfried Dietze	Pachter	37
	d) Sybilla	dessen Ehefrau	40
	e) Eva Rosina	– Tochter	7
	f) Anna Regina	– Tochter	5
	g) Maria Christina	– Tochter	$1^{1}/_{2}$
	h) Johanna Rosina Nitzschkin	– Magd	18
62.	Christian Kirsten	Hintersässer	44
	a) Regina	dessen Ehefrau	38

Klassen- und Sozialstruktur 75

Nr. des Haushalts	Namen der Einwohner	Beschaffenheit	Alter
	b) Sophia	– Tochter	16
	c) Regina	– Tochter	14
	d) Gottlob	– Sohn	$3^1/_2$
	e) Anna Rosina	– Tochter	1
63.	Andreas Werner	Anspanner	43
	a) Maria Rosina	dessen Ehefrau	33
	b) Christian August	– Sohn	7
	c) Maria Rosina	– Tochter	2
	d) Gottlob Leube	– Knecht	21
	e) Friedrich Schröter	– Knecht	17
	f) Rosina Moosdorfin	– Magd	21
	g) Johanna Magdalenin Schönfelderin	– Magd	18
	h) Johann Gottfried Müller	Wachtmeister (ohne Altersangabe)	
	i) Johanna Dorothea	dessen Ehefrau	27
64.	Andreas Eißelt	Hintersässer	47
	a) Rosina	dessen Ehefrau	40
65.	Maria Elisabeth Kirschin	Häuslerswitwe	40
66.	Daniel Dietze	Hintersässer	57
	a) Sabina	dessen Ehefrau	39
	b) Daniel	– Sohn	13
	c) Regina	– Tochter	4
	d) Regina Keilin	Hausgenossin	36
	e) Gottlob	deren Sohn	3
67.	Gotthold Weichold	Häusler, dienet als Knecht in der Abtmühle zu Wolftitz	
	a) Maria	dessen Ehefrau	30
	b) Gottlob	– Sohn	11
	c) Eva Rosina	– Tochter	4
68.	Johann Christian Borrmann	Häusler	66
	a) Anna	dessen Ehefrau	56
69.	Hanß Michael Wagner	Häusler	35
	a) Johanna	dessen Ehefrau	30
	b) Johanna	– Tochter	11
	c) Rosina	– Tochter	9
	d) Anna Regina	– Tochter	4
	e) Rosina Fugin	Auszugsfrau	62
70.	Thomas Thatens Mühle		
	a) Melchior Kunze	Pachtmüller	46
	b) Rosina Dorothea	dessen Ehefrau	43
	c) Christina Sophia Thatin	– Stieftochter	17
	d) Maria Rosina Kunzin	– Tochter	6
	e) Johanna Maria	– Tochter	5

Nr. des Haushalts	Namen der Einwohner	Beschaffenheit	Alter
	f) Christian Gottlob	– Sohn	3
71.	Daniel Fiedler	Hirte	46
	a) Rosina	dessen Ehefrau	40
	b) Maria Elisabeth Fiedlerin	Hausgenossin	30
	c) Gottfried Dietze	Dienstjunge	12
	d) Gottlieb Hänsel	Dienstjunge	13

1. Die Landbevölkerung

Für die Landbevölkerung (vgl. auch BOELCKE 1967) erwies sich die folgende statistische Gliederung als zweckmäßig.

1.1. Vollbauern

In den Quellen werden sie vielfach als „Bauer" bezeichnet, gelegentlich lokal auch als „Anspänner", in den Ah Borna, Grimma und Oschatz aber als „Pferdner", in den Ah Freiberg und Flöha als „Hüfner". Auch der „Nachbar" um Leipzig ist in der Regel Bauer, wobei hier noch einmal auf die Bemerkungen zu „begüterter Inwohner" und „erbangesessen" weiter oben (s. S. 62) verwiesen werden muß. Im Schönburgischen war die Bezeichnung „Pferdefronbauer" üblich (da Vollbauern in der Regel mit einem Gespann Pferden zum Frondienst antreten mußten). – Im 19. Jh. kommen die Bezeichnungen „Landwirt", „Oekonom" und „Gutsbesitzer" auf.
In der Voruntersuchung erwies sich die Ausgliederung der „Richter" bzw. „Erbrichter" zusammen mit Anderthalbhufengütern und größeren (wie sie in der Ah Meißen nicht selten sind) bzw. der Güter mit einem Kaufpreis vor 1700 von 1000 fl. und darüber als wenig aussagekräftig. Die Kleinheit der Gruppe und die Unschärfe der Abgrenzung, weil entsprechende Angaben in den AL oft fehlen, veranlaßten uns, diese gesondert kodierte Gruppe wieder zu den „Vollbauern" zu addieren. – Müller (Mahlmüller) mit Hufen (d. h. in der Regel Erbmüller) finden sich in den Mobilitätstabellen auch hier zugeordnet, in den Handwerksstatistiken aber gesondert ausgewiesen.
Diese Gruppe umfaßt auch die „Bauern", deren Besitzgröße in den Quellen nicht näher angegeben ist. Das hat zur Folge, daß diese Gruppe, insbesondere im Erzgebirge (vgl. JÄPEL 1985) und Vogtland, unscharf abgegrenzt ist. Es ist zu vermuten, daß in diesen Gebieten (vgl. LÖSCHER 1954) bereits im 16. und

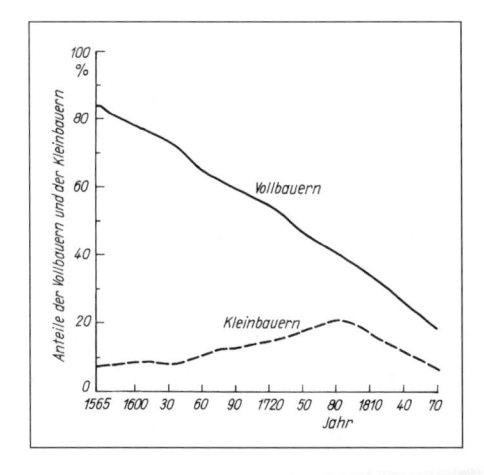

Abb. 2: Anteile der Vollbauern und der Kleinbauern an der Landbevölkerung: Sachsen 1565–1870

17. Jh. der Anteil der Teilhüfner (s. Abb. 2) viel höher war, als es durch die Bezeichnungen in den KB, auf die sich die Genealogen und die AL zumeist stützen, ausgewiesen ist (vgl. die Diskussion bei SCHWARZE 1975, S. 150 und bei HELD 1988 die Tabellen auf den S. 200–202). Wir haben damit bereits auf eine wesentliche Ursache für eine wahrscheinliche Unschärfe unserer Untersuchung hingewiesen. Im Landregister der Herrschaft Sorau von 1381, der ersten schriftlichen Überlieferung dieser Art (SCHULTZE 1936), kommen auf 664 deutsche und 514 flämische Hufen bereits rund 150 Gartennahrungen.

1.2. Teilhüfner und Gärtner: Kleinbauern

In den Ah Grimma, Oschatz, Döbeln und Rochlitz werden sie verbreitet als „Hintersättler" oder „Hintersassen" (vgl. auch STRELLER 1933) bezeichnet; im Schönburgischen als „Handfronbauer" (vgl. auch POLLMAR 1947). Dörfer, die in ihren Steuerlisten „Hintersassen" ausweisen, haben in der Regel keine „Gärtner" und umgekehrt. Aber auch gegen diese Feststellung werden sich einzelne dagegensprechende Beispiele finden lassen. Wir haben deshalb diese Gruppe so groß gewählt, weil jede sichere Untergliederung, etwa in Halbhüfner und darüber und Gärtner (unter einer halben Hufe), an der Unschärfe der Quellen gescheitert wäre. Denn der Übergang von Teilhüfnern (Viertelhüfnern, Halbhüfnern, Dreiviertelhüfnern, ...) zu Gärtnern (Achtelhüfnern) ist oft fließend und verwischt sich im 18. Jh. durch den An- und Verkauf von einzelnen Feldern und Teilhufen immer mehr. Bezeichnungen wie „Halbhüfner" dürfen auch nicht ganz wörtlich genommen werden. „Ein Halbhüfner besaß wenigstens eine halbe und noch keine ganze Hufe" (v. RÖMER 1792, S. 199). Als „Gärtner" bezeichnete Kleinbauern besaßen in der Regel eine Achtelhufe, doch gibt es auch Gärtner mit einer Viertel- und sogar Dreiviertelhufe. In manchen Orten wird deshalb zwischen „Großgärtner" (üblich z. B. in Wiesa bei Annaberg) und „Kleingärtner" unterschieden, um Zwickau dagegen spricht man vom „Gartengut". Bereits frühere Autoren, die sich durch dieses Dickicht von Bezeichnungen hindurcharbeiten wollten, kamen, wie HÖTZSCH (1900, S. 21), oder der vielzitierte HAUN (1891), der allerdings nur ein stark verdünnter Aufguß von KLINGNER (1749) ist, zu der resignierenden Feststellung, daß „in der Anwendung aller dieser Benennungen eine heillose Verwirrung herrsche" (HAUN 1891, S. 28). Geändert hat sich daran bis heute kaum etwas (vgl. die Kritik an S. HOYER auf S. 63).

Der sicher gut mit den Quellen im mitteldeutschen Raum vertraute LÜTGE (1957, S. 45) ist zu folgender Einteilung gekommen:

I. *Vollberechtigte Bauern* (Nachbarn);
    A. *Spannbauern*, Ackerleute, Anspänner, Pferdner;
        1. Vollbauern, Vollspänner, Hüfner;
        2. Halbbauern, Halbspänner, Halbhüfner;
        3. Viertelbauern, Einspänner, Spitzspänner, Kärrner;
    B. *Handbauern* (Hintersättler, Hintersiedler, Köthner, Kotsasse, Kossäte, Gärtner);
II. *Nichtvollberechtigte;*
        1. Häusler, Büdner;
        2. Einlieger, Hausgenossen, Beisitzer.

Ein Mandat des sächsischen Königs (FRIEDRICH AUGUST 1750) zur Erfassung der „angesessenen Einwohner" nennt 4 Gruppen:

„1. Bauern, Hüfner, Anspänner, Pferdner, Pferde-Fröhner, ganze Höfe, oder wie solche iedes Orts genennet werden;
2. Halb-Hüfner, Hinter-Sättler, Hand-Fröhner, halbe Höfe etc.;
3. Gärtner, Coßäthen, gantze oder halbe Herbergen etc.;
4. Häußler."

Beim Vergleich der Einteilung LÜTGEs mit der der sächsischen Behörde fällt vor allem die unterschiedliche Zuordnung der Hintersättler auf. Uns kann das wenig stören, da wir sie in jedem Falle hier zu den „Kleinbauern" rechnen.

Ein „Halbbauer" ist in manchen Orten (z. B. in Schedewitz, Ah Zwickau, Anfang des 18. Jh.) ein Pächter auf einem ganzen Gut und kein Halbhüfner; ein Kärrner (vgl. auch POLLMAR 1947) im Erzgebirge ist ein Landfuhrmann. Diese Kommentare zu LÜTGEs Einteilung (siehe oben) ließen sich fortsetzen.

Der kritische Leser wird aber inzwischen auch zu der Meinung gekommen sein, daß eine systematische Erfassung der lokalen Bezeichnungen und ihrer Bedeutung not täte (worauf der Aufruf von GERBIG und WEISS 1992 hinzielt).
Darauf hingewiesen werden muß auch, daß Gartengüter in der nordsächsischen Ebene oft höhere Preise erreichten als „Bauerngüter" im Erzgebirge oder Vogtland, ob sie nun in Wirklichkeit Teilhüfner waren oder nicht.
Auch Pächter von Bauerngütern wurden dieser Teilgruppe zugerechnet. Ebenso in den Mobilitätstabellen Personen, die nachweislich nacheinander zeitweise Häusler, Gärtner oder Bauern waren. Bei Angaben über die zahlenmäßige Häufigkeit von Kleinbauern wurden solche Personen halb zu den Kleinbauern, halb zu der anderen Gruppe gerechnet. (Dadurch erklären sich auch geringfügige Differenzen in den Häufigkeiten zwischen Mobilitätstabellen und Tabellen über die relativen Anteile von Klassen und Schichten.)
Nebenerwerb (in Handwerk, Handel, Fuhrbetrieb, Bergbau, als Steuereinnehmer usw.) wurde stets zusätzlich gesondert kodiert. Es ist ein methodisches Problem, ob die Zunahme des Nebenerwerbs nach 1700 darauf zurückzuführen ist, daß die immer ausführlicher werdenden Quellen nun auch dazu neigen, den Nebenerwerb mit auszuweisen, d. h. daß die Ausweitung des Nebenerwerbs bereits viel früher stattgefunden habe. Genau läßt sich das nicht nachweisen, jedoch spricht die Ausbreitung der ländlichen Leinenproduktion um Freiberg, die HEITZ (1961) bereits für die erste Hälfte des 16. Jh. nachweisen konnte, für diese Annahme. Wahrscheinlich folgt aber die größere Aussagekraft der Quellen dem tatsächlichen Fortschreiten der Arbeitsteilung, wenn auch mit zeitlicher Verzögerung, und Nebenerwerb ist desto häufiger ausgewiesen worden, je bedeutsamer er für die Einkommens- und Vermögenslage wurde.

1.3. Landhandwerker (ohne Erbmüller) und andere ländliche Gewerbetreibende

Zu letzteren gehören in der Regel Selbständige, wie Gastwirte, Händler, Kramer, Fuhrleute, selbstbauende Gewerke; in ihrer Sonderstellung auch Schafmeister. Nach ihrer sozialen Stellung gehörte diese Gruppe überwiegend zu den Häuslern; wenige waren auch zeitweilig oder ständig Hausgenossen (z. B. Schneider). Wenn jedoch im folgenden Text und in den Mobilitätstabellen von „Häuslern" gesprochen wird, sind, wenn nicht anders ausdrücklich bemerkt, stets nur die „Häusler als Handarbeiter" (die jetzt folgende Gruppe) gemeint, und dabei sind die „Landhandwerker als Häusler" nicht mit eingeschlossen. Auf diesen Unterschied unserer Klassifizierung zum zeitgenössischen

Gebrauch der Bezeichnung „Häusler" muß deutlich aufmerksam gemacht werden. BLASCHKE (1967) hatte kein Datenmaterial zur Verfügung, das es ihm erlaubt hätte, die Landhandwerker aus den Häuslern auszugliedern, wie wir es hier tun können.
Der zum Haus eines Handwerkers gehörende Boden konnte von verschiedener Größe sein. Zu den Schmieden gehörte z. B. oft ein richtiges Gartengut; die Leineweber und Strumpfwirker dagegen hatten tatsächlich nur ein „Haus mit Garten", d. h. einen Garten etwa im Sinne unseres heutigen Begriffes Kleingarten. In den Quellen ist diese Grundstücksgröße zum Teil nur ungenügend ausgewiesen, so daß hier manchmal nicht ausreichend differenziert werden konnte. – Ein Schmied mit Gartengut und ein Teilhüfner, der zugleich Gastwirt ist, ist in den Mobilitätstabellen bei den Kleinbauern zu suchen; in den Gewerbestatistiken gehört der halbe Personenanteil, die halbe statistische Masse also, zu den „Landhandwerkern und anderen ländlichen Gewerbetreibenden", die andere Hälfte zu den „Kleinbauern".

1.4. Häusler als Handarbeiter und Hausgenossen

In den Quellen sind das die „Häusler" ohne nähere Charakterisierung (woraus auch hier wieder eine Unschärfe folgt) und diejenigen, die als Handarbeiter, Tagelöhner, Waldarbeiter, Bergleute, Fuhrknechte, Maurergesellen usw. bezeichnet werden. Die Hausgenossen sind Knechte und Handarbeiter als Mieter in einem Haus.
Hausgenossen mit Familie gab es in Sachsen auf dem Lande wenig. Im 19. Jh. werden sie häufiger. Aber selbst in den Gebirgsgebieten betrug auf dem Lande der Anteil der um 40 Jahre alten Männer im Status eines Hausgenossen mit Familie nicht mehr als 3 % der Familien im vergleichbaren Lebensalter. Für einen größeren Prozentsatz war der Hausgenossenstatus ein Übergangsstadium in der ersten Zeit der Familiengründung. Für einen Mann mit Familie galt in Sachsen im Untersuchungszeitraum ein eigenes Haus wohl stets als erstrebenswert (PETZOLD 1983).

1.5. Geschulte

Wegen der Kleinheit der Gruppe mußten drei in ihrer sozialen Stellung recht unterschiedliche Teilgruppen zusammengefaßt werden:
1. die in leitenden Stellungen, wie z. B. Oberförster, Rittergutsverwalter, Hammerherr usw., die oft recht wohlhabend waren.

2. die in untergeordneten Stellungen, die nach dem Status oft auch Häusler waren, wie Schulmeister, Kantor, Vogt usw.
3. die Pfarrer.
Es ist schwierig, einen gemeinsamen Oberbegriff zu finden. (Sollte ein anderer besserer Begriff gefunden werden, so würden wir das volkstümlich „Geschulte" gern durch diesen ersetzen.) Die Tatsache, daß die „Geschulten", die wir vielleicht als „ländliche Intelligenz" bezeichnen könnten, wenn die Zeitgenossen diesen erst um 1900 langsam aufkommenden Begriff (WEISS zu dessen Begriffsgeschichte in WEISS et al. 1986, S. 222 ff.) schon gekannt hätten, im Lesen und Schreiben relativ wendig gewesen sein müssen, hebt sie ab und gibt gerade ihrer Sozialen Mobilität gewisse gemeinsame Züge (wie wir auf S. 139 ff in den Tabellen belegen werden), die ihre Zusammenfassung zu einer Gruppe sinnvoll erscheinen lassen.

1.6. Adel

Entsprechend seinem realen Anteil an der Gesellschaft ist auch der Anteil des Adels an unseren Stichproben sehr klein, so daß man bei Analysen über Strukturveränderungen des Adels noch weitere Quellen heranziehen muß. Zum Beispiel hatten von 236 Rittergütern des Leipziger Kreises 1845 noch 124 adlige Besitzer, 105 Rittergüter hatten bürgerliche Einzelpersonen in Besitz, 7 Städte als Besitzer (v. FRIESEN 1845). 1866 war die Zahl der adligen Besitzer auf 108 abgesunken (v. FRIESEN 1866). Im selben Jahr waren von den 84 stimmberechtigten Rittergutsbesitzern des Erzgebirgischen Kreises nur noch 34 adlig (v. EINSIEDEL 1866). Und unter diesen Adligen fallen viele Namen ursprünglich bürgerlicher Geschlechter auf, die erst eine oder wenige Generationen früher geadelt worden sind. Die Notwendigkeit einer speziellen Strukturanalyse dieser Veränderungen vor dem 19. Jh. kann damit hier nur angedeutet werden.
V. TRESKOW (1991) zitiert zwar „die Vorstellung von der Wandlung des alten Stammadels zu einer mobilen Klasse von Rittergutsunternehmern, in die Kreti und Pleti sich einkaufen konnten", läßt das aber für Preußen nur mit Einschränkungen gelten. Seine eigene Untersuchung umfaßt die über fünf Generationen nahezu lückenlos erfaßte Nachkommenschaft des Sigmund Otto von Treskow (1756–1825). Während die adeligen Söhne bevorzugt Töchter von oftmals bürgerlichen Gutsbesitzern heirateten, suchte man als Schwiegersöhne mehrheitlich adlige Beamte oder Offiziere. Während die Söhne selbst durch bürgerliche Heiraten ihren Besitz vermehrten, legten sie gleichzeitig großen Wert auf den Adelsstatus ihrer Schwestern und Töchter.

BLASCHKE (1967), dessen Zahlen ja den Rahmen für unsere Stichproben abgaben, konnte 1750 in den Individualhufenverzeichnissen 5 Gruppen der Landbevölkerung unterscheiden: Bauern; Gärtner und Häusler; „Inwohner" (siehe die Diskussion des Begriffes S. 50 ff); Geistlichkeit; Adel. – Will man die marxistische Klassentheorie anwenden, so lassen die hier gebildeten 6 Gruppen die Unterscheidung von Feudalklasse (Adel), Bauern (mit zwei Schichten: Vollbauern und Kleinbauern) und ländlichem Proletariat (Häusler als Handarbeiter) zu. Handwerker und Gewerbetreibende bilden eine Mittelschicht; die „Geschulten" üben vielfach Funktionen im Interesse der herrschenden Feudalklasse aus. Daß sich Einzelpersonen entweder durch die Buntheit ihres Lebensweges oder durch die Seltenheit ihres Berufs jeder massenstatistischen Einordnung entziehen wollen und dann irgendwie in das festgelegte Schema hineingepreßt werden müssen, wenn man sie nicht weglassen oder als „Sonstige" am Rande der Untersuchung auf unbefriedigende Weise dahinvegetieren lassen will, ist jedem bekannt, der schon einmal Tausende von Berufen und Tätigkeiten klassifiziert hat.

2. Die Stadtbevölkerung

Aus einer großen Anzahl ursprünglich kodierter Gruppen erwies sich die folgende Gliederung als besonders aussagekräftig.

2.1. Städtische Handwerker

Das städtische Handwerk erhält seine besondere Charakteristik durch eine Reihe Berufe, die auf dem Lande nie oder nur in sehr seltenen Ausnahmefällen vorhanden sind und deren Ansiedlung auf dem Land auch durch die Mandate des Landesherrn verboten war. Solche typischen städtischen Handwerksberufe sind Tuchmacher, Tuchscherer, Kürschner, Färber, Gürtler, Goldschmied, Posamentierer, Seifensieder, Buchbinder, Hutmacher, Beutler, Riemer, Gerber und andere. Diese Handwerke ließen sich nach verschiedenen Gesichtspunkten gliedern, etwa nach den Rohstoffen, die sie verarbeiten oder nach den Produkten, die sie erzeugen. Für den Hauptzweck unserer Untersuchung, der quantitativen Entwicklung der Sozialen Mobilität, erwiesen sich jedoch diese Gesichtspunkte als unwesentlich. Wichtiger und schwieriger als die Abgrenzung untereinander war die Abgrenzung der Handwerker gegenüber dem Besitz- und Bildungsbürgertum. Handwerker in größeren Städten, die zeitweise Bürgermeister waren oder Ratsfunktionen (vgl. HAHN 1991) inne hatten, wurden dem Besitz- und Bildungsbürgertum zugerechnet, ebenso ein Tuchmacher, der zugleich Tuchhändler war. Ein Buchbinder, der zugleich Buchhändler war, war dagegen bei den „kleinen Intellektuellen" (2.6.) besser aufgehoben. – In den kleinen und sehr kleinen Städten (vgl. KLEINHEMPEL 1982) hingegen hoben sich auch Ratsverwandte kaum besonders ab, sie bleiben dann in unserer Statistik bei den Handwerkern, ebenso wie die Ratsverwandten (vor 1650 nicht selten), bei denen zwar dieses Amt, aber nicht der genaue Beruf bekannt war.

Unsere detaillierten Kodierungen erlaubten die gesonderte Betrachtung von Nahrungsmittelhandwerkern, wie Bäcker, Fleischer, Mälzer und Brauer sowie Mahlmüller, von Textilhandwerkern, als da sind Leineweber, Zeugmacher und Strumpfwirker, dann der Schuster und Schneider. Sofern die statistische Masse zu Aussagen über die Besonderheiten dieser Berufe ausreichen, so sind diese auf S. 152 nachzulesen. – Bei den technischen Handwerken aller Art sind auch die zu finden, die auch auf dem Lande verbreitet sind, wie Zimmerleute, Wagner, Schmied und Maurer, und bei denen der Übergang vom Land in die Stadt oder in die umgekehrte Richtung dadurch erleichtert und häufiger ist als bei anderen Handwerkern.

In einigen Berufen werden keine Waren hergestellt, sondern wird eine Dienstleistung verrichtet, z. B. Bader und Essenkehrer. Die Bader wurden den „selbständigen Gewerbetreibenden" zugerechnet.

2.2. Selbständige Kleingewerbetreibende

Diese unscharf begrenzte Gruppe (vgl. auch SCHÖTZ 1985) umfaßt Gastwirte, Kramer, Händler, in den Gebirgsstädten Personen mit eigenem Bergwerk oder Bergwerksanteilen (sogenannte selbstbauende Gewerke), aber auch die Bader. Dieser Gruppe mußten aber auch vor 1650 alle Personen zugeordnet werden, die nur als „Bürger" und sonst nichts weiter ausgewiesen waren. Eine Mobilitätsstatistik zwischen Handwerkern und Kleingewerbetreibenden hätte aber so vor 1650 zu ganz unrealistischen Zahlen geführt. Da sich aber herausstellte, daß beide Gruppen sowieso einen geschlossenen Heiratskreis bilden (vgl. S. 142), hatte die Unschärfe der Gruppe keine schwerwiegenden Folgen.

2.3. Bauern in der Stadt

Hierzu gehören auch Winzer und Pächter von städtischen Vorwerken bzw. deren Besitzer (sofern sie nicht zum Besitz- und Bildungsbürgertum gehören).
Ein ausgesprochenes Ackerbürgertum, wie z. B. in Hartha/Ah Döbeln, war in Kernsachsen durchaus selten. Zwar besaßen viele Handwerker und andere auch

außer ihrem Haus noch weitere Grundstücke, und das bis hinauf ins Erzgebirge, z. B. in Schlettau/Ah Annaberg. Dennoch war das zumeist nur landwirtschaftlicher Nebenerwerb; die betreffenden Personen erscheinen in unserer Statistik als Handwerker.

Wegen der Kleinheit der Gruppe mußten die „Bauern in der Stadt" in der Regel den „Selbständigen Kleingewerbetreibenden" (2.2.) zugerechnet werden, mit denen sie zusammen in den Mobilitätstabellen dann unter die Gruppe „Handwerker und Kleingewerbetreibende" fallen. Da die Gruppe nie größer als 1 % der Stadtbevölkerung war, liegen alle dadurch möglichen Verzerrungen unterhalb der Fehlergrenze. Der Korrektheit halber mußte, um die in der Landwirtschaft Beschäftigten auszuweisen, die Gruppe in der vorliegenden Untersuchung gesondert geführt werden.

2.4. Städtisches Proletariat

Hierzu rechnen wir Taglöhner, Handlanger, Knechte und ähnliche Tätigkeiten und soziale Stellungen, aber auch Bergleute, sofern sie nicht Eigenlehner waren. Nicht nur Handwerker, Kleingewerbetreibende und Bauern auf Vorwerken waren Bürger der Städte, sondern es lassen sich genügend Beispiele finden (vgl. auch BRÄUER 1978), daß auch von „Bürger und Tagelöhner" gesprochen wurde. In unserem Material befinden sich in allererster Linie Familienväter. Wer aber eine Familie hatte, hatte (oft oder zumeist?) auch ein eigenes Haus und das Bürgerrecht. Das gilt auch für die Bergleute in den Städten des Erzgebirges. – Das sogenannte „Lumpenproletariat" hat außer seiner Anwesenheit in der Geschichte kaum überlebende Nachkommen erzeugt. Es fehlt deshalb in unserem Material fast völlig.

Nach 1800 werden Proletarier, auch mit Familie, als Mieter immer häufiger. Ein Teil wird, neuen Rechtsvorschriften folgend, ab 1834 als Schutzverwandte der Städte registriert (ZWAHR 1978).

Im 18. und 19. Jh. gewinnen zunehmend Manufakturarbeiter und dann Fabrikarbeiter an Gewicht. Um 1840 kommen dann die Eisenbahnarbeiter hinzu. Damit sind Arbeiter gemeint, die die Eisenbahnen bauen, aber auch solche, die Transportarbeiten (etwa als Kofferträger) und andere einfache Arbeiten bei Eisenbahn und Post ausführen.

2.5. Besitz- und Bildungsbürgertum

Wir haben uns entschlossen, aus mehreren Teilgruppen diese Gruppe zu bilden, da, so unscharf der Begriff auch sein mag, er doch im internationalen Sprachge-

brauch üblich ist. Es ist die Gruppe, die als „Oberschicht" (KRAMM 1981) in zahlreichen sozialgeschichtlichen Untersuchungen bezeichnet wird. Zu ihr gehören:
1. Kaufleute, Bankiers und Unternehmer;
2. Leitende Beamte, Bürgermeister und bürgerliche Offiziere;
3. Akademiker;
4. Geistlichkeit.
Daß die Gruppe hinsichtlich ihrer Herkunft und ihres Heiratskreises tatsächlich eine Einheit bildet, die sich von anderen abhebt, läßt sich am besten durch die Mobilitätstabellen (S. 146 ff) belegen.
Da wohlhabende Handwerker zugleich oft auch die Bürgermeister der Städte stellen, ist die Abgrenzung gegenüber den Handwerkern oder wohlhabenden Gastwirten nicht immer scharf und muß zum Teil in Abhängigkeit von der Größe der Stadt bewertet werden. Und wer war zu einer bestimmten Zeit eher Besitzbürger: Der Kramer in Leipzig oder der Kauf- und Handelsherr in Schlettau/Ah Annaberg?

2.6. Die Schicht der mittleren Beamten und Angestellten, der Lehrer und Schreiber (die „besitzlosen Intellektuellen")

Diese Gruppe ist ein weites, aber auch ganz besonders interessantes Feld. Wie die Ergebnisse (S. 148 ff) zeigen, scheint es uns gelungen zu sein, diese Schicht relativ gut zu fassen. Es sind die Männer, bei denen die Fähigkeit zum Lesen und Schreiben, bei Steuereinnehmern auch zum Rechnen, eine größere Rolle in ihrem Beruf spielt als bei den meisten anderen Stadtbewohnern. Vom Besitz- und Bildungsbürgertum sind sie durch ihre relativ bescheidenen materiellen Lebensumstände abgehoben. Auch hier gab es bei Einzelfällen Probleme, wohin der eine oder andere Beamte zuzuordnen war. Für einen Menschen des 20. Jh. ist die relative soziale Stellung der zahlreichen Beamten- und Angestelltenbezeichnungen des 18. und 19. Jh. nicht so ohne weiteres nachvollziehbar (vgl. auch SCHÖTZ 1985), so daß es auch zu einzelnen Fehlzuordnungen gekommen sein mag. Zum Glück fiel dem Verfasser bei den die Datenerhebung begleitenden Archivarbeiten eine Ausschreibung der Personensteuer aus dem Jahre 1767 (XAVER 1767) in die Hände, aus der neben allen erdenklichen Berufs- und Standesbezeichnungen z. B. auch die Unterschiede zwischen einem Accisbaudirektor, einem Accisprocurator, einem Accisfourier und einem Accistorrevisor durch die Steuereinstufung von 24, 8, 4 und 1 (in der genannten Reihenfolge) Thaler deutlich werden.

2.7. Adel in der Stadt

Auch hier ist das Material unserer Untersuchung viel zu klein, als daß es eine repräsentative Spezialuntersuchung ersetzen könnte. Trotz der geringen Personenzahl deutet sich aber bereits an, daß sich im 19. Jh. Nobilitierungen von bürgerlichen Beamten häufen. Umgekehrt gibt es Nachkommen von uradligen Familien, die bürgerliche Berufe ergreifen, die nicht einmal mehr dem Besitz- und Bildungsbürgertum zuzurechnen sind, sondern der Schicht (siehe 2.6.) der mittleren und kleinen Beamten. Wir haben für diese drei Personen um 1850 nicht noch eine gesonderte statistische Gruppe „Adlige in bescheidenen bürgerlichen Stellungen" einführen können, aber der Herr Wilhelm Aemilus v. Schwanenflügel (AL 7797) z. B., der 1870 Bahnhofsinspektor in Zwickau ist, ist dennoch kein Außenseiter, sondern Bestandteil und Ausdruck der bürgerlichen Zeitenwende.

EXKURS 5:

Zwickau, Reinsdorf und Friedrichsgrün um 1750

Um 1750 hat Zwickau nur noch rund 4 000 Einwohner (BLASCHKE 1967, S. 141) und hat damit und vor allem mit dem Niedergang des Tuchmacherhandwerks (MUELLER 1929) in der Stadt viel an seiner früheren Bedeutung verloren, relativ und absolut. Das östlich an die Stadtflur angrenzende Reinsdorf ist kein reines Bauerndorf mehr, sondern zu den 57 Bauern kommen noch 21 Gärtner und 9 Häusler (BLASCHKE 1957).
Um diese Zeit entsteht im Herrenholz, etwa 3 km südwestlich der Reinsdorfer Kirche, eine Rodung, auf der 1755 Friedrich Magnus von Wildenfels die ersten Weber sich ansiedeln läßt und dem neuen Dorf den Namen „Friedrichsgrün" gibt. Bereits 1770 stehen 25 Häuser, die kirchlich nach Vielau eingepfarrt sind (FRIEDRICHSGRÜN 1955).

Kapitel 2

Die soziale und demographische Herkunft des Proletariats als ein zentrales Problem

Wie schon darauf hingewiesen, ist dank BLASCHKEs Arbeit (1967) Sachsen das einzige größere europäische Territorium, von dem wir einigermaßen verläßliche Schätzwerte über die absolute Zunahme der verschiedenen sozialen Klassen und Schichten haben. Nach BLASCHKE verdreifachte sich von der Mitte des 16. bis zur Mitte des 19. Jh. die Gesamtbevölkerung, jedoch blieb die absolute Zahl der Vollbauern ungefähr dieselbe, die Anzahl der Bürger in den Städten verdoppelte sich, und in den Dörfern war die Absolutzahl der Häusler (als Handarbeiter und Landhandwerker zusammen) 1850 etwa zehnmal so hoch wie 1550, wobei ihr relativer Anteil von ungefähr einem Zehntel auf mehr als die Hälfte der Gesamtbevölkerung angestiegen war. Da bislang keine empirischen Daten über die soziale Herkunft der einzelnen sozialen Klassen und Schichten vorlagen, schien es für den, der mit diesen Zahlen konfrontiert worden ist, naheliegend, daß die gewaltige Zunahme des ländlichen Proletariats (subtrahieren wir jetzt einmal die Landhandwerker von den anderen „Häuslern") die Folge seiner höheren natürlichen Zunahme gewesen sein muß, d. h. von höheren Geburtenzahlen. Dabei schienen die eindrucksvollen Kopfzahlen in den Familien unserer Groß- und Urgroßeltern schon eine ausreichende Begründung dafür zu sein, daß es in den Generationen zuvor bei den armen Leuten so oder ähnlich gewesen sein kann. Aus dieser Beobachtung und BLASCHKEs Zahlen (1967) leitete Charles TILLY (1984) die folgende Hypothese ab: „Im Durchschnitt reagierten die Proletarier auf wirtschaftlichen Aufschwung mit einem stärkeren Absinken der Sterblichkeit und einer größeren Zunahme der Fruchtbarkeit als die Nicht-Proletarier und reagierten auf wirtschaftlichen Niedergang mit einer größeren Zunahme der Sterblichkeit, aber keinem größeren Absinken der Fruchtbarkeit. Die Folge davon war eine überproportionale natürliche Zunahme des Proletariats in guten Zeiten, die durch die Abnahme in schlechten Zeiten unvollständig kompensiert wurde. Da die Zeit, die wir betrachten, insgesamt gesehen eine Zeit des wirtschaftlichen Aufschwungs war, würde sich aus einem solchen Zustand für das Proletariat eine deutliche Tendenz ergeben, rascher zuzunehmen als der Rest der Bevölkerung. Meine Hypothese ist, daß es wirklich so war" (TILLY 1984, S. 39). TILLY geht dann noch weiter und behauptet, daß die natürliche Fruchtbarkeit des europäischen Proletariats von 1500 bis 1900 so groß gewesen sei, daß nicht nur seine eigene Zunahme, sondern auch die von allen anderen Klassen und Schichten, ja sogar die überseeische Auswanderung vollständig durch diesen Bevölkerungsüberschuß des Proletariats gedeckt worden sei. „Stellen wir uns eine nichtproletarische Bevölkerung mit natürlichem Nullwachstum vor, also eine Bevölkerung, die in den betreffenden vier Jahrhunderten einfach nur ihre eigene Zahl reproduziert. ... Dann wäre die Nettozunahme von 11 Millionen Nicht-Proletariern zwischen 1500 und 1800 allein der Sozialen Mobilität aus dem Proletariat heraus zuzuschreiben, so daß das europäische Proletariat um 104 Millionen durch natürliche Zunahme anwuchs und 11 Millionen durch Soziale Mobilität verlor" (S. 48). Von 1800 bis 1900 wäre dann nach TILLY diese Entwicklung noch viel dramatischer gewesen. „Während MARX die Mobilität der Arbeitskräfte von nichtproletarischen zu proletarischen Positionen als die Hauptkomponente des Wachstums des Proletariats ansah, gibt meine Bilanz" – so meint TILLY (S. 54) – „dem natürlichen Zuwachs ein weit größeres Gewicht. ... Nach jeder vernünftigen Begründung muß die natürliche Zunahme die Hauptrolle bei dem Wachstum des europäischen Proletariats seit 1500 gespielt haben." TILLY muß zwar einräumen, daß seine „modifizierte marxistische Betrachtungsweise der europäischen Proletarisierung ... mehr eine begründete Spekulation als durch verläßliche empirische Daten gestützt sei," ... aber „diese Modifizierung paßt so schön in die Spielart marxistischer Analyse, die die Kontinuität der Kultur der Arbeiterklasse von einer Generation zur nächsten betont" (S. 55). Bei der Bedeutung der Fragestellung (WEISS 1991b; WEISS 1991e) ist es erstaunlich, daß bisher das Verhältnis von TILLYs Vorurteil zu den empirischen Daten noch nicht geprüft worden ist. Ehe wir aus den eigenen Daten Schlußfolgerungen ziehen, wollen wir an dieser Stelle erst einmal einige Daten anderer Autoren anführen, die es verwunderlich erscheinen lassen, daß noch 1984 eine derart naive Hypothese aufgestellt werden konnte und nicht irgendwo, sondern in einem von einem renommierten Verlag herausgegebenen Sammelband und damit mit dem Anspruch einer gewissen Autorität.

TILLY selbst zitiert bereits WINBERG (1978) und muß feststellen: „Das Entgegengesetzte galt für die schwedischen Dorfbewohner, die WINBERG untersucht hatte" (TILLY 1984, S. 39). WINBERG hatte geschrieben: „Zwischen 1750 und 1850 verdoppelte sich die Bevölkerung Schwedens. ... Die Zunahme war unter den verschiedenen sozialen Gruppen der Landbevölkerung sehr ungleich verteilt. Die Anzahl der Bauern stieg um ungefähr 10 %, während sich die Zahl der Landlosen mehr als vervierfachte. Zusammenfassend kann die Entwicklung so interpretiert werden: Eine wichtige Rolle spielt die ‚innewohnende Sterbeziffer', d. h. eine Sterbeziffer, die relativ zur wirtschaftlichen Entwicklung relativ selbständig bleibt. ... Die landlosen Frauen heirateten später als die Bauersfrauen. ... Für den gesamten Zeitraum, 1776–1830, fanden wir eine etwas höhere Sterblichkeit unter den landlosen Männern und Frauen als unter den Bauern und ihren Frauen. ... Die Dauer der Ehen nahm nach 1805 zu, besonders unter den Landlosen. Auf diese Weise verringerte sich der Unterschied in der Ehedauer zwischen Bauern und Landlosen, der vorher ungefähr 3 Jahre gewesen war, auf jetzt etwa ein Jahr. ... Das eigentlich Bedeutende sind die Unterschiede zwischen verschiedenen sozialen Gruppen. Vor 1805 war die Kinderzahl bei den Landlosen so niedrig (231 Kinder pro 100 verheiratete Frauen wurden 5 Jahre alt), daß die Gruppe kaum sich selbst reproduzieren konnte. ... Ungefähr die Hälfte der Familienoberhäupter der Landlosen entstammten Bauernfamilien. Von den Söhnen der Bauern, über die wir Daten haben, ist einer von drei durch das Proletariat aufgesogen worden" (WINBERG 1978). Eine sehr gründliche Untersuchung hat SKIPP (1978) in drei Dörfern in der Nähe von Birmingham in England durchgeführt (vgl. Tab. 4).

Tabelle 4
Demographische Mittelwerte bei landbesitzenden und landlosen Familien in drei englischen Dörfern: Sheldon, Solihull und Yardley 1560–1674 (n = Zahlen in Klammern)

	Dauer der Ehe	Geburtenabstand	Zeitspanne, in der Kinder geboren werden	Kinderzahl in abgeschlossenen Ehen
	Jahre	Monate	Jahre	
Landbesitzende Ehepaare				
1560–1599	26,0 (30)	31,5 (56)	12,9 (22)	4,1 (31)
1600–1624	27,0 (32)	29,9 (58)	12,3 (15)	4,4 (33)
1625–1649	26,6 (46)	29,4 (88)	12,5 (32)	4,0 (41)
1650–1674	21,1 (53)	–	–	3,8 (56)
Landlose Ehepaare				
1560–1599	26,3 (17)	32,4 (29)	8,9 (15)	3,0 (21)
1600–1624	17,0 (25)	34,9 (30)	8,8 (12)	2,1 (26)
1625–1649	20,8 (16)	29,9 (31)	12,0 (14)	3,4 (19)
1650–1674	19,6 (8)	–	–	3,4 (12)

Quelle: SKIPP, Victor: Crisis and Development. An Ecological Case Study of the Forest of Arden 1570–1674. Cambridge: Cambridge University Press 1978, S. 28, Tabelle IV.

Hinsichtlich der altersspezifischen Fruchtbarkeit haben die Frauen der Landlosen in allen Altersgruppen und allen untersuchten Zeiträumen niedrigere Werte, z. B. in der Altersgruppe von 25–34 Jahren im Zeitraum 1600–1624 nur etwa 60 % der Zahl der Geburten der Landbesitzenden. In der Hungerkrise von 1615 bis 1617 folgen drei Stufen aufeinander: In der ersten werden bei den Armen noch Kinder geboren, die jedoch wegen Unterernährung als Säuglinge sterben; in der zweiten Phase sind die Frauen der Armen so schlecht daran, daß es zu keinen Konzeptionen mehr kommt; in der dritten Phase werden auch arme Frauen wieder schwanger, aber es kommt zu vielen Fehlgeburten. Völlig unbekannt scheinen TILLY die zahlreichen Arbeiten aus Mitteleuropa gewesen zu sein, die sich, wie SKIPP (1978) in England, auf die Methode der Kirchenbuchverkartung und familienweisen Zusammenstellung der Daten stützen (DEMLEITNER und ROTH 1936; HOFMANN et al. 1987) und die belegen, daß vor 1815 die Kinder von Bauern und Müllern eine größere Überlebenschance hatten als die der Landlosen und Armen. Bereits in der Mitte des 16. Jh. waren in vier besonders gewerbefleißigen Dörfern der Kirchgemeinde Markersbach im Erzgebirge/Ah Schwarzenberg fast die Hälfte der Bevölkerung Handarbeiter und Häusler, die andere Hälfte Bauern und andere Erbbegüterte. Von 1547–1791 sind in Erstehen der Häuslerfamilien 4,8 Kinder geboren worden, von denen zwei Drittel vor Erreichen des Heiratsalters starben und im Mittel nur 1,6 heirateten. Im Gegensatz dazu wurden in den Bauernfamilien 6,8 Kinder geboren, von denen die Hälfte, das sind 3,4, heirateten. (War auch der Schwiegervater ein Bauer, so wurden sogar 7,6 Kinder geboren [WEISS 1981]).
In Markersbach starben in 83 % der proletarischen Familien Vater oder Mutter oder beide, ehe die Mutter 45 Jahre alt war, d. h., die Kinder wurden Halbwaisen oder Waisen, ehe sie selbst das Heiratsalter erreichten. Da die Verwandten dieser Kinder vielfach auch arm waren, hatten sie in Hungersnöten keine Unterstützung zu erwarten (vgl. auch ALTMANN 1985; GERICKE 1967). Die frühen Todesfälle betrafen sowohl Männer als auch Frauen. Besonders auffällig sind die häufigen Arbeitsunfälle der Väter; sie verunglückten tödlich in den Hämmern und Schmieden, in den Bergwerken, unterwegs mit Fuhrwerken oder bei der Waldarbeit. – Die Gründe der niedrigeren altersspezifischen Fruchtbarkeit der Frauen sind die gleichen, die SKIPP (vgl. Tab. 4) anführt. Da wohlhabende Witwer eine weit größere Chance hatten, beim zweiten (oder wiederholten) Male eine viel jüngere Frau zu heiraten als arme Witwer, werden durch Wiederverheiratung die sozialen Unterschiede (HANKE 1991) noch verschärft.
Bereits 1952 hatte HECKH nahezu identische Zahlen aus Württemberg veröffentlicht. Seine umfangreiche Stichprobe umfaßte 6 Kirchgemeinden mit zusam-

men 9 Dörfern. Von 1650–1799 hatten die Bauern in Erstehen (n = 666) durchschnittlich 6,4 Kinder, von denen 3,2 das Alter von 15 Jahren erreichten; von 1800–1899 (n = 551) 6,8 Kinder, von denen 4,0 mindestens 15 Jahre alt wurden. Von diesen hatte die „führende Gruppe" dieser Dörfer von 1650–1799 6,6 Kinder, von denen 3,6 15 Jahre alt wurden; von 1800–1899 (n = 78) 7,3 Kinder, von denen 4,6 15 Jahre alt wurden. Im Gegensatz dazu hatten die proletarischen Taglöhner von 1650–1799 (n = 356) 5,0 Kinder, von denen 2,7 das Alter von 15 erreichten; von 1800–1899 (n = 363) 5,8 Kinder, von denen 3,3 15 Jahre alt wurden.
Genaue Zahlen liegen auch aus Kiebingen in Schwaben, einem Dorf im Realteilungsgebiet, vor (KASCHUBA und LIPP 1982). Obwohl selbst die „Oberschicht" in Kiebingen weitgehend nur aus Kleinbauern (mit mindestens 3 ha) bestand, erfolgte die Eheschließung 2–5 Jahre früher als in der Unterschicht. In den Familien der Oberschicht schwankte von 1810 bis 1880 die Geburtenzahl in den einzelnen Dekaden zwischen 7 und 9, in der Unterschicht hingegen von 3,8 bis 6,4. Die Mittelwerte der Geburtenzahl pro Familie waren von 1790 bis 1823 in der Unterschicht 6,2, in der Mittelschicht 7,3, in der Oberschicht 9,1 (für das gesamte Dorf 6,9); von 1810–1869 in der Unterschicht (n = 123) 5,4, in der Mittelschicht (n = 79) 5,7, in der Oberschicht (n = 19) 8,0.
In dem Wesermarsch-Kirchspiel Altenesch (HINRICHS et al. 1981) hatten von 1800–1824 die dort als Hausleute bezeichneten Bauern 8,3 Geburten je Familien, die Kötner 5,5, die Heuerlinge 5,3; von 1825–1849 die Bauern 6,8, die Kötner 6,2, die Heuerlinge 5,3. Hingegen hatte NORDEN (1984) für das wirtschaftliche Krisengebiet Butjadingen für den Zeitraum 1720 bis 1820 keine sozialen Unterschiede in der altersspezifischen ehelichen Fruchtbarkeit zwischen bäuerlicher (n = 130) und nichtbäuerlicher Bevölkerung (n = 151) finden können. „In der Marsch durften nur wenige Kinder groß werden", schreibt NORDEN. GEHRMANN (1984) bestätigt wiederum soziale Unterschiede: In Leezen hatten die Hüfner von 1720–1869 durchschnittlich 8,4 Geburten pro Ehe, die Kleinbauern 7,6; aber nach 1820 waren die Landhandwerker die fruchtbarste Gruppe (deren Durchschnitt insgesamt 8,4 war). Das belegt, daß es in einzelnen Gemeinden und für bestimmte Berufsgruppen im 19. Jh. zu einer Trendwende gekommen ist, die durch Zusammenfassen zu langer Zeitreihen zu einem Mittelwert verdeckt werden kann, ebenso wie soziale Unterschiede vor dieser Trendwende durch Addieren mit gegenläufigen Entwicklungen danach. Das ältere, offenbar über viele Jahrhunderte überwiegende, Muster wird auch durch den Querschnitt belegt, den LEHNERS (1974) durch die Bevölkerung des Markts Stockerau in Niederösterreich im Jahre 1696 gelegt hat: Die Hausherren (n = 64) hatten 6,6 Geburten pro Familie mit einem mittleren Abstand von 25,4 Monaten zwischen den

Geburten; die Inwohner (und hier in der süddeutschen Bedeutung des Begriffes) hatten 4,8 Geburten pro Familie (n = 48) in einem mittleren Abstand von 27,1 Monaten. Nach MARSCHALCK (1991) lag im bremischen Landgebiet die Zahl der Geburten für die Heiratskohorte 1820/24 (n = 83) bei 5,1. „Während allerdings die durchschnittliche Zahl der Geburten in den bäuerlichen Familien bei mehr als 6 lag, brachten es die Frauen aus der unterbäuerlichen Schicht auf knapp 5 Geburten." Angaben zur differentiellen Kindersterblichkeit fehlen leider auch hier. In Krummhörn (VOLAND 1990) hatten die von 1720 bis 1750 heiratenden Vollbauern (n = 19) 5,9 Lebendgeborene, von denen 4,2 überlebten, die Kleinbauern (n = 63) 4,3 Geborene und 3,2 überlebende Kinder. – In 8 Kirchgemeinden in Lancashire, England (HUGHES 1986), hatten die von 1754 bis 1772 heiratenden Bauern (als „husbandman" oder „yeoman" im Kirchenbuch bezeichnet; n = 112) durchschnittlich 5,2 Kinder, von denen 4,1 noch mit 21 Jahren lebten; die gewerblich Tätigen („craftsmen, including skilled trades such as weaver, tailor etc."; n = 70) 4,7 Kinder, von denen 3,3 überlebten. Die Frauen der Bauern waren bei der Heirat 26,1 Jahre alt, die der gewerblich Tätigen 27,1 Jahre; der mittlere Altersunterschied betrug 7,8 Jahre bei den Bauern bzw. 2,0 Jahre bei den gewerblich Tätigen. (Für den Bräutigam waren es stets Erstehen; also ein feiner methodischer Unterschied zu Statistiken, bei denen von Erstehen nur gesprochen wird, wenn das für beide Partner zutrifft.)

Daß es sich bei diesen sozialen Unterschieden um ein Muster handeln könnte, wie es im Mittelalter vielleicht die Regel war und in der Neuzeit dann bis ins 19. Jh. in weiten Gebieten mehr oder weniger fortbestand, sich manchmal verschärfend, sich manchmal bei allgemeiner Prosperität oder beim Aufblühen einzelner Berufe und Wirtschaftszweige verwischend, diese Vermutung läßt die Arbeit von RAZI (1980) aufkommen. In der englischen Gemeinde Halesowen ist die archivalische Überlieferung schon für die Zeit 1270–1400 so detailliert, daß RAZI Einzelpersonen, Familien und ihre soziale Stellung in mühseliger Arbeit identifizieren konnte. Für die Reichen (n = 132) ergeben sich dann von 1270–1349 durchschnittlich 5,1 Kinder, für die Mittelgruppe (n = 294) 2,9 Kinder, für die Armen (n = 322) 1,8 Kinder. 1348/49 wurde England zum erstenmal von der Pest heimgesucht. Für den Zeitraum von 1350–1400 ließen sich für die reichen Familien (n = 60) 3,0 Kinder nachweisen, für die Mittelgruppe (n = 89) 2,0 Kinder, für die Armen (n = 81) 1,4 Kinder. Wo in Europa gibt es für die Zeit vor 1500 noch so detaillierte Quellen, mit denen sich dieser Fragestellung nach den sozialen Unterschieden nahekommen läßt?

Besonders eindrucksvolle Zahlen über die Zusammenhänge zwischen wirtschaftlicher und demographischer Wirklichkeit in der Neuzeit enthält die Disser-

tation von HERZOG (1984). In Lampertswalde/Ah Oschatz, also wieder in unserem eigentlichen Untersuchungsgebiet, erbten von 1700–1799 die durchschnittlich 4,6 erbberechtigten Kinder bei der Gutsübergabe zusammen 612 fl., jedes Kind demnach 133 fl. (Die 5,4 Kinder der Müller erbten sogar 2165 fl., d. h. jedes Kind 401 fl.) Die 3,3 Kinder der Häusler erbten 77 fl., jedes Kind demzufolge nur 23 fl. Da ein Teil der Kinder noch unterhalb des Heiratsalters war, wird die höhere Sterblichkeit bei den Häuslerkindern die Spanne zwischen 23 und 133 fl. dann etwas verringert haben. (HERZOG hat dazu leider keine Zahlen.)
Daß die sozialen Unterschiede bei den Kinderzahlen durch die unterschiedliche Kindersterblichkeit noch verstärkt werden, ist auch schon den Zeitgenossen aufgefallen (z. B. WOLFF 1874). Bereits 1940 konnte WÜLKER eine Übersicht über Ergebnisse aus 12 Kirchenbuchverkartungen bzw. Dorfsippenbüchern geben und verallgemeinern: Für den Zeitraum 1750–1799 war die Sterblichkeit bis zur Heirat eine Funktion des durchschnittlichen Wohlstands des jeweiligen Dorfes. Das Minimum mit nur einem Drittel Sterblichkeit von allen geborenen Kindern hatten Dörfer, die nur von Vollbauernfamilien bewohnt wurden (z. B. Kuhbier/Prignitz); das Maximum mit einer Sterblichkeit um 60 % wurde in Fischerdörfern (wie Finkenwärder 59 %) und Handarbeiterdörfern (Böhringen/Schwäbische Alb) erreicht.
Diese durch Familienrekonstitution gewonnenen Ergebnisse werden durch Zahlen aus Steuer- und Seelenregistern gestützt. In manchen Fällen sind darin sämtliche Kinder aufgeführt. So hatten z. B. im Jahre 1689 bei einer Steuererhebung (n = 2106 Familien mit insgesamt 5074 Kindern) in den Fürstentümern Calenberg-Göttingen und Grubenhagen (Niedersachsen) die Vollbauern zu diesem Zeitpunkt 2,9 Kinder pro Ehepaar, die Kleinbauern (Kötner) 2,1, die Brinksitzer 1,8 (BEELITZ et al. 1941). – 1791 hatten in Laaberberg (Niederbayern) die Bauern 3,1 Kinder, die Tagwerker 1,7. 1658 hatten in der Stadt Weiden (Oberpfalz) die Haushäbigen (n = 247) 2,2 Kinder, die Tagwerker und Inleute (n = 113) 1,3 (HARTINGER 1976). – In Sachsen wurde ab 1767 eine Personensteuer erhoben, die Mahlgroschen benannt wurde. Für 19 Dörfer des Leipziger Kreises gelang es, noch Steuerlisten (STA Leipzig: GH Wachau 17; GH Machern 117; GH Döbern 440; GH Frohburg 1429; GH Kössern 10) aus den Jahren 1767/69 zu finden. Die Vollbauern (n = 72) hatten zum Zeitpunkt der Steuererhebung 2,0 Kinder bis zu 14 Jahren, die Teilhüfner und Gärtner (n = 114) 1,6, die Häusler (n = 220) nur 1,1.
Wenn man die sagenhaften Bevölkerungsüberschüsse, die TILLY (1984) beim ländlichen Proletariat vermutet, dort nicht finden kann, so werden sie die Realisten in der Stadt noch viel weniger suchen. „Von 1500 bis 1630 gab es in England fast mit Sicherheit Unterschiede in der Fruchtbarkeit, wodurch die Oberschich-

ten mehr Kinder hatten als die Armen. So zeigte eine Volkszählung unter Elisabeth, daß rund 450 arme Familien in Norwich im Durchschnitt 2,2 Kinder pro Haushalt hatten, gegenüber 4,3 bzw. 4,7 Kindern bei sich gut stehenden Kaufleuten in Norwich und Exeter. Soweit Daten vorliegen, gehen die Unterschiede auf dem Lande in dieselbe Richtung. Von 1530 bis 1625 heirateten die Töchter der Oberschichten mit 20 bis 21, wohingegen die Töchter der Unterschichten zu warten hatten, bis sie 24 oder 25 waren." Dieselbe Untersuchung (POUND 1962) fand eine deutlich höhere Zahl von Wiederverheiratungen in der Oberschicht und wiederum Unterschiede in der Kindersterblichkeit. In Londons Findelheimen und den Arbeitshäusern für Waisen starben 88 % aller Insassen.

Die großen Städte waren die Massengräber der Armen. Im 18. Jh. war Leipzig die Stadt mit der höchsten Sterblichkeit in ganz Europa (HUNGER 1790). Auch in Berlin waren die Proletarier (Taglöhner; Gesellen) nicht in der Lage, ihre eigene Zahl zu reproduzieren. 2,3 Geburten pro Ehe steht eine Kindersterblichkeit von etwa 60 % gegenüber (SCHULTZ 1987a). Im Gegensatz dazu war die Bilanz für die Handwerker und Kaufleute positiv. Eine positive Bilanz hatten auch die Handwerker in kleineren Städten (vgl. auch die Übersichtsarbeit von SCHULTZ 1988), wie in Gotha (RASCHKE 1988) und die Ackerbürger von Neuruppin/Brandenburg (MEIER 1993).

Tabelle 5
Sozialschichten und Kinder pro 100 Haushalte in Göttingen 1763, 1829 und 1861

	1763		1829		1861	
Unterschicht	102	41 %	112	40 %	99	50 %
Nonvalente	75		93		73	
Arme	143		151		139	
Mittelschicht	148	48 %	164	55 %	150	43 %
Untere Mittelschicht	129		152		132	
Obere Mittelschicht	179		178		184	
Oberschicht	230	11 %	289	4 %	219	7 %
davon die führende Gruppe						
(Honorationen)	241		298		278	
Mittelwert	142	100 %	176	100 %	127	100 %

Quelle: SACHSE, Wieland: Göttingen im 18. und 19. Jahrhundert. Zur Bevölkerungs- und Sozialstruktur einer deutschen Universitätsstadt. Göttingen: Vandenhoek und Ruprecht 1987, S. 195.

Der allgemeine Rückgang der Kindersterblichkeit im 19. Jh. bedeutete kein Verschwinden der sozialen Unterschiede. In Erfurt z. B. (WOLFF 1874) betrug die Kindersterblichkeit bei der „Arbeiterklasse" noch 31 %, bei den „Höheren Ständen" 9 %. Nach repräsentativem Zahlenmaterial für Preußen (SPEE 1988, S. 65) für den Zeitraum 1877–1914 hatten die sozialen Unterschiede der Kindersterblichkeit noch um 1900 diese Größenordnung bei vergleichbarer absoluter Höhe. Dabei hatten sich die Unterschiede von rund 12% um 1880 sogar auf rund 20% um 1900 erhöht.
Besonders eindrucksvoll sind Zahlen aus Göttingen (s. Tab. 5).

Der hier gegebene Überblick kann unmöglich vollständig sein. Vor allem in Westeuropa dürften in lokalen Publikationen noch viele Ergebnisse ähnlicher Art versteckt sein (vgl. DEROUET 1980). Da alle wesentlichen Fakten bereits vor 1982 mehrfach belegt und veröffentlicht waren (WEISS 1990b), ist es schwer verständlich, wie TILLY noch 1984 eine derart weltfremde Hypothese aufstellen konnte. Nachdem wir in den folgenden Kapiteln unsere eigenen empirischen Daten vorgelegt haben, werden wir in Kapitel 12 zu einer abschließenden Meinung darüber gelangen, woher das Proletariat sozial und demographisch gekommen ist.

EXKURS 6

Landarmut um 1800

Die Familie *Lommatsch* in Grillenburg, Ah Dresden (nach PETZOLD 1989, S. 53)

Grillenburg war eine kleine Häuslersiedlung mitten im Tharandter Wald, wo 1780 der Kurfürst Wald- und Handarbeitern die ersten 6 Häuslein zu bauen erlaubte. 1785 machte sich in Grillenburg in einem der Häuslein ein Johann Gottfried Lommatsch aus Helbigsdorf, einem weiter nordwestlich gelegenem Dorfe, ansässig, der 1795 des Dörfleins Gerichtsschöppe wurde, aber, nach Scheidung seiner zweiten Ehe 1801, wegzog und nicht in Grillenburg starb. Von seinen sieben belegten Kindern sind zwei bereits als Kleinkinder gestorben.

Der älteste Sohn Karl Gottfried war 1795 bei der Geburt einer unehelichen Tochter Dragoner in Dresden, dann, wie der Vater, Schneider in Grillenburg. Die Mutter dieser unehelichen Tochter war Haushälterin auf dem herrschaftlichen Hofe. Sie hatte schon 1794 eine uneheliche Tochter eines Grillenburger Handarbeiters geboren. Karl Gottfried Lommatsch selbst heiratete 1800 eine Leinewebertochter.

Die älteste Tochter des Johann Gottfried, Eva Rosine, gebar 1800, 1808 und 1813 uneheliche Kinder ohne Angabe der Väter; Kinder, die bald starben; ebenso eine andere Tochter 1805.

Am auffälligsten ist aber der zweite, um 1770 im benachbarten Hirschfeld geborene Sohn des Johann Gottfried, Daniel Gottfried, wie der Vater Schneider in Grillenburg und nach 1829 Häusler und Totengräber in Dorfhain, Ah Dresden, und dessen Nachkommenschaft. Aus zwei Ehen hatte er 15 Kinder, wovon 4 als Kinder starben, von 9 die Eheschließung bekannt ist. Seine älteste, 1792 in Grillenburg geborene Tochter hatte drei uneheliche Kinder (1817, 1823, 1826). Des ersten Vater war ein Gottlieb Zimmermann, des zweiten Vater blieb unbekannt, des dritten war ein Gottlieb Glaser. Die 1821 geborene Tochter Juliane Wilhelmine gebar 1843 die uneheliche Tochter eines Höckendorfer Dienstknechts. Von dem 1827 geborenen Sohn Friedrich August berichten die Gemeindeprotokolle: „In Schweinsdorf an der Straße arbeitend, seit längerer Zeit dem Trunk ergeben, in sehr armseligen Verhältnissen" (1862); „nach der Entlassung aus dem Gefängnis" – soll er (1867) „wegen Nichtbefolgung obrigkeitlicher Weisungen im Bezirksarmenhaus Hilbersdorf untergebracht werden". 1873 wurde er „beim Vagabundieren aufgegriffen".

Schmieder, Christian Traugott (nach PETZOLD 1989, S. 52)
Geboren am 29. 11. 1753 in Dorfhain/Ah Dresden als Sohn eines Häuslers. Nach kinderloser erster Ehe wird er als Erbe seiner Frau Mitbesitzer eines Hauses. 1819 heiratet er die wesentlich jüngere und nur 25 Jahre alte Häuslerstochter Johanne Dorothea Schubert. Christian Traugott starb am 8. 4. 1816. Zehn Monate später gebar die Witwe uneheliche Zwillinge, deren Vater ein Zimmermann war. Sie selbst gab an, daß sie kränklich sei und „blöde Augen" habe und durch ihre Handarbeit den Lebensunterhalt nicht verdienen könne und erhielt deswegen Gemeindealmosen. Die 1810 geborene, eheliche Tochter Johanna Sophia Schmieder, die im Gemeindehaus, dem Armenhaus, lebte, bekam mit 15 Jahren das erste Kind, 1829 das zweite – beider Väter sind nicht angegeben – 1831 ein drittes von einem Burschen eines Nachbardorfes, der jährlich 10 Thaler Ziehgeld zahlte. 1837 sagen die Gemeindeakten, daß sie wegen Mangel an Schuhwerk ihre Kinder nicht zur Schule schicken könne. 1857 zeigt der Bezirksarzt an, daß die 1829 geborene uneheliche Tochter an Syphilis leide, auskuriert werden müsse, und daß die Gemeinde für die nötige Überwachung, notfalls auch für Verpflegung und „Herbeiziehung eines Arztes" aufkommen müsse.

Kahn, Johann Gottlieb (nach WEISS 1990a, S. 100)
Geboren am 17. 12. 1758 in Hartmannsdorf, Ah Zwickau. Am 1. 2. 1780 übernahm er das halbe Handfrongut seines Vaters für 650 fl. (dabei 400 fl. Angeld, also bar). Doch im GB Kirchberg 58, fol. 324, lesen wir am 27. 9. 1783 über Johann Gottlieb: „Nachdem er aber von den sämtlichen Kaufgeldern nicht das geringste bezahlt habe und mittlerdessen unter die Miliz gekommen, von der er aber desertiert sei", so daß er das Gut nicht behalten kann und der Vater wieder übernimmt. Johann Gottlieb wurde verhaftet, und der Prozeß, in dem die Eltern ihn unterstützten, hat das gesamte Familienvermögen aufgeschlungen. 1784 muß das Gut in Hartmannsdorf für 850 fl. an einen Fremden verkauft werden. Erbegelder können nicht mehr gezahlt werden. 1788, vermutlich nach verbrachter Festungshaft, taucht Johann Gottlieb Kahn in Schönheide, Ah Schwarzenberg, als Handarbeiter wieder auf. Aus dem Wechsel von unehelichen zu ehelichen Taufen läßt sich die Heirat mit Christiane Sophia Möckel, die höchstwahrscheinlich aus Bärenwalde ist und Waisenkind war, ziemlich genau auf Ende 1791 bis vor dem 12. 6. 1792 „in der

Stille" festlegen, ohne daß bisher die Traueintragung irgendwo gefunden werden konnte. Johann Gottlieb bleibt zeitlebens Hausgenosse und wird 1820 „als Armenleiche" ohne Altersangabe begraben. Erst 1833 ziehen die Enkel des Deserteurs in Schönheide wieder in ein eigenes Haus, das ihnen mitleidige Verwandte praktisch schenken.

Seydel, Christian Friedrich (AL 10205)
Geboren am 5. 1. 1749 in Oberblauenthal, Ah Schwarzenberg, als Sohn eines Fuhrmanns. Eheschließung in Eibenstock 1779 – zu dieser Zeit ist er Einwohner und Eisensteinpächter in Unterblauenthal – mit der aus Neidhardtsthal stammenden und 4 Jahre jüngeren Handarbeiterstochter Christiane Charlotte Schlegel. 1802, bei der „stillen" Heirat der Tochter Christiane Charlotte mit dem Stabschmied auf dem Hammerwerk Unterblauenthal Karl Heinrich August Weiß, ist Christian Friedrich Seydel Hochofenarbeiter. 1822 stirbt die Ehefrau (deren Alter vom Pfarrer im Kirchenbuch nicht genau angegeben werden kann). 1827, also 78 Jahre alt, ist Christian Friedrich noch Handarbeiter und macht Botengänge und stirbt dabei am 16. 4. in Burkhardtsgrün „auf dem Rückweg von Schneeberg" an einem Schlaganfall.

Armut in Dorfhain im 19. Jh. (nach PETZOLD 1983, S. 673)

1858 wehrt sich die Gemeinde Dorfhain, Ah Dresden, gegen die Ansicht der Behörden, daß ein gewisses Gemeindevermögen die Bezuschussung verbiete. „Unter den 26 Begüterten sind etwa 5 schuldenfrei. Von 83 Hausbesitzern haben ohngefähr 10 keine hypothekarischen Schulden, von den übrigen ist ein großer Teil tief verschuldet, und die 84 Hausgenossen befinden sich meist in sehr dürftigen Umständen; außerdem sind noch 26 Hausauszügler, meist ganz bejahrte Leute, die nur freie Herberge haben und sich übrigens in dürftigen Umständen befinden. Die übrige Kopfzahl besteht nur aus Dienstgesinde und Kindern." 1838 bereits waren 29 notorisch Arme namentlich aufgeführt worden: Davon waren 4 Tagelöhner, einer Stuhlmacher, 12 Hausauszügler, 7 Hausgenossen und 5 Taubstumme. Am 22. 3. 1859 läßt Johanne Christiane Neubert vor dem Gemeinderat vernehmen: „Ich gebe zu, daß mein jüngster Sohn Eduard im Monat Januar die Schule an den angegebenen Tagen versäumt hat und in Obercunnersdorf betteln gewesen ist; ich habe denselben auch selbst geschickt, da ich kein Brot hatte, denn ich kann nicht so viel verdienen, um davon zu leben, ich habe eine lahme Hand und ein lahmes Bein und leide daran oft, daß ich kaum über die Stube gehen kann. ... Mein Mann ist bereits über ein Jahr tot; ich habe fünf Kinder. Der älteste, Wilhelm, ist Bergmann, 26 Jahr und verheiratet. Ich wohne zwar bei ihm und er trägt meine Miete, aber mehr kann er mir auch nicht geben. Der zweite, Friedrich August, ist 24 Jahre alt, Bergarbeiter, unverheiratet. Da aber meine Kinder noch Schulden zu bezahlen haben, die mein Mann hinterlassen hat, so kann ich auch von ihm keine Unterstützung erhalten. ... Die vierte, Wilhelmine, ist geistesschwach und wird in der Comun reihum beschäftigt."

Zur Pest im Erzgebirge (nach Christian LEHMANNs Chronik in WEISS 1983)

Anno 1626 starben in Wildenau bei Schwarzenberg ganze Häuser aus, und blieben oft die Kinder übrig, die verderben mußten. In einem Hause waren acht Personen weggestorben. Ein verlassenes Töchterlein stieg auf die Bank ans Fenster und rief drei Tage und Nächte:

Ach, Vater, ach, Mutter! Und wenns Leute gesehen oder gehöret: Ach, Väterlein, kommt herein und helft mir! Endlich wurde es auf Zureden Magister Mythis, Pfarrer zu Beierfeld, durch einen Totengräber herausgenommen, gepfleget, aber es ist hernach auch gestorben. Der Totengräber fand ein Kind tot unter dem Tisch im Winkel sitzend, das andere tot unter der Bank liegend neben einer auch toten Katze. Ein ander Knäblein von fünf Jahren lief im Hemdlein durchs Dorf herum und fragte: Wo ist mein Vater? Habt ihr nicht meinen Vater gesehen; Ach, Vater, Vater, wo seid ihr hingekommen? Niemand wollte das arme Kind kennen noch annehmen, und nachdem es sich den ganzen Tag also müde gelaufen und geklagt, gings nach Sachsenfeld zu, legte sich an ein Hüglein und starb.

Zu Lengefeld war zur Zeit der grassierenden Seuche großes Elend, Hunger und Not bei den Armen in versperrten Häusern. In einem Hause war alles ausgestorben bis auf etliche in der Stuben versperrte Kinder, welche vor Jammer und Hunger erbärmlich geheulet und in die Fenster eingebissen.

Schicksalsschläge und Überleben auf dem Land im 17. und 18. Jh.

Große, Jacob (nach PETZOLD 1983, S. 310)

1638 kaufte Jacob Große das Hufengut 41 in Dorfhain, Ah Dresden. Am 28. 10. 1684 wendet er sich an den Kurfürsten und bittet um Befreiung von 15 fl. Zinsschulden: „Ich habe das Gut, mit 300 fl. AmtsStamm (Hypothek) belastet, über 40 Jahre besessen und, wiewohl sehr kümmerlich, die Zinsen bis auf ein Jahr richtig abgeführt. So will mir nun doch ferner unmöglich fallen, solches zu continuiren, indem 1. mein Gut 60 Schock versteuert, jährlich 4 fl. Hufengeld (und anderes) zahlen muß, so zusammen auf 40 fl. sich beträget, ohne die Einquartierung abstatten, auch vielfältige Hoffe-Fuhren aus dem Tarandtischen Walde mit Bauholz, Klötzern, Brettern tun muß. Da ich jedoch ein sehr geringes Gütgen habe, welches in den Tarandtischen Wald stößet und Tag und Nacht von dem Wilde zernichtet wird, auch wegen Ermangelung des Wiesewachs wenig Viehzucht darauf zu nutzen. ... Über dieses ich auch meine väterliche Erbschaft auf 450 fl. ingleichen von meinen zweien Weibern über 100 fl. dareingesteckt habe ... in Hoffnung, daß ich einen von meinen 6 Söhnen darbei erhalten könnte und bei ihm in meinem hohen Alter meine Herberge ... genießen möchte, welches aber keiner wegen der allzuhohen und unerträglichen Beschwerung annehmen wollen, sondern Handwerke gelernet und bereits ihrer 4 sich in die Fremde begeben haben, dessen Sinnes auch die beiden jüngsten Söhne sind. ... Wann denn ... sich mein Alter nun über 70 Jahr erstrecket und in der Freibergischen Belägerung von dem Feind nebenst gänzlicher Ausplünderung die Gebäude auf meinem Gute ganz eingeschlagen und ruiniert, an Vieh und Getreide alles weggenommen und verheeret worden, daß wenn nicht kurf. Durchl. Großvater mir in etlichen Zinsen gnädigst remiß (Erlaß) gewähret, ich nimmer mehr hätte verwinden könne."

Es sei noch erwähnt, daß von den 300 fl. Hypothek zugunsten des Amtes 1758 und 1799 noch immer 230 fl. auf dem Gut standen.

Dornfeld, Johann Christian (nach PAPSDORF 1987, S. 110)

Geboren am 25. 12. 1676 in Grimmenthal bei Meiningen als Sohn des Caspar Jacob Dornfeld, Notar publicus und Hospitalverwalter in Grimmenthal, der später Nachbar und Einwohner in Vachdorf ist. Johann Christian erlernt das Schneiderhandwerk in Meiningen und begibt sich auf die Wanderschaft in fremdes Land. Während dieser Zeit verliert er zwei Schwestern in Grimmenthal und einen Bruder, Barbiergeselle in Gotha, sowie seine Mutter in Vachdorf. In Otterwisch, Ah Grimma, ist er zunächst Schneider und Reitknecht bei von Metzsch und Graf Vitzthum. 1700 heiratet er Anna Maria, Tochter des Christoph Rückardt, Nachbar, Hintersässer und Tischler in Otterwisch, gebürtig aus Schlesien. Er kauft ein Haus am Winterberg, das später in den Besitz eines gewissen Seibich kommt. 1717 sterben seine Schwiegereltern in hohem Alter und 1722 seine Frau, 42jährig. Er bleibt Witwer und wird 1724 Nachbar und Hintersässer. Das Gut bewirtschaftet er mit seinem Sohn, der es 1735 übernimmt. Er bleibt im Auszug, bis es 1751 an Gottlieb Wienold verkauft wird. Trotz vieler Härtefälle im Leben war er immer munter und gesund, beginnt jedoch 1765 nach einem Leibesschaden „stumpf" zu werden, dennoch kann er seiner Arbeit nachgehen und ohne Brille sehen. Nach der Fertigstellung seines Testaments stirbt er am 21. 11. 1768 als ältester Einwohner von Otterwisch. Er hat vier Landesregenten, fünf Herrschaften in Otterwisch und drei Kriege erlebt.

Keußelt, Gottlob (nach PAPSDORF 1987, S. 114 und S. 122)
Geboren am 19. 1. 1707 in Dittmannsdorf, Ah Borna. Während seiner Kindeszeit stirbt sein Vater (der Tagelöhner und Hofmeister in Dittmannsdorf war), und die Mutter wird so krank, daß er sie und die Schwestern pflegen muß. Kaum achtjährig, rettet er beide vor dem Hungertod, indem er im Winter nach Leipzig geht und bei seinen „vornehmen" Paten für lange Zeit um Nahrung und Unterhalt bittet. Später geht er in Dienste und hütet Schafe. So kommt er schließlich an die Schäferei in Otterwisch. Danach wird er für ein Jahr Soldat und später Meisterknecht in Otterwisch, 1732 heiratet er Anna Maria Gebauer (deren Lebenslauf anschließend folgt). Gottlob Keußelt wird Häusler und ein geschickter Tierarzt, später zudem Richter der Kleinen Gemeinde und herrschaftlicher Holzvogt in Otterwisch, Ah Grimma. Ostern 1768 beginnen ihn Brustbeschwerden und Seitenstechen zu plagen. Nach einem schweren Sturz bei der Tierbehandlung in der Nachbarschaft wenige Tage vor seinem Tod kommt er zum Liegen. Am 5. 7. 1768 stirbt er. Seine Ehefrau ist:

Gebauer, Anna Maria
Geboren in Otterwisch am 2. 12. 1710 als Tochter des Christoph Gebauer, Leinweber und Häusler am Winterberg in Otterwisch. Bei ihrer Heirat 1732 gibt es zwei Hebammen am Ort: die Falcknerin und die Junghansin, deren Nachfolge sie antritt und 1500 Kinder zur Welt bringt. Sie genießt das Lob einer ehrlichen, sorgfältigen Wehmutter, das sie auch zehnmal in der Pfarre verdient. Am 12. 5. 1791 besucht sie einige Freunde, darunter auch den Pfarrer, und erkrankt noch am selben Abend. Am 16. 6. 1791 stirbt sie.

Ehrhardt, Georg (nach PAPSDORF 1987, S. 111)
In der Jugend erlernt er die Jägerei. Er heiratet in Eula Johanna Dorothea Keußelt, die 1757 in Otterwisch stirbt. Das Paar wirtschaftet viele Jahre in Gnandorf bei Borna und in der Pfarre in Großbuch, bis es in Otterwisch zur Miete in Sättlers Haus am Winterberg geht. 1761 verliert er beim Brand seine gesamte Habe und bekommt schließlich von der Herrschaft freie Herberge in Frauendorfs Haus bei Christoph Boettcher. 1765 wird ihm das Legat der verstorbenen Frau Gräfin und ab 1766 das Gemeinde-Almosen zuteil. Über zwanzig Jahre trägt er einen offenen Schaden am linken Arm und ist gelähmt. Etli-

che Wochen liegt er auf seinem Strohlager, dem einzigen Besitz, den er noch hat. In bitterster Armut stirbt er am 7. 1. 1771, in die achtzig Jahre alt. Er hat keine überlebenden Kinder.

Löser, Martin (nach AL 10833)
Häusler in Mauersberg; getauft Großrückerswalde 6. 7. 1691, gestorben Mauersberg 12. 3. 1760 (wobei im KB steht: „hat sein elendes Leben mit viel Kummer und Not gebracht auf 69 Jahr. Hat drei Kinder, die aber alle heiraten". – Diese Eheschließungen waren 1753, 1753 und 1760. Und das Bemerkenswerte ist, daß das der Pfarrer einer besonderen Anmerkung wert hält.)

Höpner, Anna Regina (nach PAPSDORF 1987, S. 118)
Geboren in Brügge am 16. 2. 1710, wo damals Kursachsen seine Truppen liegen hatte, als Tochter des August Höpner, Fahnenschmied beim Regiment von Milkau und gebürtig aus Sangerhausen, und der Anna Barbara Wolff, Bürger- und Wagnertochter von Mügeln. Nach aufgehobenem Feldlager und schwerer Verwundung des Vaters zieht die Familie nach Sachsen zurück und kauft die Schenke in Rohrbach. 1728 heiratet sie den dortigen Müller David Weißer. Nach dessen frühen Tod heiratet sie 1730 Johann Gottfried Bachmann, einen Witwer mit zwei Kindern, mit dem sie 1738 die Wassermühle in Otterwisch, Ah Grimma, bezieht. 1750 stirbt auch ihr zweiter Mann nach schwerer Krankheit. Sie führt drei Jahre die Mühle mit ihren neun Kindern erster und zweiter Ehe, bis 1751 ein schweres Unwetter mit Hagel die gesamte Flur von Otterwisch verwüstet und ihre Familie in Not bringt. Da entschließt sie sich zur dritten Ehe und heiratet 1752 Adam Gottlob Koltzdorf, den um dreizehn Jahre jüngeren Mühlknappen. Nach einem beschwerlichen und oft kläglichen Dasein wird sie krank und liegt ein Vierteljahr im Bett, bis sie am 29. 11. 1782 stirbt. Bis zu diesem Zeitpunkt sind sechs ihrer Kinder aus erster und zweiter Ehe verheiratet, davon zwei ihrer Töchter nach Leipzig, die eine mit einem Schneider, die andere mit einem Gasthalter.

Lindner, Johann Gottlieb (nach PAPSDORF 1987, S. 129)
Geboren am 11. 3. 1705 in Otterwisch, Ah Grimma, als Sohn eines Schneiders, Häuslers, Teichvogts und zugleich Richters. Nach seiner Schulzeit, während der er besonders fleißig im Schreiben und Rechnen ist, erlernt er das Maurerhandwerk und bringt es dabei sehr weit, da er bei einem Meister in der Lehre ist, der das Schloß in Otterwisch baute. Er baut auch sein Haus und wird selbst Meister, später auch noch Steuereinnehmer von Otterwisch. 1730 heiratet er Johanna Rosina Rautenstrauch. Noch zwei Jahre vor seinem Tod war er bei seinem Handwerk niemals verletzt worden, aber im Juli 1776, als er mit seinem Sohn die Kirchhofsmauer repariert, fällt er von einem Fußschemel und verletzt seine Hüfte dermaßen, daß er fortan zu Hause bleiben muß. 1778 stirbt er.

Strauß, Sophia (nach PAPSDORF 1987, S. 143)
Geboren am 11. 10. 1700 in Großbuch, Ah Grimma, als Tochter des Schulmeisters David Strauß und der aus Altenburg stammenden Anna Maria Ype. 1728 heiratet sie Peter Stöcher, Häusler in Großsteinberg, mit dem sie anschließend nach Otterwisch, Ah Grimma, zieht. 1734 stirbt ihr Gatte, 29jährig. 1736 heiratet sie den Häusler Hans Fischer. Viele Jahre macht sie sich als Köchin bei Festlichkeiten verdient und ist, trotz vorrückenden Alters, rüstig. Bei einer solchen Festlichkeit geschieht es am 13. 5. 1772 gegen Mittag,

daß sie auf dem Weg von Otterwisch nach Großbuch, beschwert mit einem Korb, von einem Damm in den Sumpf fällt und eine Weile hilflos liegenbleibt, bis endlich ihr Rufen gehört wird und Hilfe herbeieilt. Sie ist aber so entkräftet, daß sie ihren Geist bald aufgibt. – Ihr 1740 geborener Sohn Johann Gottfried hatte nach dem Besuch der Schule das Schusterhandwerk erlernt und war auch in alle Fertigkeiten der Landwirtschaft eingewiesen worden. Als er erwachsen war, hatte ihm der Vater das Haus abgetreten.

Lebensläufe von Bauern im 18. Jh.

Seidel, Martin (nach PAPSDORF 1987, S. 143)

Geboren am 2. 11. 1695 in Otterwisch, Ah Grimma, als Sohn eines Pferdners. Anno 1706 vor der Ernte schlug das Wetter in das väterliche Gut und verzehrte das Wohnhaus. Die 5 Kinder in der Stube wurden betäubt, zumal Martin. 1725 heiratet er Regina, jüngste Tochter von Christian Schmidt, Nachbar und Hintersässer in Otterwisch. Durch diese Ehe wird er Gutsbesitzer. Später erhält er noch das väterliche Pferdnergut und wird Schöppe. Im Laufe der Zeit kauft er zwei weitere Pferdnergüter hinzu. Von 1727 bis 1731 ist er Kirchvater, von 1740 bis 1744 Richter der Großen Gemeinde und von 1744 bis 1753 Pächter des Rittergutes in Otterwisch. 1759 stirbt seine Frau. Vierzehn Tage vor seinem Tode ermattet er und stirbt am 18. 2. 1779.

Werner, Johann (der Lebenslauf folgt, laut WEISS 1983, der eigenen Niederschrift von 1750 in seiner Hausbibel)

Geboren am 23. 1. 1687 in Zschocken, Ah Zwickau, als Sohn des Schönburgischen Richters Grünhainischer Seite und Kirchenvorstehers Daniel Werner. „Im Alter von 31 Jahren heiratete ich im Oktober 1716 Susanna Kuntz aus Kalkgrün, die seinerzeit 17 Jahre alt war." (Und Tochter des Christian Kuntz, begüterter Inwohner und Gerichtsschöppe zu „Kallichgrün", d. h. in Grünau, Ah Zwickau.) „Zu den Hochzeitsfeierlichkeiten hatte ich über 100 Gäste eingeladen. Zu Weihnachten übernahm ich das Gut für 950 fl. 1723 bis 1725 baute ich den großen Teich und im folgenden Jahr errichtete ich ein neues Gutsgebäude mit einem Heuschuppen. Die Kosten für dieses Gebäude und den Teich betrugen 800 fl. Mein Sohn Christian erhielt im Alter von fünfeinhalb Jahren vom Pfarrer Naumann wegen eines Mutwillens einen Schilling (Stoß auf den Kopf). Dadurch erschrak das Kind derartig, daß es sieben Jahre krank war. Die Arztkosten für die Behandlung kosteten 100 fl.

1727 kaufte ich von Adam Bley dreizehn Ellen von seinem Berg. 1728 starb mein Vater, und 1729 wurde ich Richter des Grünhainer Anteils. Im folgenden Jahr zerschlug mir ein Pferd das Achselbein, und im Herbst begann ich mit dem Bau des kleinen Teiches, der 1735 vollendet wurde. Im gleichen Jahr wurde ich vom Wildenfelser Amtmann Benedicktus Simon verhaftet und von einer Folge von fünf Mann nach Wildenfels in Arrest gebracht. Aus diesem Vorgang entstand ein Prozeß, den ich gewann.

Am 21. Juli 1730 hatte der Blitz ins Haus geschlagen, alle Fenster zertrümmert, aber nicht gezündet. – Im Herbst 1735 fiel ich beim Apfelpflücken vom Baum und brach mir dabei den Arm und die Schulter. 1738 begann ich mit dem Bau des dritten Teiches. Im folgenden Jahr kaufte ich für 210 fl. die Hartensteinische Wiese, und im Herbst richtete ich die Hochzeit meiner ältesten Tochter Maria Susanna aus. Ich besitze drei Söhne und drei Töchter und war mit meiner Frau bisher sechsunddreißigmal Pate.

Jetzt bin ich 64 Jahre alt und bitte Gott, er möge mir ein sanftes und seliges Ende geben."
Johann Werner starb am 17. 10. 1751.

Bauern mit Universitätsbildung

Becker, Michael (AL 11020)
   Geboren um 1545, als Sohn eines Anderthalbhüfners in Falkenau, Ah Flöha. 1561 wurde er an der Universität Leipzig immatrikuliert. Am 23. 11. 1573 erfolgt die Eheschließung mit Christina, Tochter des Andreas Donner in Frankenberg. Michael wird Anderthalbhüfner in Falkenau und im Dorf der „lateinische Bauer" genannt. Er stirbt in Falkenau am 8. 4. 1620.

Zenner, David (AL 7565)
   Geboren 1748; Dr. med., praktischer Arzt und Bauer in Reinsdorf, Ah Zwickau. Sein Vater war im selben Dorf bereits Halblehner, Chirurg und Wundhelfer.

Kapitel 3

Veränderungen in den quantitativen Anteilen der Klassen und Schichten

Bereits im 16. Jh. war Sachsen ein Land mit ausgeprägt frühkapitalistischen Zügen, vor allem im Erzgebirge, und mit einem Stadtanteil der Bevölkerung von 32 % bereits um 1565 (BLASCHKE 1967) ein Land mit einer ausgeprägten Arbeitsteilung zwischen Stadt und Land. Am Ende unseres Untersuchungszeitraumes – um 1870 – nimmt es im Deutschen Reich hinsichtlich solcher Kenngrößen der wirtschaftlichen Entwicklung wie Bevölkerungsdichte, Erwerbstätigenanteil im gewerblichen Sektor, Handwerkerdichte und anderen (KIESEWETTER 1988) den ersten Platz ein – vor dem Rheinland – und ist 10 bis 20 Jahre später sogar vor England und Belgien einzuordnen.

1. Veränderungen in der Struktur der Landbevölkerung

Keine andere Kenngröße korreliert derart stark mit der wirtschaftlichen Gesamtentwicklung Sachsens wie der prozentuale Anteil der Landhandwerker an der Landbevölkerung. Der Anteil der Landhandwerker selbst ist wiederum in hohem Maße und fast perfekt (d. h. nahe $r = 1,00$; vgl. Tab. 6) mit dem Anteil der Häusler korreliert (s. Abb. 3), die zumeist als Handarbeiter in der gewerblichen Produktion tätig sind, und nur zum Teil Saisonkräfte in der Landwirtschaft, so daß Häusler und Landhandwerker zusammen als vorwiegend gewerblich Tätige (s. Abb. 4) aufgefaßt werden können.
Beim Vergleich von 21 mitteleuropäischen Territorien (parallele Entwicklungen werden z. B. bei SCHREMMER 1970 und BIELEMAN 1987 belegt) für die Zeit um 1800 hatte SCHULTZ (1981) eine Korrelation zwischen den Anteilen der Landarmen und der Landhandwerker von $r = 0,83$ nachweisen können. In Tabelle 6 bestätigen wir den gleichen Zusammenhang, jetzt nur aus einem Territorium, aber mit einer extrem langen Zeitreihe. Unser Ziel kann es nicht sein, die sachlogischen Zwänge der wirtschaftlichen Realität, die für den Zusammenhang verantwortlich sind, ausführlich zu diskutieren (vgl. BOELCKE 1967). Es geht uns hier erst einmal darum, in der gebotenen Kürze die eigenen Ergebnisse so darzustellen, daß andere Forscher auf diesen Zahlen aufbauen und zum Beispiel Modellrechnungen anschließen können. Die Feststellungen des letzten Satzes

Tabelle 6
Die Struktur (in %) der Landbevölkerung: Sachsen (in den Grenzen nach 1815 ohne Oberlausitz) 1565–1870 (geglättete Werte; vgl. auch WEISS 1991d)

	Voll-bauern	Klein-bauern	Häusler als Handarbeiter	Landhandwerker	Prozentsumme der gewerblich Tätigen
1565	84	8	1	2	5
1595	79	9	3	4	9
1630	74	8	4	6	12
1660	65	11	6	9	21
1690	60	13	9	10	24
1720	55	14	12	12	29
1750	47	17	14	14	34
1780	41	21	15	19	37
1810	35	17	17	24	44
1840	27	12	24	27	56
1870	19	7	29	33	67

[1] Häusler als Handarbeiter plus Landhandwerker plus andere Gewerbetreibende (Händler, Gastwirte, Fuhrleute usw.) und selbstbauende Gewerke (im Bergbau)

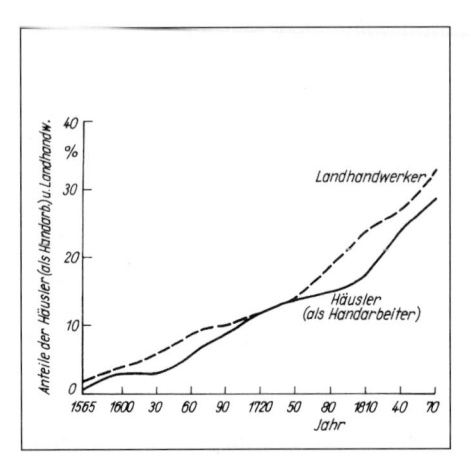

Abb. 3: Anteile der Häusler (als Handarbeiter) und der Landhandwerker an der Landbevölkerung: Sachsen 1565–1870

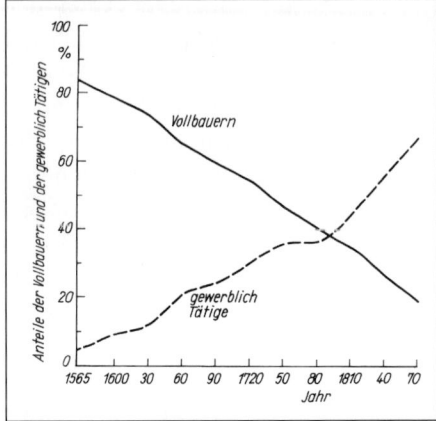

Abb. 4: Anteile der Vollbauern und der gewerblich Tätigen an der Landbevölkerung: Sachsen 1565 bis 1870

gelten dabei für unsere Arbeit allgemein, d. h. über den spezifischen Sachverhalt hinaus, auf den wir uns eben bezogen hatten.

Häusler- und Landhandwerkeranteil sind 1565 mit 1 % bzw. 2 % noch so niedrig, daß durch Extrapolation der Zeitreihen – und das erscheint bei einem linearen Trend von über 300 Jahren ohne eine einzige Trendwende im Gesamtzeitraum ja durchaus berechtigt – das Auftauchen der ersten Handwerker und Häusler auf dem Lande auf die Zeit um etwa 1500 datiert werden kann (s. Abb. 5). (Das soll nun nicht heißen, daß ein paar einzelne in einigen Dörfern nicht schon viel früher da waren. Leineweberei als Nebengewerbe muß z. B. schon im 15. Jh. weitverbreitet gewesen sein (vgl. HEITZ 1961). Dieses Nebengewerbshandwerk müßte mit einem entsprechenden (ein Viertel, ein Drittel oder die Hälfte des damit beschäftigten Personenanteils) Gewicht in unseren Statistiken wahrscheinlich bereits früher erscheinen, als das in den Quellen nachweisbar ist, die den AL zugrunde liegen.

Die Gesamtergebnisse verdecken aber eine ungleichmäßige Entwicklung in den Ah des Gebirges und des Flachlandes (vgl. Tab. 7).

Die Entwicklung des Landhandwerks (s. Abb. 6) wird am Ausgang des Dreißigjährigen Krieges – der in Sachsen gar keine 30 Jahre gedauert hat, ernsthafte Feindberührung hatten die meisten Landesteile erst 1632, und die Zeit ab 1641 war vielerorts schon eine Zeit des Wiederaufbaus – durch einen markanten Wirtschaftsaufschwung (vgl. aber Rabb 1962) im Gebirge gekennzeichnet. (Vielleicht sogar mit einer gewissen Überhitzung, etwa um 1680. Ob die Stagnationsphase um diese Zeit echt ist oder ein bloßes Zufallsprodukt unserer Zeitreihe, läßt sich in diesem Falle nicht sicher entscheiden.) Die Exulanten, die rund 14 % der Landhandwerker in den Gebirgsgebieten in der Nachkriegsgeneration stellten, waren

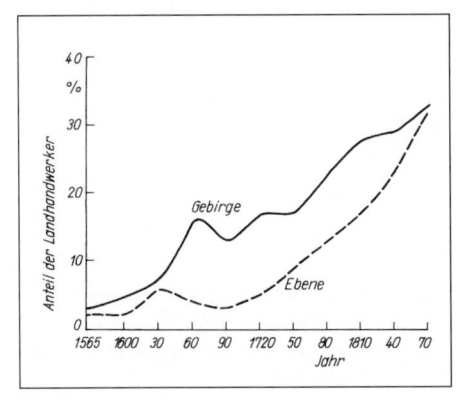

Abb. 5: Anteil der Landhandwerker an der Landbevölkerung Sachsens 1565–1870, getrennt nach Ebene und Gebirge

Tabelle 7
Anteile (in%) der Häusler (als Handarbeiter), der Landhandwerker und Prozentsumme der gewerblich Tätigen, getrennt nach Gebirge und Flachland: Sachsen (in den Grenzen nach 1815 ohne Oberlausitz) 1565–1870 (ungeglättete Werte)

	Gebirge			Flachland		
	Häusler als Handarbeiter	Landhandwerker	Prozentsumme der gewerblich Tätigen	Häusler als Handarbeiter	Landhandwerker	Prozentsumme der gewerblich Tätigen
1565	2	3	6	0	2	5
1595	5	5	12	0	2	5
1630	4	7	14	2	6	10
1660	7	16	27	4	4	11
1690	11	13	31	3	3	10
1720	16	17	39	5	5	13
1750	20	17	43	10	9	21
1780	16	23	43	9	13	25
1810	16	28	51	11	17	30
1840	28	29	62	16	23	45
1870	33	33	71	21	32	58

[1] Die jeweils als Gebirge und Flachland zusammengefaßten Amtshauptmannschaften sind aus Tab. 1 zu entnehmen, die zugrunde gelegten geschätzten absoluten Einwohnerzahlen aus Tab. 8

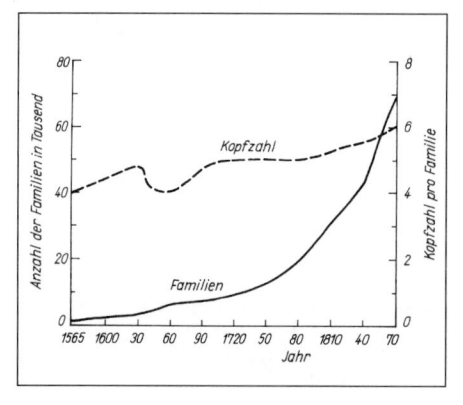

Abb. 6: Absolute Zahl der Landhandwerkerfamilien in Sachsen 1565–1870 und Zahl der Köpfe pro Familienhaushalt

gewiß ein merklicher Beitrag. Das heißt aber auch, daß über 80 % der Landhandwerker dieser Generation im Untersuchungsgebiet vor oder während der schlimmsten Kriegswirren geboren worden sind und somit Überlebende des Krieges waren! Mit anderen Worten: Der Wirtschaftsaufschwung nach dem Dreißigjährigen Krieg kann nicht das Ergebnis der Zuwanderung von 1,7 % Exulanten zur Gesamtbevölkerung (Traujahre 1630–1659) sein, sondern war hausgemacht. Wir kommen auf das Problem noch einmal zurück, wenn wir die Einwanderung insgesamt behandeln (siehe S. 175). – Daß es Gebiete mit anderer Entwicklung gegeben hat, sei hier unbestritten: Nach MAUERSBERG (1937) erreicht das ebenfalls zu Kursachsen gehörende Amt Schleusingen erst 1820 wieder die Geburtenzahl von 1576.

In allen Kenngrößen der gewerblichen Entwicklung auf dem Lande sind die Gebirgs- und Hügellandgebiete rund zwei Generationen früher, wobei der Entwicklungsrhythmus in beiden Gebieten nicht einheitlich ist: Wenn die gewerbliche Entwicklung in der Ebene scheinbar die im Gebirge eingeholt hatte (vgl. die Entropie der Arbeitsteilung S. 117), begann im Gebirge eine neue Aufschwungphase, die den alten Abstand wieder herstellte. Dabei verdecken die Zahlen der Tabelle 7 Konzentrationsvorgänge in bestimmten Gebieten, so im Flachland in den Dörfern um Leipzig nach 1800.

Unser Material läßt keine Aufschlüsselung bis hin zur Entwicklung eines jeden einzelnen Handwerks zu. Tauchen jedoch bis 1630 in der Stichprobe aus den Dörfern des Flachlands nur Schneider, ab 1600 auch Schmiede schon mehrfach auf (wenn wir mal von den Müllern absehen), so sind im selben Zeitraum, also vor 1630, in den Gebirgsdörfern darüber hinaus mehrfach Zimmerleute, Tischler, Fleischer und Leineweber nachweisbar. Am Ende unseres Untersuchungszeitraumes, 1870, umfaßt das Spektrum in den Dörfern 28 verschiedene Handwerksberufe, 1780 waren es bereits 18 gewesen. Noch 1772 hatte sich der Kurfürst (Fortgesetzter CODEX AUGUSTEUS 1772) veranlaßt gesehen, ein „Mandat wegen Einschränkung ... derer Handwerker auf dem Lande" zu erlassen, in dem es heißt, daß „in jedem Dorfe nur ein Meister von Zimmerleuten, Maurern, Schneidern, Grob- und Hufschmieden, Wagnern, Stell- oder Schirrmachern, ansonsten aber gar kein Handwerksmann geduldet werden soll". Aber dann folgt schon eine Reihe von Ausnahmen (für Strumpfwirker z. B.), und ausgenommen sind auch die Dörfer, die Privilegien haben (wie Schönheide) oder Verträge, auf Grund derer sich Handwerker ansiedeln. Und die Wirklichkeit enteilte den Versuchen des Landesherrn, sie festzuschreiben. Wie kämen sonst schon um 1780 die Hutmacher, Geigenmacher und Glaser in die Dörfer? Dennoch umschreibt die Aufzählung im landesherrlichen Mandat die damals wichtigsten Landhandwerke, wozu noch die Bäcker und Fleischer in den privilegierten Dörfern hinzukommen.

Bildet man einen Index der gesamtwirtschaftlichen Entwicklung (vgl. Tab. 12), dann ähnelt in unserer Untersuchung kein anderer Kurvenverlauf dieser Gesamtentwicklung so stark wie die Kurve für die absolute Zahl der Landhandwerker (s. Tab. 8). Mit anderen Worten: Für den Untersuchungszeitraum läßt sich der wirtschaftliche Entwicklungsstand eines Landes am leichtesten aus seinem Landhandwerkeranteil schätzen. SCHULTZ (1981) hat für die Zeit um 1800

Tabelle 8
Schätzung der Zahl der Landhandwerker in Sachsen (in den Grenzen nach 1815 ohne Oberlausitz) von 1565 bis 1870

	Ebene		Gebirge		Landbevölkerung insgesamt		
	absolut[1]	Handwerkerfamilien[2]	absolut[1]	Handwerkerfamilien[2]	Personen pro Handwerkerfamilie[1]	absolute Zahl der Handwerkerfamilien[3]	Handwerker pro 1000 Einwohner
1565	123 000	2 %	134 000	3 %	4,0	1 300	5
1595	131 000	2 %	147 000	5 %	4,4	2 500	9
1630	137 000	6 %	160 000	7 %	4,8	3 800	13
1660	148 000	4 %	162 000	16 %	4,0	9 000	23
1690	160 000	3 %	203 000	13 %	4,8	7 500	21
1720	173 000	5 %	236 000	17 %	5,0	10 600	24
1750	193 000	9 %	277 000	17 %	5,0	13 200	28
1780	210 000	13 %	314 000	13 %	5,0	20 000	38
1810	253 000	17 %	413 000	28 %	5,3	31 500	47
1840	320 000	23 %	567 000	29 %	5,6	42 900	48
1870	450 000	32 %	810 000	33 %	6,0	69 300	55

[1] Interpolierte Zahlen nach den Angaben in: BLASCHKE, Karlheinz: Bevölkerungsgeschichte von Sachsen bis zur industriellen Revolution. Weimar 1967. – Für 1840 und 1870 auch nach: LOMMATZSCH, Georg: Die Einwohnerzahlen der Landgemeinden von 1834 bis 1900 und die Veränderungen in der Verwaltungseinteilung des Königreiches seit 1815. Zeitschrift des Königl. Sächsischen Landesamtes 51 (1905) 12 – 91.
[2] Ungeglättete Originalanteile an den Stichproben der vorliegenden Untersuchung.
[3] Errechnet aus der absoluten ungeglätteten Zahl der Personen in Handwerkerfamilien insgesamt, dividiert durch die Personenzahl (vorhergehende Spalte) pro Handwerkerfamilie.

Struktur der Landbevölkerung

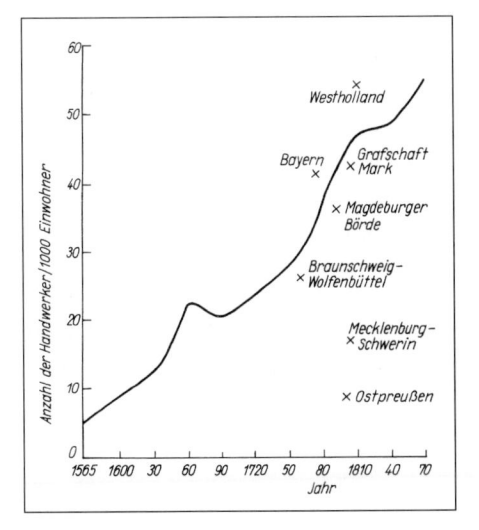

Abb. 7: Landhandwerker pro 1000 Einwohner: Sachsen 1565–1870 im Vergleich zu anderen Territorien (nach Daten bei SCHULTZ 1981)

zahlreiche Daten über den Landhandwerkeranteil pro 1000 Einwohner zusammengetragen (s. Abb. 7). Während z. B. die Magdeburger Börde, die Grafschaft Mark und Bayern um diese Zeit durchaus mit Sachsen in vergleichbarer Größenordnung liegen, weist Mecklenburg-Schwerin um 1800 einen Stand auf, der dem von unserem Untersuchungsgebiet am Ausgang des Dreißigjährigen Krieges entspricht, Ostpreußen gar einen Stand von etwa 1600. In England betrug der Anteil der gewerblich Tätigen (vgl. Tab. 7) an der Landbevölkerung im 16. Jh. bereits etwa ein Viertel oder ein Drittel und stieg dann bis zum Ende des 17. Jh. auf 47% (EVERITT 1967, S. 398).

Beim Vergleich der Zeitreihen in Tab. 7 für Häusler und Handwerker fällt uns folgendes auf: Die Häusler im Gebirge durchleben zwei Krisen. In den Kriegsjahren von 1632 bis 1640 fällt ein Teil der Häusel (wie sich auch aus detaillierten Ortsuntersuchungen belegen läßt, z. B. in Zschocken die Nr. 121 [WEISS und BUTTER 1988]) wüst. Auch von der Krise des sächsischen Staates von 1756 bis 1773 (vgl. SCHLECHTE 1958) werden die Häusler im Gebirge schwer getroffen. Bei einem nachgewiesenen Gesamtverlust in der Hungersnot von 1772 (vgl. POST 1990) von rund 10 % der Bevölkerung im eigentlichen Gebirge muß man davon ausgehen, daß die Verluste bei den Häuslern noch deutlich höher gewesen sein müssen (WEISS 1981), ohne daß es bisher eine Arbeit gibt, die dieser Frage speziell nachgegangen ist. Ganze Familien starben aus: Zum Beispiel lebte 1772 in Schwarzbach/Ah Annaberg der Handarbeiter Hoffmann. Er ist 42 Jahre alt, seine Frau, Tochter eines Handarbeiters, 40 Jahre alt. Ihre Kinder sind 13, 11 und 7 Jahre alt, zwei Kinder waren bereits als Säuglinge gestorben. Nach Mißernten 1770 und 1771 und der Sperrung der Getreideimporte auf dem kürzesten Wege aus Böhmen entsteht im gesamten Gebirge eine katastrophale Lage. Trotz des bereits starken, aber noch unzureichenden, Kartoffelanbaus steigen 1772 die Lebensmittelpreise ins Unerschwingliche. Der Handarbeiter Hoffmann hat selbst nichts mehr und auch keinen Bauern als Schwiegervater, der etwas helfen könnte. Die Eltern geben den letzten Brocken den Kindern und versuchen, wenigstens diese bis zur neuen Ernte durchzubringen. Vergeblich. Am 2. April stirbt der Vater, der Pfarrer trägt ins KB „verhungert" ein, am 26. Juli verhungert die Mutter, am 3. August verhungern die beiden 7- und 11jährigen Kinder. Das Schicksal des 13jährigen bleibt unbekannt. Vielleicht ist es eines der „namenlosen Bettelkinder", die in den KB stehen, das irgendwo tot gefunden und verscharrt wurde, vielleicht überlebte es.

Tab. 7 zeigt aber auch, daß nur die Häusler durch dieses „Tal der Tränen" (vgl. Abb. 8) mußten, die Landhandwerker sind von dieser Rezession 1756–73 nicht

Tabelle 9
Schätzung der Zahl der Personen in Kleinbauernfamilien (Teilhüfner und Gärtner) und in landwirtschaftlichen Familien mit Nebenerwerb: Landbevölkerung Sachsens (in den Grenzen nach 1815 ohne Oberlausitz) 1565–1870 (ungeglättete Werte aus Stichproben)

	Landbe-völkerung	Kleinbauern				Nebenerwerbsfamilien			
	absolut	absolut	insgesamt	Flachland	Gebirge	absolut	insgesamt	Flachland	Gebirge
1565	257 000	21 000	8 %	8 %	8 %	3 000	1 %	1 %	1 %
1595	278 000	25 000	9 %	9 %	9 %	8 000	3 %	2 %	4 %
1630	297 000	24 000	8 %	8 %	7 %	15 000	5 %	5 %	5 %
1660	310 000	33 000	11 %	16 %	7 %	12 000	4 %	2 %	6 %
1690	363 000	51 000	14 %	19 %	12 %	22 000	6 %	5 %	7 %
1720	409 000	53 000	13 %	17 %	11 %	33 000	8 %	8 %	8 %
1750	470 000	80 000	17 %	25 %	14 %	42 000	9 %	6 %	10 %
1780	524 000	110 000	21 %	25 %	18 %	47 000	9 %	5 %	11 %
1810	666 000	113 000	17 %	24 %	13 %	53 000	8 %	5 %	10 %
1840	887 000	107 000	12 %	18 %	8 %	53 000	6 %	5 %	7 %
1870	1 260 000	88 000	7 %	11 %	5 %	63 000	5 %	5 %	4 %

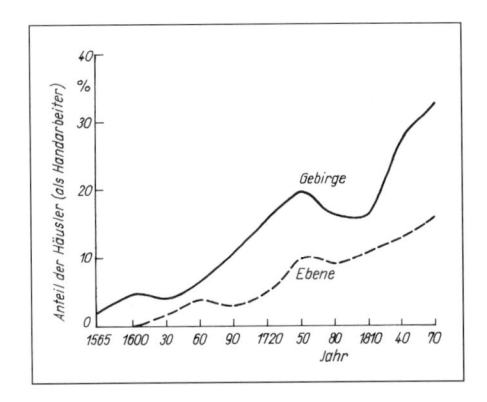

Abb. 8: Anteile der Häusler (als Handarbeiter) an der Landbevölkerung Sachsens 1565–1870, getrennt nach Ebene und Gebirge

oder weit schwächer betroffen. Die Entwicklung des Landhandwerks und der Nebenerwerbswirtschaften (vgl. Tab. 9) geht auch in einer Zeit ungebrochen weiter, in der selbst die Städte wirtschaftlich stagnieren. Denn in dieser Zeit wird auch, bis etwa 1815 fortschreitend, der Anteil der Stadtbevölkerung (vgl. S. 120) an der Gesamtbevölkerung wieder rückläufig und sinkt von 41 % 1750 auf 36 % 1810 (BLASCHKE 1967).

Bei den Häuslern im Flachland erreichen wir tatsächlich, wie Tab. 7 belegt, etwa um 1600 den Anfang – zwar nicht den ihrer Geschichte insgesamt, aber doch ihrer statistisch nachweisbaren Existenz. Im Gebirge dagegen lassen sich die ersten Nachweise, wie schon erwähnt (S. 105), bis auf die Zeit um etwa 1500 zurück extrapolieren.

Gewerbliche Tätigkeit (Handel und Fuhrbetrieb inbegriffen) und Handwerk breiteten sich nicht nur als Haupterwerb bei Häuslern aus (denn die Landhandwerker waren ja vielfach nach ihrer Einstufung für die Zeitgenossen Häusler), sondern in beträchtlichem Umfang auch als Nebenerwerb bei Teilhüfnern und Gärtnern. (Weniger bei Vollbauern, die mit ihrem Gut nicht nur eine ausreichende Existenzgrundlage hatten, sondern auch mit ihrer Arbeit viel stärker ausgelastet waren. So stark, daß sie im 18. Jh. vielerorts die zunehmenden Verwaltungsfunktionen und Nebeneinkünfte, z. B. als Steuereinnehmer, aber auch öffentliche Ämter, den Gärtnern und Häuslern überließen, vgl. POLLMAR 1947.) Deshalb sind die meisten der Nebenerwerbsfamilien in Tab. 9 mit Kleinbauern der vorhergehenden Spalten in derselben Tabelle identisch.

Wenn man nur die Absolutzahlen in Tab. 9 betrachtet, kann man zu dem pauschalen Urteil gelangen, daß etwa seit 1700 die Hälfte aller sächsischen Kleinbauern nichtlandwirtschaftlichen Nebenerwerb irgendeiner Art hatte. Wenn man berücksichtigt, daß durch das Stichprobenverfahren die ungeglätteten Prozentzahlen leicht zufällig um ein oder zwei Prozent nach oben oder unten schwanken und von den vermutlichen wahren Werten abweichen, so belegt dieselbe Tabelle noch einen weiteren deutlichen Unterschied: Während in der zweiten Hälfte des 18. Jh. nur ein Viertel bis ein Fünftel der Gärtner und Hintersassen des im Durchschnitt fruchtbaren Flachlands auf Nebenerwerb angewiesen war, ansonsten aber die kleinen Güter durchaus eine Art von Intensivierung der landwirtschaftlichen Produktion dargestellt haben dürften, mit der man eine Familie ernähren konnte, waren die Teilhufen des Gebirges zu etwa 70 bis 80 % mit Nebenerwerb gekoppelt. (Und es sei an dieser Stelle noch einmal darauf hingewiesen, daß dieser Teilhüfneranteil vermutlich im 16. und 17. Jh. bereits weit höher lag, als ihn unsere Untersuchung ausweisen kann.)

Die Trendwende nach 1810 bis hin zur absoluten Verringerung der Zahl der Kleinbauern belegt die neue Tendenz hin zu größeren und leistungsfähigeren landwirtschaftlichen Betrieben, wobei aber auch das Zubauen von ganzen Dörfern in Großstadtnähe und anderen verstädternden Dörfern mit Gebäuden eine Rolle spielt. Diese Verringerung der absoluten Zahl der Kleinbauern und das Anwachsen der landwirtschaftlichen Betriebsgröße ist keine sächsische Besonderheit, sie läßt sich nach 1800 z. B. auch für Westfalen (KOHL 1983) nachweisen.

Daß ein ständig sinkender Bevölkerungsanteil nicht nur ausreichend, sondern immer mehr und billiger landwirtschaftliche Produkte erzeugt, ist eine Voraussetzung und Begleiterscheinung einer jeden erfolgreichen Industrialisierung. Es war unsere Wunschvorstellung, den Zeitreihen über die Veränderung der Sozial- und Klassenstruktur solche über die Veränderung der landwirtschaftlichen Produktivität zur Seite zu stellen. Wie vieles – eine Wirtschaftsgeschichte Sachsens fehlt insgesamt noch – ist aber auch das noch nicht möglich. Und eigene Anstrengungen hätten den Rahmen dieser Arbeit gesprengt. Lange und aussagekräftige Zeitreihen vom 16. Jh. an über landwirtschaftliche Erträge enthält nur die Arbeit von ACKERMANN (schon von 1911), der von dem Verhältnis von Aussaat und Ernte ausgeht, über das in den schönburgischen Archiven reiches Material aus zwei Vorwerken vorhanden war. Für das 19. Jh. allerdings gibt es dann sehr detaillierte Statistiken, die von KIESEWETTER (1988) so gründlich analysiert und mit anderen deutschen Ländern verglichen worden sind, daß wir uns hier auf sein Ergebnis (S. 357) beschränken können, daß das „Industrieland" Sachsen auch in seiner landwirtschaftlichen Produktion mit mehreren Kenngrößen einen Spitzenplatz einnahm. So lagen z. B. im Jahrfünft 1861 bis 1865 die Getreideerträge in Sachsen um 39 % über dem Durchschnitt

der Staaten Preußen, Bayern und Württemberg, die Kartoffelerträge sogar um 51 % darüber.
Eine Bemerkung noch zu dem Verhältnis von Administration und Einzelaktivitäten der Namenlosen. Bei einer Kontrolle im gewerbefleißigen Schönheide/Ah Schwarzenberg im 18. Jh. mußte die Obrigkeit feststellen, daß viele Häuser ohne irgendeine Genehmigung, d. h. ohne die eigentlich erforderliche Hausbaukonzession, gebaut worden waren. Die Häuser und Menschen (die Namen werden in den Akten genannt) waren einfach da (SHStA Dresden, Coll. Schmid, Amt Schwarzenberg, Vol. XII, No. 338, Hausbauconcessionen Schönheide 1690–1795). Die „GESCHICHTE SACHSENS" nennt eben diesen Zeitraum, in dem die Häuser ohne Genehmigung gebaut worden waren, das „Augusteische Zeitalter". Bekanntlich enden nach einer Person benannte große Zeitalter für Millionen Namenlose oft mit einem Fiasko. Oder etwas später. In der der „Ära Brühl" folgenden Krisenzeit sind aber entscheidende Fortschritte bei der Steigerung der landwirtschaftlichen Produktion gemacht worden (s. auch SCHLECHTE 1958). Die in der „GESCHICHTE SACHSENS" (S. 294) zitierten Generaltabellen zeigen, daß sich das landwirtschaftliche Gesamtergebnis zwischen 1755 und 1790 mindestens verdoppelt hat und damit eine notwendige Voraussetzung für den folgenden wirtschaftlichen Gesamtaufschwung gegeben war. (Und bereits 1755 waren im Vogtländischen Kreis mehr Scheffel Kartoffeln geerntet worden als Scheffel Getreide!) Das ist nicht durch zentrale Anweisungen erfolgt.
Die „GESCHICHTE SACHSENS" (S. 293) zitiert den Brief eines (in der „Geschichte..." als „Bauern" bezeichneten) Mannes aus Reinsdorf bei Zwickau an den Landwirtschaftsreformator Johann Christian Schubart. Der Mann, der sich selbst als „Tabakplantär und Fabrikant" (SCHUBART 1786, S. 194) bezeichnete, schrieb am 1. 10. 1784: „Als ich vor 40 Jahren, von meinem Vater die Wirtschaft übernommen, und ich von hier nach Leipzig reisete, da sahe ich an manchen Orten etwas spanischen Klee stehen, nachdem fieng ich an und säete in die Brache Klee. Ich wurde von vielen verlacht, daß ich so viel Klee säete, da aber die Bauern sahen, daß der Klee schön wuchs, fieng ich an, alle Jahre mehr zu säen. Ich hatte schöner Vieh, konnte auch mehr Vieh halten, die Bauern fiengen immer auch an mehr Klee zu säen, dieser Anbau hat sich anjezt sehr verbessert, daß in unserm Dorfe fast alle Brachen damit besäet sind.
Mein Eydam hat auch die Stallfütterung vor etlichen Jahren angefangen, nun folgen ihm auch schon etliche nach, und es verbessert sich von Jahr zu Jahr. ... Es haben nicht nur in meinem Dorfe, sondern auch in benachbarten Dörfern, denen ich etwas solchen Runkelrübensaamen gelassen, Proben damit gemacht,

und finden diese Rüben sehr gut." (Es wird dann in der „GESCHICHTE SACHSENS" in den nächsten Sätzen ausgeführt, daß sich der Anbau von Klee bis um 1800 allgemein durchgesetzt hat und sich nach 1770 die Rübe als Futterpflanze ihren ständigen Platz im Feldanbau erobert.) Die „GESCHICHTE SACHSENS" hält es nicht für wert, den Namen des Briefschreibers zu nennen. Er hieß Christian Weiß (und war 1718 geboren), und er hatte am 16. 4. 1739 (SHStA Dresden, GB Zwickau 288, fol. 28) von Michael Meyer und am 6. 2. 1741 (GB Zwickau 288, fol. 145 b) von seinem Vater Johann Weiß je ein Viertelgut gekauft. Daß es im „Augusteischen Zeitalter" und der „Ära Brühl", außer den verlorenen Kriegen und den bekannten Bauten, noch andere Ergebnisse gab, ist Christian Weiß und anderen Millionen Namenlosen zuzuschreiben, die zu Neuerungen auch bei so banalen Dingen beitrugen, wie eine Kuh gut zu füttern.

Die allgemeine Steigerung der wirtschaftlichen Leistungsfähigkeit verlangt natürlich auch eine Erhöhung der Transportleistungen und des Handels. In unseren Stichproben läßt sich, angefangen mit einem Bevölkerungsanteil von 1 % der Landbevölkerung, der sich 1565 mit Handel und Transport befaßte, eine kontinuierliche Steigerung auf rund 5 % ab 1690 nachweisen. Ob der Rückgang auf 3 %, den wir für 1780 ermitteln konnten, eine zufällige Schwankung ist oder einen echten Rückgang darstellt, läßt sich bei diesem insgesamt kleinen Prozentanteil nicht entscheiden. Da aber dieser Rückgang um 1780 bzw. davor mit einer tiefen Krise des sächsischen Staates und seiner Wirtschaft zusammenfällt, muß in späteren speziellen Untersuchungen einmal ernsthaft geprüft werden, inwieweit diese Krise auch eine Krise des Transportwesens gewesen ist. Bei der geringen Bedeutung des Wassertransportes auf der Elbe für das Land insgesamt waren Fuhrleistungen von Zugtieren abhängig, die gefüttert werden mußten. Daß in einer Zeit, in der, wie 1772, Zehntausende Menschen verhungerten, auch das Futter für Pferde knapp und sehr teuer wurde, bedarf keiner weiteren Erläuterung. – Erst in der Industriellen Revolution werden mit Eisenbahn und Post neue effektive Transport- und Kommunikationsmittel geschaffen. Ihr Beschäftigtenanteil beträgt 1870 in unseren Stichproben 2 % der Landbevölkerung, der Gesamtanteil für Transport, Handel und Kommunikation steigt damit auf 7 %.

Nach 1810 tauchen die ersten ausdrücklich als „Fabrikarbeiter", z. B. als „Fabrikspinner", bezeichneten Arbeiter auf. In unseren Statistiken, z. B. in der Tab. 7, sind sie den Häuslern (als Handarbeiter) zugerechnet. Für 1840 betrug der Anteil der als Fabrikarbeiter ausgewiesenen bei der Landbevölkerung 2 %, für 1870 4 %.

2. Der Grad der gesellschaftlichen Arbeitsteilung und sozialen Differenzierung

Der Leser wird an dieser Stelle ein Kapitel über die Veränderung der Klassen- und Sozialstruktur in der Stadt erwarten. Jedoch sind diese Veränderungen, wie wir gleich belegen werden, weit weniger dramatisch, als die auf dem Lande und für die Gesamtentwicklung weniger bedeutsam. Wir werden auf die Veränderungen in der Stadt in dem Kapitel über Soziale Mobilität der Stadtbevölkerung eingehen.

Es wäre wünschenswert, den Grad der Arbeitsteilung und der sozialen Differenzierung mit einer einzigen Maßzahl zu erfassen, deren Werte über Zeit und Raum hinweg vergleichbar sein sollten. Die Maßzahl sollte also Vergleiche zwischen Sachsen in der Zeit von 1600 und 1800 ebenso ermöglichen wie etwa zu Brandenburg oder Oberfranken zur selben oder anderen Zeit. Es bietet sich dafür die Entropie (genauer die Informationsentropie) H (in Bit) an, die als Summe der binären Logarithmen der relativen Häufigkeiten p der n Berufe (oder anderer benennbarer sozialer Einstufungen) bestimmt ist (z. B. JAGLOM und JAGLOM 1984) nach der Formel:

$$H = - \sum_{i=1}^{n} p(n) \; \log_2 p(n) \qquad (1).$$

(Für die Informationsentropie ist dabei das Minuszeichen vor dem Summenzeichen praktisch bedeutungslos. Wir werden im folgenden darauf verzichten.)

Sind alle Einwohner Bauern und gibt es keine Städte, ist die Entropie Null. Sie erreichte ihr Maximum, wenn jeder Einwohner einen anderen Beruf hätte (oder gar Beruf und Nebenbeschäftigungen, wenn letztere mit in die Statistik eingehen). Theoretisch (aber keinesfalls praktisch) ist deshalb die Obergrenze dieser Maßzahl unbestimmt bzw. unendlich groß, wenn man eine unendlich große, vollständig (oder gar mehrteilig in einer Person) arbeitsteilige Population annimmt. Reale Populationen sind aber endlich, und gleiche prozentuale Anteile von Berufen ergeben auch bei unterschiedlichen Bevölkerungszahlen dieselbe Entropie H. – Da es in unserem Untersuchungszeitraum sehr selten war, daß Frauen (z. B. als Hebamme) als beruflich tätig ausgewiesen waren, haben wir im folgenden die Entropie nur für die Männer berechnen können. Für die Gegenwart würden sich aus der gesonderten Berechnung für die Frauen und der Addition zu den Männern noch weit höhere Werte ergeben. (Oder müßte man nicht richtiger die Frauen mit ihrem Bevölkerungsanteil in die Rechnung eingehen lassen, da ja manche Berufe von Frauen und Männern zugleich ausgeübt werden können? Wir vereinfachen hier offensichtlich, da z. B. auch um 1600 und 1700 Bauersfrauen voll mitgearbeitet haben.)

Zur Veranschaulichung zwei einfache Rechenbeispiele:

		n	p(n)	p(n) $\log_2$ p(n)
A-Dorf:	90 % Bauern		0,90	0,14
	10 % Häusler		0,10	0,33
			1,00	H = 0,47 Bit
B-Dorf:	80 % Bauern		0,80	0,26
	14 % Häusler		0,14	0,40
	3 % Müller		0,03	0,15
	3 % Schmiede		0,03	0,15
			1,00	H = 0,96 Bit

Berechnen wir auf diese Weise für Stadt und Land erst einmal getrennt und dann für die männliche Gesamtbevölkerung den Grad der Arbeitsteilung, so erhalten wir Tabelle 10.

Tab. 10 belegt, daß die Dynamik auf dem Land viel größer war als in der Stadt. Die Gesamtdynamik des Untersuchungsgebiets wird weitgehend durch die

Tabelle 10
Informationsentropie (in Bit) der gesellschaftlichen Arbeitsteilung: Sachsen (in den Grenzen nach 1815 ohne Oberlausitz) 1565–1870 (geglättete Werte)

	Stadt	Land	insgesamt	n
1565	4,1	1,4	2,8	696
1595	4,1	1,8	3,3	453
1630	4,3	1,9	3,4	635
1660	4,3	2,6	3,8	966
1690	4,4	2,9	4,0	1 317
1720	4,5	3,0	4,2	1 355
1750	4,5	3,1	4,5	1 195
1780	4,6	3,4	4,3	1 127
1810	4,6	3,6	4,4	953
1840	4,9	3,8	4,8	1 130
1870	4,9	4,1	5,1	1 138

Arbeitsteilung und soziale Differenzierung

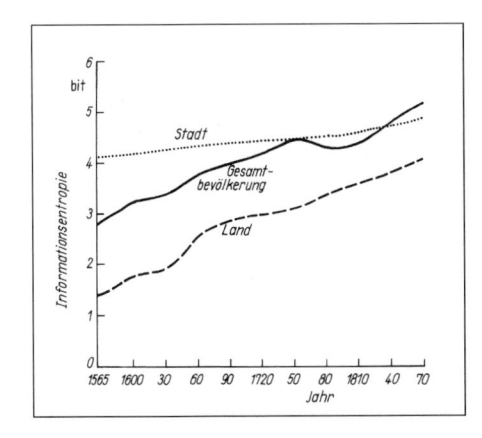

Abb. 9: Entropie der gesellschaftlichen Arbeitsteilung: Sachsen 1565 bis 1870

Dynamik auf dem Land bestimmt. Von Beginn an war die Stadt viel arbeitsteiliger. Auch in der Stadt steigt z. B. die absolute Anzahl der Handwerksberufe, die in unseren unterschiedlich besetzten Stichproben auftreten, von 23 1595 auf 51 1870, und es findet eine starke Umschichtung in der Häufigkeit vieler Berufe, wie etwa bei den Tuchmachern (vgl. auch die Daten zur Sozialen Mobilität der Hand-

Tabelle 11
Informationsentropie (in Bit) der gesellschaftlichen Arbeitsteilung bei der Landbevölkerung, getrennt nach Gebirge und Flachland: Sachsen (in den Grenzen nach 1815 ohne Oberlausitz) 1565–1870

	Gebirge	Flachland
1565	1,6	1,2
1595	1,9	1,5
1630	2,0	1,9
1660	2,6	2,1
1690	3,1	2,2
1720	3,2	2,3
1750	3,2	2,9
1780	3,7	3,0
1810	3,8	3,0
1840	3,9	3,8
1870	4,1	4,0

werksberufe, S. 151 ff.) statt. Jedoch weist unsere Entropiezahl in Tab. 10 sehr schön aus, daß das zu den Umstrukturierungen auf dem Land in keinem Verhältnis steht. – Insgesamt steigt die Zahl der für die Gesamtbevölkerung in die Rechnung eingehenden Untergliederungen nach Beruf und Stand von 41 1595 auf 76 1870, um die fortschreitende Differenzierung noch durch die Angabe dieser Zahlen plastischer zu machen.

In der Gesamtentwicklung zeichnen sich zwei Zeiträume ab, in denen der Anstieg der Entropie gebremst oder gar rückläufig war. Im Dreißigjährigen Krieg um 1630 bis 1640 und in der Krise nach 1755 (vgl. Abb. 9), so wie wir das auch mit vielen anderen Daten belegen können.

Die ungleichmäßige Entwicklung von Flachland und Gebirge zeigt für die Landbevölkerung Tab. 11. Bereits 1565 haben die Gebirgsgebiete ein deutlich höheres Ausgangsniveau und dann zeitweise, so um 1690 und dann wieder 1750, einen Entwicklungsvorsprung in der gesellschaftlichen Arbeitsteilung von rund zwei Generationen. Da die Gebirgsgebiete aber stets Gebiete waren, in die Nahrungsmittel transportiert bzw. importiert werden mußten, muß diese regionale Differenzierung auf dem Hintergrund einer viel weiterreichenden Arbeitsteilung gesehen werden, auch zwischen Sachsen insgesamt und agrarischen Überschußgebieten in Norddeutschland.

Bereits vor dem Dreißigjährigen Krieg erlebte Sachsen einen ausgeprägten Innovationsschub. Am Beispiel des Salinenwesens konnte PIASECKI (1990) belegen, daß dieser Schub (einsetzend etwa um 1550) mit insgesamt 41 technischen Innovationen allein im Raum Sachsen etwa um 1585 seinen Höhepunkt erreichte und damit deutlich früher als etwa in Südwestdeutschland.

Die Entropie ist insofern auch eine problematische Maßzahl, da z. B. bei den Häuslern nicht jede verschiedene Handarbeitertätigkeit als „Beruf" in die Berechnung einging (was ein mögliches und bei ausreichender Differenzierung in den Quellen zweifellos besseres Verfahren wäre), sondern die Häusler (als Handarbeiter) mit ihrer relativen Häufigkeit als Gruppe insgesamt. Durch derartige Gruppenbildung werden aber die Meßeigenschaften der Entropie verschlechtert und der fortschreitende Prozeß der Arbeitsteilung in seiner Dynamik verschleiert. Das Problem ist keinesfalls trivial, sondern tritt bei allen Vergleichen von sozialer Differenzierung in Zeit und Raum auf. Ein direkter quantitativer Vergleich unserer Ergebnisse mit solchen, die man etwa in Brandenburg oder Oberfranken erhält, ist deshalb nur möglich, wenn in allen Untersuchungen ähnliche Klassifikationskriterien angewendet werden. Führt ein und derselbe Untersucher mehrere derartige vergleichende Studien durch bzw. leitet er sie, dann läßt sich Vergleichbarkeit der Ergebnisse erreichen. Aber bei mehreren unabhängigen Untersuchungen werden sich Unterschiede in der Vorgehensweise nicht völlig vermeiden lassen, so daß auch die Entropie der Arbeitsteilung ein Maß ist, das kein vollkommen ideales sein kann.

Was für die Häusler gesagt wurde, gilt auch schon für bestimmte Handwerksberufe in der Stadt. Daß man einen Goldschmied nicht mit einem Hufschmied zu „Schmied" zusammenfaßt, darin werden alle Untersucher übereinstimmen; aber es gibt noch weit mehr Spezialisierungen bei Schmieden. Und bei den Gerbern gibt es Spezialisierungen, die im 18. Jh. stets ausgewiesen, um 1600 aber eben nur „Gerber" sind, so daß wir es in unserer Untersuchung auch dabei durchgehend belassen haben, worüber sich aber ein Kenner aller Handwerksberufe vielleicht entrüsten wird. Ohne einen gewissen Pragmatismus geht es jedoch bei Berufsstatistiken nicht.

Unser Untersuchungszeitraum ist nicht nur eine Zeit des Wachstums des ländlichen und städtischen Proletariats, sondern – und das wird meist nicht so sehr bemerkt – auch eine Zeit des ständigen Wachstums der kleinen Gruppe der „Geschulten" auf dem Lande und der „besitzlosen Intellektuellen" in der Stadt, aber ebenso der Zahl der Arbeitsplätze, die wir heute als typisch für die „Intelligenz" ansehen würden und die dem Besitz- und Bildungsbürgertum vorbehalten waren, also z. B. viele Verwaltungsfunktionen. Die Schicht der „besitzlosen Intellektuellen" in der Stadt wächst von knapp 3 % der Stadtbevölkerung 1565 über 5 % 1720 auf 11 % 1840 und 12 % 1870 in unseren Stichproben stetig an. Beim Besitz- und Bildungsbürgertum sind wir uns der Repräsentativität unserer Prozentzahlen (vgl. die selbstkritischen Anmerkungen auf S. 45) nicht in allen Generationen so sicher, als daß wir sie hier als Beleg für echte Strukturveränderungen anführen möchten. Jedoch weist der Anteil der Akademiker im 19. Jh. ein deutliches Wachstum auf. Für alle diese „Schriftkundigen" gilt das bei der Klassifizierung schon bei den Häuslern eben Gesagte: Für die Entropieberechnung schien es sinnlos, jeden Obersalzfaktor vom Obersalzinspektor zu unterscheiden und getrennt in die Rechnung eingehen zu lassen. Es geht jeweils die prozentuale Häufigkeit der gesamten Gruppe in die Rechnung ein, das reale Fortschreiten der Differenzierung wird aber dadurch unterschätzt.

Lange Zeitreihen, also seit dem 16. Jh., liegen z. B. für das Bruttosozialprodukt, das Steueraufkommen oder den Energieverbrauch (zu den wechselseitigen Korrelationen der drei Variablen s. TEIJL 1971) für Sachsen nicht einmal als grobe Schätzungen vor. Sie sind gewiß auch nicht leicht zu erarbeiten (vgl. FREMDLING 1988). Wenn man aber Zeitreihen des Grades der sozialen Differenzierung mit solchen der Indexe des wirtschaftlichen Entwicklungsstandes und der Herausbildung bürgerlich-demokratischer Institutionen korrelieren will, und das wirklich quantitativ und nicht nur verbal wie bisher, dann braucht man eine weit vorausschauende Denk- und Arbeitsweise. Da zwischen dem Grad der Arbeitsteilung und der Produktivität eines Landes eine hohe Korrelation zu erwarten ist, ergibt sich der naheliegende Gedanke, ob nicht die Ausprägung des einen zur Schätzung des anderen benutzt werden kann. Wir haben das in Tab. 12 versucht.

Die Informationsentropie des Grades der Arbeitsteilung ist mit der absoluten Bevölkerungszahl multipliziert worden, wobei die Bevölkerungszahl von 1565 = 1,0 gesetzt wurde. (Die von 1880 ist dann demzufolge 5,7.) Berücksichtigen sollte man aber auch, daß räumliche Konzentrationsvorgänge (LÖSCH 1954) stattfinden, die größere Transportleistungen voraussetzen bzw. zur Folge haben, um z. B. Nahrungsmittel in die Städte aus einem immer größer werdenden

Tabelle 12
Index der Gesamtproduktivität: Sachsen (in den Grenzen nach 1815 ohne Oberlausitz) 1565–1880

	Bevölkerungsanteil Landbevölkerung %	Leipzig plus Dresden %	Zentralitätsindex	Index der Gesamtproduktivität[1]
1565	68	4	1,00	2,8
1595	64	4	1,00	4,3
1630	63	5	1,07	4,7
1660	68	7	1,15	4,4
1690	64	9	1,22	6,0
1720	61	10	1,24	7,6
1750	59	11	1,27	9,9
1780	60	9	1,22	9,3
1810	64	7	1,15	11,2
1840	63	9	1,22	18,4
1870	57	13	1,37	33,0
1880	55	14	1,40	40,4[2]

[1] Der Index der Gesamtproduktivität ist das Produkt aus den drei Faktoren Entropie der gesellschaftlichen Arbeitsteilung (s. Tab. 10), der absoluten Bevölkerungszahl (wenn die Bevölkerungszahl von 1565 = 1,0) und dem Zentralitätsindex.
[2] Extrapoliert.

Umland heranzuschaffen (ERLANDER 1980). Bei der Erarbeitung eines derartigen „Zentralitätsindexes" (vgl. auch AUERBACH 1913) für Sachsen ergibt sich aber der überraschende Befund, daß die Veränderung der Zentralität im Untersuchungszeitraum noch relativ gering gewesen ist. Und eigentlich erst nach 1880 voll zum Tragen kommt. Der Stadtanteil der Bevölkerung steigt zwar (vgl. Tab. 12) von 1660 bis 1750 deutlich an, sinkt aber bis etwa 1820 erneut ab. Erst ab etwa 1850 werden die schon 1755 erreichten Stadtanteile wieder überschritten (BLASCHKE 1965). Verantwortlich dafür ist vor allem der relative Anteil der Summe der Einwohnerzahl von Leipzig und Dresden. Der Anteil der danach folgenden 16 größten Mittelstädte beträgt nämlich 1565 schon 10 % der Gesamtbevölkerung, sinkt 1810 auf 8 % und überschreitet erst 1870 mit 12 % die 10 %-Schwelle. Die restlichen 114 Städte (alles nach BLASCHKE 1967 und LOMMATZSCH 1900) im Untersuchungsgebiet haben von 1565 bis 1870 eine Einwohnerzahl, die sich stets um 18–19 % der Gesamteinwohnerzahl des Gebietes bewegt. Nicht berücksichtigt wird allerdings bei dieser Betrachtung, daß, besonders ab 1840, in einem kleinen Teil der rund 2200 Landgemeinden des Untersuchungsgebietes sich mehrere neue Zentren zu bilden beginnen (z. B. in Limbach und Oberfrohna), aber auch das Anwachsen der Dörfer in Nähe der späteren Großstädte ein gerichteter Konzentrationsvorgang (vgl. auch BLOTEVOGEL 1975) ist. Wie hoch man den gewachsenen Transportaufwand nun absolut ansetzen muß, dafür konnte kein Literaturhinweis gefunden werden, so daß der festgelegte Zentralitätsindex in Tab. 12 als eine erste Schätzung angesehen werden muß, dem Problem überhaupt Rechnung zu tragen. Und der Index der Gesamtproduktivität läßt sich dann nicht als Maßzahl betrachten, wie Kilowattstunden oder Bruttoregistertonnen, sondern nur als eine dimensionslose Größe, die die Dynamik veranschaulichen soll. Der Index weist die Krise vor 1780 klar aus, ebenso den steilen Aufstieg im 19. Jh., als charakteristisch für eine Dynamik, wie sie in der Gegenwart z. B. in Taiwan und in Südkorea erreicht worden ist. Um 1870 ist der Index der Gesamtproduktivität um das Zehn- bis Zwölffache höher als der Ausgangswert um 1565, um 1880 dann schon um das Zwölf- bis Vierzehnfache (vgl. für die Beziehungen zwischen Energieumsatz und Produktivität auch TELLER 1979).

Da manche Kritiker einen Autoren jedes nicht zum Ausdruck gebrachten Gedankens auch nicht für fähig halten, sei vorbeugend gesagt, daß etwa ab 1900 der Index der Gesamtproduktivität durch einen weiteren Faktor ergänzt werden müßte, der die Ausstattung mit Transportmitteln und modernen Kommunikationsmitteln mißt. Auch hier taucht dann die Frage auf, eine Kenngröße zu finden, die aus den Statistiken leicht errechenbar ist und mit dem Wert eines idealen Faktors für einen Index hoch korreliert. Die Zahl der Kraftfahrzeuge pro 1000 Einwohner und der Telefon- und Videoanschlüsse könnten z. B. derartige Kenngrößen sein. Denn eine hohe Dichte und Leistungsfähigkeit dieser Technik hat in den am weitesten entwickelten Industrieländern bereits wieder eine gewisse Dezentralisierung der Städte zur Folge.

Im Untersuchungsgebiet und -zeitraum hing wirtschaftliche Dynamik mit der Dynamik der Klassen- und Sozialstruktur zusammen, war das eine ohne das andere undenkbar.

EXKURS 7

Aufstieg durch Fleiß und Geschick

Dietze, Gottfried (der Lebenslauf folgt, laut PAPSDORF 1987, S. 109, der eigenen Niederschrift in seiner Hausbibel)
    Geboren am 19. 7. 1701 in Otterwisch, Ah Grimma. 1718, nach dem Tode des Vaters, der Schäfer in Otterwisch war, versieht er die Haushaltung der Mutter. Anschließend hütet er ein Jahr lang bei seinem Schwager, dem Besitzer der Schäferei, Lämmer, vier Jahre Hammel und drei Jahre Schafe. 1726 heiratet er in Gestewitz Maria Rosina, Tochter von Andreas Voigt, Schneider und Einwohner in Gestewitz. Das Paar lebt ein Jahr bei den Schwiegereltern, dann wird er Schafmeister in Pomßen. Von 1728 bis 1731 pachtet er zusammen mit dem Schwiegervater die Falcknerschen Güter in Braußwig und Gestewitz, die später an die Herrschaft von Zehmen verkauft werden. 1731 kauft er sich für zehn Jahre ein in Eula, wo er zudem die Holzinspektion verwaltet. Von 1741 bis 1750 pachtet er wieder Braußwiger und Gestewitzer Vieh und Herden der Herrschaft von Zehmen auf Hainichen. 1750 übernimmt er das Rote Vorwerk bei Grimma als Pächter, wo ihm der Anfang schwerfällt, da am 5. 8. 1751 ein Schloßenwetter die Felder dermaßen trifft, daß fast die gesamte Ernte vernichtet wird. Er behauptet sich, auch während des folgenden Krieges, und behält die Pacht über 23 Jahre bis 1773. Während dieser Zeit kauft er 1764 den Otterwischer Gasthof. 1770 stirbt seine Frau. 1773, nach der großen Teucrung, entschließt er sich, die Pacht des Roten Vorwerkes seinem Schwiegersohn Kühn zu übergeben und den Rest seines Lebens in Otterwisch zu verbringen. Doch kaum hat er hier Wohnung bezogen, stellen sich Schwindel und Schwäche ein .... Er stirbt am 2. 3. 1775.

Wachtel, Johann Gottfried (nach PAPSDORF 1987, S. 146)
    Geboren am 9. 6. 1726 in Otterwisch, Ah Grimma (als Sohn des Gottfried Wachtel). Er zeichnet sich in der Schule durch großen Fleiß aus, ebenso in der späteren Handwerkslehre. 1757 heiratet er Maria Christina Rückardt (Witwe von Christian Gierschke, Schuster und Häusler in Otterwisch, und Tochter von Christian Rückardt, Tischler und Häusler in Otterwisch). Er ist Schneider und Häusler in Otterwisch, und seit 1761 ist er Richter der Häuslergemeinde unter vier verschiedenen Amtmännern. Während der Teuerung im Jahre 1772 wird ihm auch das Amt des Almosenpflegers übertragen, in dem er

sehr viel leistet, obgleich es ihm „nur Unkosten bringt". Einige Zeit vor seinem Tode beginnt er sein Alter zu spüren. Am 5. 1. 1796 stirbt er, nachdem er zuvor dem Pfarrer die Almosenkassen-Abrechnung übergeben hat.

Sozialer Aufstieg zu Vollbauern durch Landerwerb

Die Familie *Heintze* in Lampertswalde, Ah Oschatz (nach HERZOG 1984, S. 28)
„So gelang es der Halbhüfnerfamilie Heintze, von 1659 bis 1753, dreimals jemals eine vierte Hufe und einmal eine achte Hufe von anderen Gütern zu kaufen und die Stelle ab 1719 faktisch zur Hüfnerstelle auszubauen. Anteilige Lasten wurden übernommen, die Genehmigungen der Grundherrschaft und Landesregierung erteilt. Nominell aber blieb die Stelle Halbhüfnerstelle."

Die Höckendorf-Dorfhainer Familie *Geißler* (nach PETZOLD 1989, S. 51)
Der Name Geißler tritt in Dorfhain, Ah Dresden, durch vierhundert Jahre auf. Dabei handelt es sich bei den ersten vier Männern um ansehnliche Müller in der Höckendorfer Niedermühle, an der Weißeritz unter Dorfhain gelegen. Derer erster, Caspar Geißler, ursprünglich Erbrichter in dem zum Kirchspiel Höckendorf gehörigen Borlas, erwarb ziemlich gleichzeitig mit der Niedermühle 1589 ein Anderthalb-Hufengut, in der Dorfhainer Hufen- und Häuserkartei als „Spitze" bezeichnet. Bei dieser „Spitze" handelt es sich um eine Restfläche zwischen den ehemals selbständigen Gemeinden Groß- und Kleindorfhain in der Größe von 4 1/2 Hufen, die früh zerstückelt wurde. So lag es wohl nahe, daß einer, der Land haben wollte und in die Starrheit der 28 1/2 Bauernhufen (noch) keinen Zugang fand, dort zugriff, wo der Boden eine Art Spekulationsobjekt geworden war. Es wurde auch alsbald weiter geteilt und umverteilt und wieder zusammengelegt, so auch wesentlich von dem Urenkel und Ururenkel des Caspar Geißler. Der Urenkel, der ältere Christian, 1652 noch in der Mühle geboren, heiratete 1677 eine Tochter des „reichen", auf jeden Fall aber beim Wiederaufbau des dörflichen Lebens nach dem Dreißigjährigen Kriege bedeutenden Dorfhainer Erbrichters und zeitweiligen Dreiundeinhalbhüfners David Staude, der Urenkel Christian der Jüngere kaufte 1731 zu dem vom Vater übernommenen Anderthalb-Hufengut ein weiteres aus dem Altbestand von Großdorfhain. Zugleich betrieb er Geldgeschäfte in großem Maße, besonders durch den Ankauf von Erbegeldern: Wenn der Käufer eines Gutes oder Hauses dem Vorbesitzer nur einen Teil des Kaufpreises sofort zahlte, den Rest aber zur Abzahlung durch Termingelder in Raten schuldig blieb, der Vorbesitzer aber dennoch aus irgendeinem Grunde Bargeld brauchte, das der Käufer nicht aufbringen konnte, zahlt Christian Geißler die Schuld durch eine niedrig bemessene Gesamtsumme an den Gläubiger, um sie sodann vom Schuldner zu den vereinbarten Terminen einzuziehen, was ihm einen hohen Gewinn bis zu 40 % einbrachte.

In den nächsten beiden Generationen kommen dann die Ämter hinzu: Der dritte Christian Geißler (1709–1783) wurde Amtslandrichter und zugleich Floßvorsteher der ehemals sehr wichtigen Weißeritz-Flöße, die das dringend notwendige Holz aus den anliegenden und erzgebirgischen Kammwäldern nach Dresden brachte. Auch dessen Sohn Christian Friedrich (1755–1824) war wieder Floßvorsteher. Beide, Vater und Sohn, besaßen die Güter Nr. 64 und 117, ihrerseits Trennstücke aus der alten „Spitze", wieder zusammen als einen Zweihufen-Besitz. Die zweiten Ehefrauen der beiden letzten Christiane waren Töchter Dorfhainer Förster.

Kapitel 4

Die Soziale Mobilität

Unter Sozialer Mobilität verstehen wir die Bewegung der Einzelpersonen zwischen den Klassen und Schichten und innerhalb bei Veränderungen des Berufs und der beruflichen Stellung, also Bewegung und Veränderung im sozialen Beziehungsraum. Wir stellen ihr die räumliche Mobilität (in unserem Kapitel 8) als Bewegung im geographischen Raum gegenüber. Für Mobilität spielt sowohl die Dynamik der Produktivkräfte und Produktionsverhältnisse als auch die Neuverteilung der Talente und Fähigkeiten in einer jeden Generation eine Rolle. Letzteres ein Problem, das wir hier weitgehend ausklammern, obwohl es natürlich bei der Mobilität vor allem der Geschulten wichtig ist. Wir klammern das Problem aus, da wir es an anderer Stelle bereits sehr ausführlich diskutiert und dokumentiert haben, vor allem auch mit Mobilitätsstatistiken (siehe das Kapitel „Genetik der Begabungen und der normalen Intelligenz", S. 87–130, in der Monographie „Psychogenetik der Intelligenz"; WEISS in WEISS et al. 1986 und die zusammenfassende Aktualisierung von WEISS 1992b).

Die Intragenerationenmobilität, die „Karriere", erfolgt innerhalb eines Menschenlebens. Zu ihr gehören Veränderungen der sozialen Stellung einer Person durch Ausbildung, durch Beförderung, in der bäuerlichen Bevölkerung oft nach Erbschaft (von Vater oder Schwiegervater) oder durch wirtschaftliche Strukturveränderungen (im 19. Jh. etwa durch Schließung der Hammerwerke im Gebirge und Übergang in Ersatz-Erwerbszweige), nicht selten verbunden mit räumlicher Mobilität (d. h. Wanderung). – Unter Intergenerationenmobilität, der Sozialen Mobilität im engeren Sinne, auf die wir uns hier besonders konzentrieren, versteht man dagegen den Wechsel der sozialen Stellung, der sich von Generation zu Generation vollzieht. Soziale Mobilität, synonym oft mit sozialer Herkunft (oder mit sozialem Auf- und Abstieg bei einem Schichtenmodell) gebraucht, wurde leider oft nur als Vater-Sohn-Mobilität verstanden, weil die Frauen früher keinen eigenen Beruf hatten. Wir werden aber hier durch die Einbeziehung ihrer sozialen Herkunft, der Schwiegerväter also, über diese begrenzte Mobilitätsauffassung hinausgehen.

In einer von der Marktwirtschaft immer stärker geprägten Gesellschaft, wie Sachsen in unserem Untersuchungszeitraum, wird die Mobilität aller Art durch Angebot und Nachfrage geregelt, auch das, was man „Heiratsmarkt" nennt.

Unter dem gutsherrschaftlichen System Mitteldeutschlands war die auf dem Land überschüssige Bevölkerung in hohem Maße frei beweglich. In Sachsen betrug das Abzugsgeld (nach KLINGNER 1749) 2 bis 5 % des steuerbaren Vermögens, gegenüber einem Zehntel (in Schlesien z. B.) oder gar Drittel anderswo und war damit so niedrig, daß die Mobilität nicht nennenswert behindert worden ist. Die Menschen waren juristisch frei und konnten Beruf, Wohnort und Ehepartner frei wählen. Brandenburg (bzw. Preußen) und Sachsen waren jahrhundertelang politische Konkurrenten. Wenn sich auch Versuche belegen lassen, die Abwanderung bestimmter besonders qualifizierter Berufe zeitweise zu behindern oder zu begrenzen (etwa von Glasmachern), so ist doch die prinzipielle Freizügigkeit zwischen Brandenburg, Sachsen oder anderen Nachbargebieten (auch nach Böhmen; vgl. POHL 1965) niemals in Frage gestellt worden, und die gegenseitige Bestätigung der jeweiligen anderen Staatsangehörigkeit war im 19. Jh. nur noch ein formaler Akt, dem keinerlei Hindernisse entgegenstanden. Die Bedeutung dieser grundsätzlichen persönlichen Freiheit und Freizügigkeit darf für die Entwicklung Sachsens zu einem prosperierenden Wirtschaftsraum hoch bewertet werden. Wie sich unter der Voraussetzung der persönlichen Freiheit die tatsächliche Zuordnung von Beruf, Wohnort und Ehepartner realisiert und stets eine statistische Abhängigkeit von der eigenen sozialen Herkunft und der des Ehepartners bestehen bleibt, das wird in den folgenden Abschnitten, dem eigentlichen empirischen Kern unserer Untersuchung, abgehandelt.

1. Die Soziale Mobilität der Landbevölkerung

Die hohe Selbstreproduktion der vollbäuerlichen Bevölkerung (s. Tab. 13), wenn auch mit leicht fallender Tendenz von 1595 bis 1840, ist sicher nicht überraschend. In jeder Generation stammen aber 3 bis 6 % der Vollbauern aus nicht-bäuerlichen Klassen und Schichten, was sowohl durch Einheirat möglich war als auch durch Kauf eines Gutes (vgl. auch WEISS 1991d). – Der südliche Teil unseres Untersuchungsgebietes gehörte zum Gebiet des Jüngstenrechtes (KÜHN 1941), d. h., der jüngste Sohn erbte das Gut. Jedoch war das in der Praxis oft aufgelockert, wenn z. B. der jüngste Sohn noch zu jung war, dann übernahm ein älterer Bruder vorläufig oder für immer das Gut. Für Lampertswalde/Ah Oschatz führt u. a. HERZOG (1984, S. 29) an, daß nur 40 % der Kürerben (hier nach HERZOG auch die Jüngsten) ihr Erbrecht wahrnahmen (wobei aber offen ist, ob sich diese Prozentzahl nicht auf die gesamte ansässige Dorfbevölkerung bezieht). War kein Sohn da, erbte sehr oft ein Schwiegersohn das Gut.

Tabelle 13
Soziale Herkunft (in %) von Vollbauern: Sachsen (in den Grenzen nach 1815 ohne Oberlausitz) 1595–1870

Die Väter (Schwiegerväter) waren	1595	1630	1660	1690	1720	1750	1780	1810	1840	1870
Vollbauern	95 (86)	91 (82)	86 (73)	89 (73)	84 (71)	84 (75)	83 (67)	78 (71)	74 (69)	80 (80)
Kleinbauern	4 (3)	5 (8)	7 (12)	6 (12)	10 (11)	11 (13)	11 (21)	17 (18)	19 (20)	14 (9)
Landhandwerker	(3)	2 (3)	4 (8)	3 (5)	3 (11)	3 (6)	4 (6)	2 (7)	4 (6)	3 (7)
Häusler	(1)		2 (1)	2 (5)	2 (3)	1 (4)	1 (4)	2 (2)	2 (1)	
Geschulte	1 (1)	1 (2)	1 (2)	1 (3)	1 (2)	0,4 (0,3)	(1)	1 (1)	(2)	2 (1)
Städter	1 (5)	1 (5)	.2 (3)	3 (2)	(1)	1 (2)	(1)	(1)	1 (3)	1 (4)
	100 (100)	100 (100)	100 (100)	100 (100)	100 (100)	100 (100)	100 (100)	100 (100)	100 (100)	100 (100)
n	222 (151)	332 (237)	386 (277)	460 (377)	450 (396)	353 (325)	354 (229)	187 (166)	176 (164)	119 (114)
Relativer Anteil an Stichprobe der Landbevölkerung	0,75	0,74	0,62	0,54	0,51	0,44	0,36	0,33	0,25	0,17

Soziale Mobilität läßt sich stets unter zwei Blickwinkeln betrachten: 1. Die soziale Herkunft (s. z. B. Abb. 10 und 11) einer bestimmten Klasse oder Schicht; und 2. Was die Gesamtheit der Kinder einer bestimmten Klasse, Schicht oder Berufsgruppe werden (s. z. B. Abb. 12 und 14). Daß beide Fragestellungen keinesfalls zu identischen Ergebnissen führen, zeigt der bloße Vergleich der Tabellen 13 und 14. Die wachsende Zahl der überlebenden Kinder der Vollbauern (Tab. 14), ihr wachsender Bevölkerungsüberschuß, führten, bei annähernd gleichbleibender Zahl der Vollbauernstellen, zwangsläufig dazu, daß immer weniger Bauernkinder ein Bauerngut selbst übernehmen bzw. einheiraten konnten. Der lineare und stark fallende Trend bei dem Anteil der Söhne, die selbst wieder Bauer (Tab. 14; erste

Landbevölkerung

Tabelle 14
Soziale Mobilität (in %) der Kinder von Vollbauern: Sachsen (in den Grenzen nach 1815 ohne Oberlausitz) 1595–1870

	Voll-bauer	Klein-bauer	Land-hand-werker	Häus-ler	Ge-schul-ter	Städter	n		Kinder auf 100 Väter
1595	85	7	2	2	1	3	100	246	110
	(79)	(10)	(2)	(2)	(2)	(5)	(100)	(165)	
1630	88	6	2	1		4	100	344	101
	(82)	(10)	(5)	(1)	(0,4)	(2)	(100)	(239)	
1660	80	9	5	2	2	3	100	411	101
	(71)	(11)	(8)	(3)	(2)	(6)	(100)	(288)	
1690	77	11	4	3	2	4	100	529	111
	(69)	(13)	(8)	(4)	(1)	(6)	(100)	(401)	
1720	76	12	3	5	0,4	4	100	494	111
	(68)	(18)	(6)	(4)	(1)	(4)	(100)	(412)	
1750	73	13	5	4	1	5	100	407	113
	(66)	(14)	(7)	(6)	(1)	(6)	(100)	(370)	
1780	68	19	4	4	2	4	100	309	118
	(56)	(23)	(8)	(3)	(1)	(10)	(100)	(274)	
1810	65	15	7	5		8	100	224	134
	(53)	(21)	(12)	(5)	(1)	(9)	(100)	(222)	
1840	59	11	10	8	2	11	100	224	137
	(50)	(17)	(15)	(8)	(2)	(7)	(100)	(225)	
1870	51	12	11	14	4	15	100	188	163
	(43)	(11)	(19)	(12)	(4)	(10)	(100)	(210)	

Spalte) wurden, kontrastiert ab 1690 immer deutlicher mit dem vollbäuerlichen Anteil nach der sozialen Herkunft (Tab. 13; 1. Zeile). Im 19. Jh. verdoppelte und verdreifachte sich die Abwanderung der Bauernsöhne in die Stadt (s. Abb. 13). Was sie dort wurden, darauf gehen wir in einem Teilabschnitt über die Land-Stadt-Wanderung gesondert ein (siehe S. 154 ff.). In der Industriellen Revolution wurde die gesamte Bevölkerung mobilisiert, selbst der räumliche Heiratskreis der vollbäuerlichen Bevölkerung erweiterte sich um durchschnittlich 2 km (vgl. hierzu Tab. 38).

Soziale Mobilität ist ein Wechselspiel von beharrenden Elementen, die sich aus der Vererbung von Gütern und Häusern auf die Kinder ergeben, und dynami-

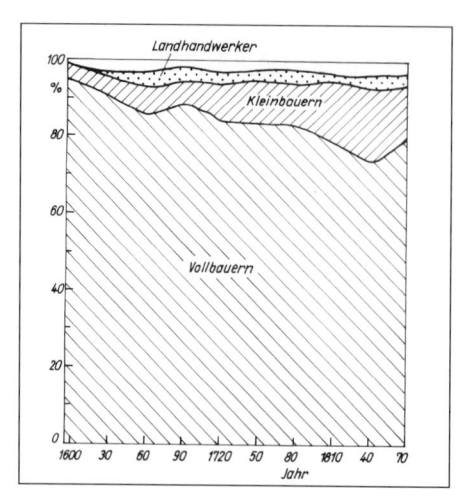

Abb. 10: Soziale Herkunft der Vollbauern: Sachsen 1595–1870

Abb. 11: Soziale Herkunft der Frauen der Vollbauern: Sachsen 1595–1870

Abb. 13: Was werden Vollbauernsöhne? (bei Berücksichtigung des absoluten Zuwachses) Sachsen 1595 bis 1870 ▶

Abb. 12: Was werden Vollbauernsöhne? (Summenprozentkurve) Sachsen 1595–1870 ▼

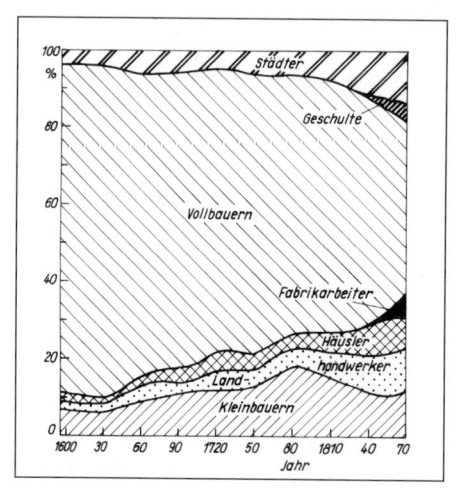

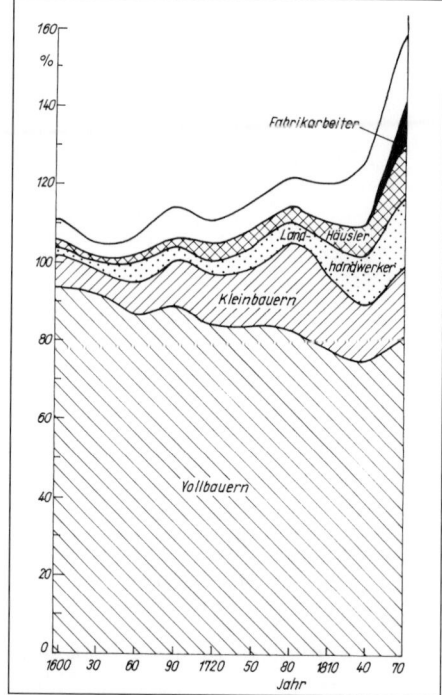

schen Elementen, die sich aus dem relativen Bevölkerungsüberschuß und sich auftuenden neuen Erwerbsmöglichkeiten ergeben. Leider haben wir für den jeweiligen Bevölkerungsüberschuß der einzelnen Klassen und Schichten keine zuverlässigen Zahlen. Nur für die Vollbauern ist eine Aussage möglich (Tab. 14; letzte Spalte), die durch die gleichbleibende Zahl der Bauerngüter eine einigermaßen zuverlässige Grundlage hat. Vorläufig läßt sich für die Kleinbauern nur sagen, daß ihre Kinderzahlen kleiner waren als die der Vollbauern. Auch Landhandwerker und Häusler können nach unserer Analyse zeitweise leichte Bevölkerungsüberschüsse gehabt haben, so für die Zeit von 1660 bis 1750 und nach 1780, sehr hohe Überschüsse dann ebenfalls nach 1840.

Tabelle 15
Soziale Herkunft (in %) von Kleinbauern (Teilhüfnern und Gärtnern): Sachsen (in den Grenzen nach 1815 ohne Oberlausitz) 1595–1870

Die Väter (Schwiegerväter) waren	1595	1630	1660	1690	1720	1750	1780	1810	1840	1870
Vollbauern	53 (64)	39 (61)	42 (54)	40 (46)	36 (52)	32 (33)	32 (38)	28 (40)	23 (39)	31 (36)
Kleinbauern	38 (16)	57 (26)	41 (28)	36 (32)	48 (36)	49 (47)	47 (41)	50 (36)	51 (35)	42 (32)
Landhandwerker	3 (8)	2	8 (10)	13 (14)	10 (7)	9 (10)	11 (9)	14 (11)	13 (15)	13 (17)
Häusler	3	(3)	8 (5)	5 (5)	5 (4)	7 (7)	10 (11)	6 (9)	10 (9)	10 (14)
Geschulte		(8)	(8)	1 (2)	3 (1)	1 (1)	2 (3)	(1)	2 (3)	2 (2)	2
Städter	3 (4)	2 (3)	(2)	3 (2)	(1)	(4)	1 (2)	2 (2)	2 (1)	2 (2)
	100 (100)	100 (100)	100 (100)	100 (100)	100 (100)	100 (100)	100 (100)	100 (100)	100 (100)	100 (100)
n	34 (25)	54 (38)	86 (58)	149 (113)	164 (139)	169 (157)	178 (164)	121 (115)	105 (101)	67 (66)
Relativer Anteil an Stichprobe der Landbevölkerung	0,12	0,12	0,13	0,17	0,18	0,21	0,25	0,22	0,15	0,10

Für die Kleinbauern (Teilhüfner und Gärtner) lag die Selbstreproduktion (s. Tab. 15; zweite Zeile) kaum je über 50 %. Immer wieder wurden von den Vollbauernstellen Gartengüter und Teilhufen abgespalten, auf denen sich überzählige Söhne und Schwiegersöhne der Vollbauern ansiedelten (vgl. Abb. 15). Wir müssen bei der Bewertung der Prozentzahlen aber auch beachten, daß die Trennung zwischen Vollbauern und Teilhüfnern, wie schon mehrfach darauf hingewiesen (vgl. S. 76 und S. 78), in unseren Quellen nicht immer scharf war, so daß sich daraus zwangsläufig eine Erhöhung der Übergangszahlen ergibt; zu den Landhandwerkern (ohne Gartengut) auch deshalb, weil die Landhandwerker mit Gartengut in unseren Mobilitätstabellen als Kleinbauern erscheinen.

Tabelle 16
Soziale Mobilität (in %) der Kinder von Kleinbauern (Teilhüfnern und Gärtnern): Sachsen (in den Grenzen nach 1815 ohne Oberlausitz) 1595–1870

	Die Söhne wurden selbst (die Töchter hatten als Ehemann einen)							n
	Vollbauer	Kleinbauer	Landhandwerker	Häusler	Geschulter	Städter		
1595	32 (50)	52 (40)	12 (10)	4			100 (100)	25 (10)
1630	30 (54)	54 (27)	9 (16)	7 (3)			100 (100)	57 (37)
1660	36 (57)	49 (27)	4 (7)	7 (5)	3 (3)	1 (2)	100 (100)	72 (60)
1690	26 (46)	52 (36)	9 (9)	9 (6)	1 (1)	4 (2)	100 (100)	102 (99)
1720	29 (35)	48 (38)	8 (9)	9 (12)	1 (1)	6 (5)	100 (100)	161 (130)
1750	25 (29)	52 (48)	8 (14)	8 (7)		8 (3)	100 (100)	160 (150)
1780	17 (34)	52 (40)	14 (17)	9 (8)	2 (1)	7 (4)	100 (100)	163 (166)
1810	22 (25)	42 (35)	14 (18)	10 (12)	1 (1)	12 (9)	100 (100)	146 (117)
1840	21 (25)	33 (28)	20 (24)	13 (14)	1 (2)	13 (7)	100 (100)	160 (127)
1870	16 (11)	26 (23)	20 (25)	15 (27)	5 (1)	18 (12)	100 (100)	106 (89)

Landbevölkerung

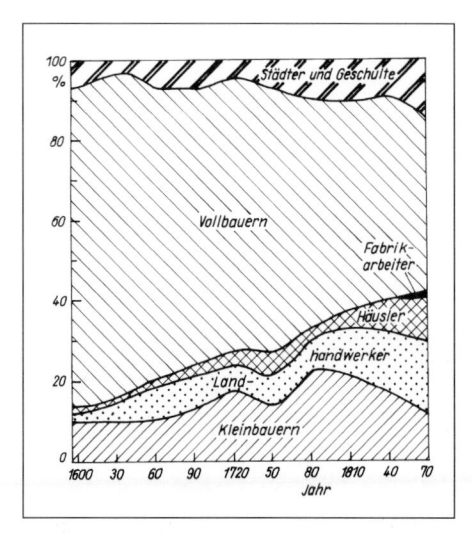

Abb. 14: Wen heiraten die Töchter der Vollbauern? Sachsen 1595–1870

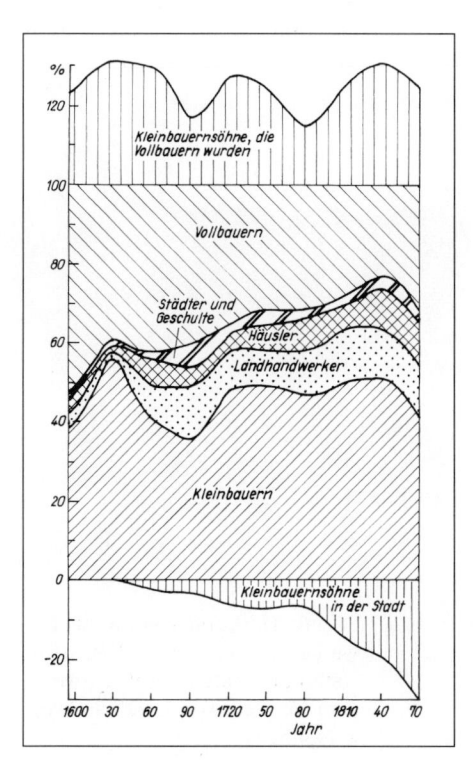

Abb. 15: Soziale Herkunft der Kleinbauern: Sachsen 1595–1870 (oben und unten Vergleichswerte zum Verbleib von Kleinbauernsöhnen)

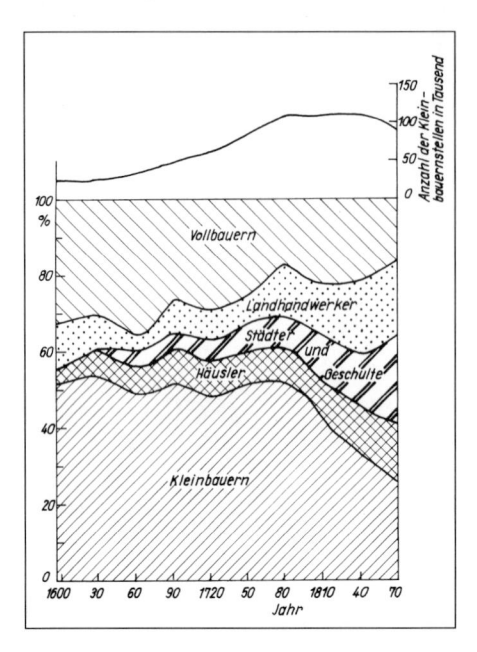

Abb. 16: Was werden Kleinbauernsöhne? Sachsen 1595–1870 (oben als Vergleichskurve die absolute Zahl der Kleinbauernstellen)

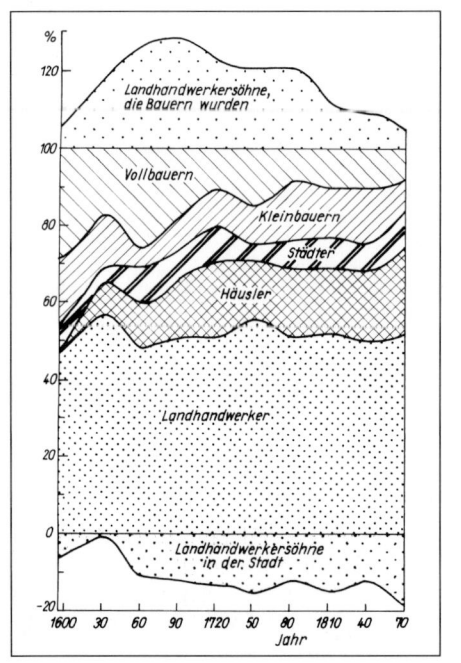

Abb. 17: Soziale Herkunft von Landhandwerkern: Sachsen 1595–1870 (oben und unten Vergleichswerte zum Verbleib von Landhandwerkersöhnen)

Wenn wir betrachten, was aus den Kindern der Kleinbauern geworden ist (s. Tab. 16), dann zeigt ein Vergleich zwischen den Tabellen 15 und 16, daß tatsächlich von den Vollbauerngütern auf die Kleinbauernstellen hin eine Mobilität stattgefunden hat, die zu allen Zeiten die Rückwanderung übertroffen hat. Das ist eine klare Aussage, trotz aller Unschärfe unserer Klassifikation. Ebenso deutlich ist, daß die überschüssigen Kleinbauernkinder nach 1800 selber Landhandwerker oder Häusler wurden oder in die Städte abwanderten (s. Abb. 16) bzw. die überschüssigen Töchter ebensolche Ehepartner heirateten.

Auch bei den Landhandwerkern (s. Tab. 17) liegt die Selbstreproduktion nur bei oder gering über 50 %. Das zahlenmäßig rasch anwachsende Landhandwerk bot

Tabelle 17
Soziale Herkunft (in %) von Landhandwerkern: Sachsen (in den Grenzen nach 1815 ohne Oberlausitz) 1595–1870

Die Väter (Schwiegerväter) waren	1595	1630	1660	1690	1720	1750	1780	1810	1840	1870
Vollbauern	29	17 ·	27 (57)	18 (41)	10 (36)	15 (21)	8 (23)	10 (19)	10 (18)	8 (16)
									(16)	
Kleinbauern	18	14 ·	4 (29)	8 (7)	10 (10)	10 (10)	16 (18)	13 (23)	15 (15)	8 (15)
										(9)
Landhandwerker	47	57 ·	48 (5)	51 (32)	51 (30)	56 (35)	51 (32)	52 (33)	50 (46)	52 (40)
										(44)
Häusler	·	9 ·	11	16 (7)	20 (13)	15 (22)	18 (19)	17 (20)	18 (15)	23 (17)
										(20)
Geschulte	·	3 ·	1	·	1 (4)	1 (6)	1 (3)	1 (4)	1 (2)	2 (4)
										1 (2) (1)
Städter	6	· ·	· (10)	10 (9)	5 (6)	8 (9)	4 (4)	6 (3)	6 (3)	6 (10)
										8 (10)
	100 ·	100 ·	100 (100)	100 (100)	100 (100)	100 (100)	100 (100)	100 (100)	100 (100)	100 (100)
n	17 ·	35 (9)	83 (21)	116 (56)	128 (90)	123 (116)	142 (114)	155 (120)	220 (144)	261 (210) (252)
Relativer Anteil an Stichprobe der Landbevölkerung	0,05	0,07	0,13	0,13	0,15	0,16	0,19	0,28	0,32	0,37

· keine Prozentangabe wegen zu kleiner Zahl

Voll- und Kleinbauernsöhnen Arbeit und Brot. Wenn ein Häuslersohn Landhandwerker wurde, so dürfte das subjektiv von den Betreffenden als sozialer Aufstieg empfunden worden sein. Die objektive Lage eines Strumpfwirkermeisters oder Webermeisters war aber oft so bescheiden, daß der Unterschied zu den anderen Häuslern, den Häuslern als Handarbeitern, gering war. – Bemerkenswert ist der relativ starke Zustrom auch von Städtern ins Landhandwerk. Aus Kleinstädten wie z. B. Kirchberg, Wildenfels und Hartenstein, alle Ah Zwickau, war der Umzug eines Stadthandwerkersohns in ein gewerbefleißiges Dorf im

Tabelle 18
Soziale Mobilität (in %) der Kinder von Landhandwerkern: Sachsen (in den Grenzen nach 1815 ohne Oberlausitz) 1595–1870

	\multicolumn{6}{c}{Die Söhne wurden selbst (die Töchter hatten als Ehemann einen)}	n
	Vollbauer	Kleinbauer	Landhandwerker	Häusler	Geschulter	Städter	
1595	9 ·	·	73 ·	9 ·	·	9 (8)	100 (100)	11 (8)
1630	19 (50)	4	77 (8)	(17)		26	100 (100)	26 (12)
1660	20 (41)	9 (9)	53 (33)	5 (4)		12 (11)	100 (100)	75 (54)
1690	10 (21)	16 (19)	47 (32)	14 (15)	2 (1)	11 (11)	100 (100)	125 (85)
1720	9 (34)	13 (8)	51 (33)	12 (16)	2 (1)	13 (8)	100 (100)	128 (122)
1750	8 (17)	11 (14)	51 (34)	15 (21)	1 (3)	14 (11)	100 (100)	136 (108)
1780	9 (12)	15 (11)	57 (34)	9 (18)	2 (4)	9 (22)	100 (100)	129 (117)
1810	2 (10)	11 (11)	60 (55)	10 (9)	1 (1)	17 (13)	100 (100)	136 (119)
1840	4 (5)	7 (8)	55 (45)	17 (24)	6 (3)	14 (16)	100 (100)	197 (190)
1870	2 (3)	4 (4)	53 (45)	21 (24)	2 (4)	18 (19)	100 (100)	256 (245)

· keine Prozentangabe wegen zu kleiner Zahl

Landbevölkerung

Mülsental, nach Weißbach oder Friedrichsgrün, eben nicht der Umzug in eine andere Welt, sondern durchaus naheliegend, räumlich und sozial.
Nach Betrachtung von Tab. 17 und Abb. 17 dürfte man KOCKAs Meinung (1990, S. 93), der von „hauptberuflichen Handwerkern, die sich aus der unterbäuerlichen Schicht rekrutierten", spricht, kritisch reflektieren.
Betrachtet man den Weg, den die Landhandwerkerkinder insgesamt gingen (s. Tab. 18), so zeigt sich, daß sich nach 1690 ihre Chancen immer mehr verringerten, selbst ein Voll- oder Kleinbauerngut zu erwerben oder (nach 1720) darin einzu-

Tabelle 19
Soziale Herkunft (in %) von Häuslern als Handarbeiter: Landbevölkerung Sachsens (in den Grenzen nach 1815 ohne Oberlausitz) 1615–1870

Die Väter (Schwiegerväter) waren	1615*	1660	1690	1720	1750	1780	1810	1840	1870
Vollbauern	30 (50)	21 (41)	24 (25)	21 (21)	12 (21)	13 (8)	14 (17)	11 (12)	8 (13)
Kleinbauern	22 (8)	13 (14)	13 (11)	13 (17)	11 (9)	17 (16)	18 (19)	12 (12)	8 (12)
Landhandwerker	4 (17)	11 (9)	24 (23)	14 (22)	17 (21)	13 (25)	17 (15)	20 (29)	27 (28)
Häusler	39 (17)	53 (32)	34 (33)	49 (34)	53 (46)	51 (43)	47 (43)	52 (41)	51 (35)
Geschulte	4			3 (2)	2 (2)	1		2 (1)	1 (2)
Städter		3 (8)	6 (5)	(8)	5 (3)	5 (4)	3 (5)	3 (4)	4 (7)
	100 (100)	100 (100)	100 (100)	100 (100)	100 (100)	100 (100)	100 (100)	100 (100)	100 (100)
n	23 (12)	38 (22)	71 (57)	108 (87)	123 (112)	89 (83)	76 (72)	164 (153)	204 (192)
Relativer Anteil an Stichprobe der Landbevölkerung	0,03	0,05	0,08	0,12	0,15	0,13	0,14	0,23	0,29

* Mittel über zwei Generationen mit den Mittelwerten der Geburtsjahrgänge 1595 und 1630

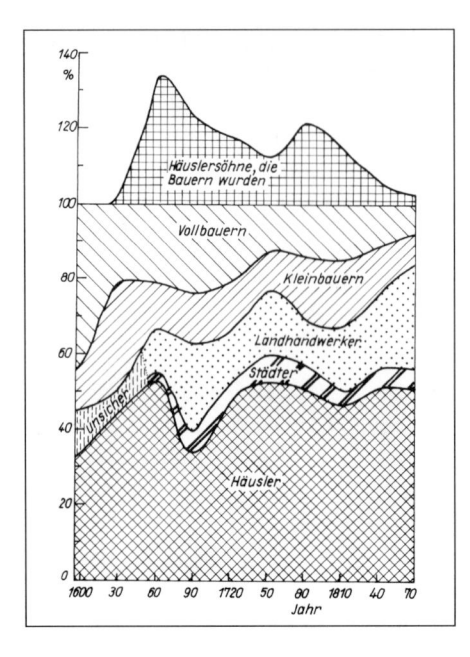

Abb. 18: Soziale Herkunft der Häusler: Sachsen 1595–1870 (oben zum Vergleich Häuslersöhne, die Bauern wurden)

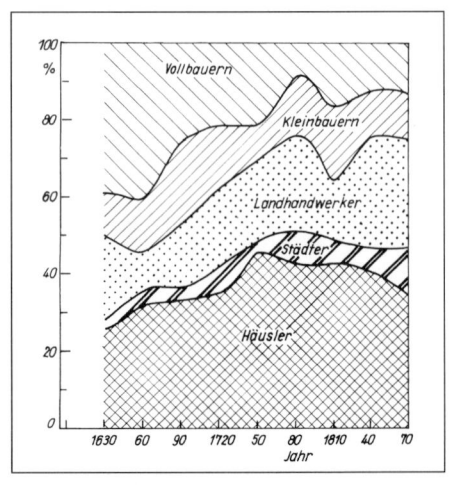

Abb. 19: Soziale Herkunft der Frauen der Häusler: Sachsen 1630–1870

Abb. 20: Was werden Häuslersöhne? Sachsen 1595–1870 (links oben unsicherer Wertebereich schraffiert)

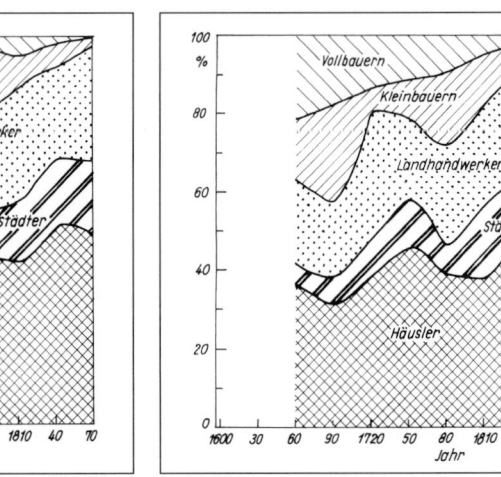

Abb. 21: Wen heiraten die Töchter der Häusler? Sachsen 1660–1870

Landbevölkerung

heiraten. Für die Söhne, die selbst nicht wieder Landhandwerker werden konnten, blieb nur eine Existenz als Häusler mit allen möglichen Hand- und Gelegenheitsarbeiten übrig oder der Weg in die Stadt, die bereits um 1660 für 12 % aller Söhne das Ziel ihrer Abwanderung war (was sie dort wurden, vgl. S. 155).

Die Häusler als Handarbeiter sind den Landhandwerkern nach ihrer sozialen Herkunft (s. Tab. 19) sehr ähnlich (s. Abb. 18 und 19). Tauscht man in den Tab. 17 und 19 die Bezeichnungen Landhandwerker und Häusler jeweils miteinander aus, dann muß man die Tabellen schon gründlich betrachten, um dennoch Unterschiede zu finden. Bei den Häuslern ist die Herkunft aus der Stadt nur etwa halb

Tabelle 20
Soziale Mobilität (in %) der Kinder von Häuslern als Handarbeiter: Landbevölkerung Sachsens (in den Grenzen nach 1815 ohne Oberlausitz) 1615–1870

	Die Söhne wurden selbst (die Töchter hatten als Ehemann einen)						
	Voll-bauer	Klein-bauer	Land-hand-werker	Häus-ler	Ge-schul-ter	Städter	n
1615*		8	23	69			100	13
	.	.	.	.	.	.	(100)	(5)
1660	13	15	20	44	2	7	100	46
	(21)	(16)	(21)	(37)	(2)		(100)	(19)
1690	13	13	30	38		8	100	64
	(32)	(10)	(20)	(32)	(2)	(3)	(100)	(59)
1720	11	8	25	51	2	5	100	105
	(13)	(6)	(33)	(39)	(3)	(6)	(100)	(78)
1750	3	11	17	60	2	9	100	108
	(11)	(10)	(20)	(46)	(2)	(11)	(100)	(110)
1780	3	17	25	45	2	7	100	99
	(9)	(19)	(26)	(39)	(1)	(7)	(100)	(93)
1810	5	8	30	42	1	14	100	86
	(5)	(12)	(26)	(38)	(7)	(11)	(100)	(81)
1840	2	6	24	51	1	16	100	167
	(2)	(7)	(28)	(48)		(17)	(100)	(131)
1870		3	29	49	2	17	100	211
		(6)	(33)	(44)	(1)	(16)	(100)	(153)

. keine Prozentangabe wegen zu kleiner Zahl
* Mittel über zwei Generationen mit den Mittelwerten der Geburtsjahrgänge 1595 und 1630

so stark ausgeprägt. Von 1690 bis etwa 1750 erhöht sich die Selbstreproduktion der Häusler deutlich (vgl. Abb. 18), vermutlich als die Folge einer positiven Bevölkerungsbilanz auch bei den Häuslern. Bei der erstmaligen Feststellung dieses Trends in der ersten Teiluntersuchung war die naheliegende Vermutung gewesen, daß die Zahlen vor 1690 noch niedriger und nach 1750 noch höher liegen würden (WEISS 1989b). Jetzt, nachdem die gesamte Zeitreihe vorliegt (vgl. Tab. 19), zeigt sich aber, daß es sowohl vor 1690 als auch nach 1750 zu einer Trendwende gekommen ist und bei einer Glättung (vgl. auch die Diskussion auf S. 200) der Trend sehr stark abgeschwächt würde. Ein Beispiel dafür, daß selbst ein fast linearer Trend über einen Untersuchungszeitraum von 100 Jahren (Traujahre 1650–1749 der ersten Teiluntersuchung; WEISS 1989b) keine Gewähr für eine sachlich richtige Extrapolation über den Zeitraum hinaus abgeben muß, bzw. ein Beispiel dafür, wie schwer es ist, bei komplexen Zusammenhängen die Trendwende zu erfassen oder gar vorherzusagen.

Addieren wir in Tab. 20 einmal die Prozentzahlen der Häuslersöhne, die Vollbauern und Kleinbauern werden, dann ergibt sich, wenn man die Extremwerte miteinander verbindet, ein fast linearer Trend: Während nach dem Dreißigjährigen Krieg rund 40 % aller Häuslersöhne nicht nur eine reelle Chance hatten, ein Vollbauerngut oder Gartengut zu erwerben, sondern diese Chance auch verwirklichten, geht diese Chance nach 1870 gegen Null (s. Abb. 20). Ein lokales Minimum mit 14 % wird dabei um 1750 erreicht. Relativ viele Kinder bzw. hohe Aufwuchszahlen bei Vollbauern, Kleinbauern und Häuslern gleichzeitig führten dazu, daß den Häuslerkindern bestimmte Erwerbsmöglichkeiten und Stellungen vollständig verschlossen blieben, da sie bereits von den überzähligen Bauernkindern mit den durchschnittlich besseren Startbedingungen besetzt wurden. Wir sollten dabei von der Modellvorstellung ausgehen, daß sozialer Aufstieg im Prinzip von allen als erstrebenswert angesehen wurde, im konkreten Falle die Besetzung der besseren Stellen aber durch Angebot und Nachfrage geregelt wurde, ebenso auch der Heiratsmarkt (vgl. Abb. 21). Ein bewußtes Verharren in ständischer Abgeschlossenheit und das bewußte Ausschlagen von Aufstiegschancen sind Märchen, die nicht dadurch wahr geworden sind, daß man sie oft und lange erzählt hat. Unsere Mobilitätsstatistik hier dürfte sie ad absurdum führen. Natürlich ist Mobilität mit Risiken verbunden, wie sie z. B. Ortswechsel und Trennung von den nächsten Verwandten mit sich bringen. Für die Einzelperson kann es da schon tausend Gründe geben, dort zu bleiben, wo man ist und das zu bleiben, was man ist. Aber wer nichts gewagt hatte, konnte auch nichts gewinnen. Und für die überzähligen Söhne und Töchter war das Verbleiben im väterlichen Gut oder Haus oft ganz unmöglich, ihre Mobilität zwangsläufig.

Landbevölkerung 139

Die persönliche Entscheidung, die eigene Chance zu suchen, spielte bei den sogenannten Geschulten eine besondere Rolle, für den Pfarrerssohn weniger als für den Bauern-, Handwerker- oder Häuslerssohn (s. Tab. 21). Das weite Spektrum der möglichen Stellungen vom Oberförster und Pfarrer bis hin zum Dorfschulmeister, der nebenbei noch Schneider war (oder umgekehrt gar) und die kleine Zahl von Personen in unseren Stichproben, machen weitreichende Verallgemeinerungen unmöglich. Hervorgehoben soll deshalb nur die starke Verbindung zur Stadt werden, durch die die Geschulten auf dem Lande sich von allen anderen Klassen und Schichten auf dem Lande unterscheiden.

Auch der Pfarrerssohn, der Vollbauer wurde, und noch mehr die Pfarrerstochter, die einen angesehenen Bauern heiratete, das war soziale Realität (s. Tab. 22) und

Tabelle 21
Soziale Herkunft (in %) von Geschulten (sowohl in leitenden als auch in untergeordneten Stellungen, dabei Schulmeister und Pfarrer einschließend): Landbevölkerung Sachsens (in den Grenzen nach 1815 ohne Oberlausitz) 1595–1870

Die Väter (Schwiegerväter) waren	1595	1630	1660	1690	1720	1750	1780	1810	1840	1870
Vollbauern	8		3	10	6	13	16		12	15
	(27)	(8)	(17)	(13)	(9)	(13)	(7)	(12)	(16)	(20)
Kleinbauern			6	2	3		8	12	6	11
			(7)	(3)	(3)		(7)	(6)	(6)	(2)
Landhandwerker				5	9	4	5	6	19	13
				(5)	(3)	(13)	(13)	(6)	(19)	(22)
Häusler			3		6		5	6	6	9
			(3)	(3)	(6)	(9)	(3)	(35)		(4)
Geschulte	31	40	39	50	58	70	37	64	32	26
	(9)	(31)	(24)	(35)	(53)	(52)	(23)	(6)	(25)	(20)
Adel									(6)	
Städter	54	60	39	33	18	13	29	12	24	26
	(64)	(62)	(45)	(43)	(25)	(13)	(50)	(35)	(28)	(33)
	100	100	100	100	100	100	100	100	100	100
	(100)	(100)	(100)	(100)	(100)	(100)	(100)	(100)	(100)	(100)
n	13	15	33	42	33	23	38	17	34	46
	(11)	(13)	(29)	(40)	(32)	(23)	(30)	(17)	(32)	(46)

kam vor. Insgesamt gesehen dürften die Geschulten auf dem Lande ständig einen Überschuß an Kindern großgezogen haben. Nur so läßt sich die stets positive Wanderungsbilanz in Richtung Stadt erklären (vgl. S. 155).

Natürlich führt die Ausgliederung oder gesonderte Betrachtung von Übergangsgruppen dazu, daß die Ergebnisse noch etwas deutlicher ausgeprägt werden. Bei den Kleinbauern, den Gärtnern und Kleinhüfnern etwa haben die mit Nebenerwerb als Handwerker stärkere soziale Verbindungen zu Handwerkern, sowohl nach der eigenen sozialen Herkunft als auch nach der Mobilität der Kinder, als

Tabelle 22
Soziale Mobilität (in %) der Kinder von Geschulten (sowohl in leitenden als auch in untergeordneten Stellungen, dabei Schulmeister und Pfarrer einschließend): Landbevölkerung Sachsens (in den Grenzen nach 1815 ohne Oberlausitz) 1615–1870

	\multicolumn{7}{c}{Die Söhne wurden selbst (die Töchter hatten als Ehemann einen)}	
	Vollbauer	Kleinbauer	Landhandwerker	Häusler	Geschulter	Adel	Städter	n
1615*	15		4	4	38		38	100	26
	(28)	(20)	(4)		(20)		(28)	(100)	(25)
1660	6	3	3		48		39	100	33
	(24)	(4)	(8)		(28)		(36)	(100)	(25)
1690	4	8	4		43		41	100	49
	(19)	(2)	(9)	(2)	(25)		(44)	(100)	(57)
1720	5	5	2		43		45	100	44
	(16)	(2)	(8)	(4)	(33)		(37)	(100)	(51)
1750		8	3	8	42		39	100	38
	(?)	(9)	(11)		(26)		(53)	(100)	(17)
1780	6		6	3	41		44	100	34
	(8)	(4)	(8)	(8)	(27)		(46)	(100)	(26)
1810	7	7	7		38		41	100	29
	(8)	(13)	(21)	(4)	(4)		(50)	(100)	(24)
1840	3	5	11	8	29		45	100	38
	(9)	(6)	(12)	(6)	(24)	(3)	(41)	(100)	(34)
1870	5	2	5	7	27		55	100	44
	(3)		(9)	(12)	(27)		(48)	(100)	(33)

* Mittel über zwei Generationen mit den Mittelwerten der Geburtsjahrgänge 1595 und 1630

die Gärtner ohne einen solchen Nebenerwerb. – Bei den Vollbauern sind die größeren Bauern noch einige Prozent mehr vollbäuerlicher Herkunft als die Vollbauern, die zeitweise in ihrem Leben auch Gärtner und Häusler waren, was darauf hindeutet, daß sie entweder Aufsteiger sind oder die Wirtschaftskraft des Gutes der Eltern nicht ausgereicht hat, sie von vornherein mit einem Vollbauerngut zu versorgen. Doch sind die angesprochenen Personengruppen zahlenmäßig klein, und unsere Stichproben schwanken demzufolge auch in beträchtlichem Maße rein zufällig. Eine Vielzahl weiterer Tabellen würden deshalb vermutlich eher verwirren als erhellen, so daß wir – obwohl die Ergebnisse in dieser Detailliertheit vorliegen – uns mit Absicht auf ein etwas gröberes Raster beschränken.

Tabelle 23
Soziale Herkunft (in %) von städtischen Handwerkern und anderen städtischen Kleingewerbetreibenden: Sachsen (in den Grenzen nach 1815 ohne Oberlausitz) 1595–1870

Die Väter (Schwiegerväter) waren	1595	1630	1660	1690	1720	1750	1780	1810	1840	1870
städt. Proletarier	3 (2)	1 (2)	1 (2)	3 (4)	2 (4)	3 (5)	5 (4)	5 (6)	5 (4)	5 (8)
städt. Handwerker und Kleingewerbetreibende	84 (76)	87 (87)	84 (82)	80 (78)	84 (79)	81 (73)	83 (73)	74 (70)	68 (71)	58 (61)
besitzlose Intellektuelle	1 (3)	1 (1)	1 (3)	2 (3)	1 (4)	1 (3)	1 (3)	1 (4)	4 (6)	3 (4)	4 (4)
Besitz- und Bildungsbürger	8 (10)	4 (5)	4 (5)	4 (4)	1 (1)	1 (1)	1 (2)	1 (2)	1 (2)	2 (2)
Dorfbewohner	4 (9)	12 (6)	10 (9)	11 (11)	12 (12)	15 (18)	10 (18)	16 (20)	23 (18)	31 (26)
	100 (100)	100 (100)	100 (100)	100 (100)	100 (100)	100 (100)	100 (100)	100 (100)	100 (100)	100 (100)
n	158 (135)	194 (174)	320 (288)	428 (412)	372 (360)	309 (299)	306 (296)	269 (263)	282 (275)	255 (249)
Relativer Anteil an Stichprobe der Stadtbevölkerung	0,78	0,81	0,81	0,82	0,78	0,71	0,71	0,68	0,65	0,55

2. Die Soziale Mobilität der Stadtbevölkerung

Das Bild der kleinen und mittleren Städte Sachsens ist vom Handwerk und den Kleingewerbetreibenden geprägt worden, in den kleinen Städten fehlen andere soziale Klassen und Schichten fast vollständig. Uns überrascht deshalb auch nicht der hohe Anteil der Selbstreproduktion, der noch um etwa 1790 80 % beträgt (vorher sogar noch wenige Prozent höher ist, vgl. Tab. 23) und erst danach unter diese in Jahrhunderten vorher nie unterschrittene Schwelle absinkt.

Tabelle 24
Soziale Mobilität (in %) der Kinder von städtischen Handwerkern und anderen städtischen Kleingewerbetreibenden: Sachsen (in den Grenzen nach 1815 ohne Oberlausitz) 1595–1870

	\multicolumn{6}{c}{Die Söhne wurden selbst (die Töchter hatten als Ehemann einen)}	
	städt. Proletarier	städt. Handw. u. Kleingewerbetr.	besitzlose Intellektuelle	Besitz- u. Bildungsbürger	Adel	Dorfbewohner		n
1595	1 (2)	85 (77)	1 (2)	11 (11)		3 (8)	100 (100)	156 (132)
1630	1 (1)	85 (80)	3 (4)	8 (7)		4 (7)	100 (100)	198 (188)
1660	3 (4)	85 (85)	1 (1)	3 (4)		7 (5)	100 (100)	315 (275)
1690	2 (2)	86 (85)	3 (3)	4 (4)		6 (6)	100 (100)	396 (379)
1720	1 (2)	89 (84)	1 (3)	5 (5)		5 (7)	100 (100)	353 (338)
1750	2 (3)	83 (80)	2 (4)	8 (7)	0,3	5 (6)	100 (100)	301 (271)
1780	2 (4)	83 (78)	6 (8)	3 (4)		6 (5)	100 (100)	306 (276)
1810	2 (4)	84 (77)	4 (7)	6 (7)		4 (5)	100 (100)	238 (241)
1840	5 (5)	76 (70)	4 (7)	7 (8)	(0,4)	8 (10)	100 (100)	252 (278)
1870	6 (7)	64 (60)	7 (8)	11 (10)	(0,4)	12 (15)	100 (100)	230 (255)

Stadtbevölkerung

Voraussetzung städtischer Existenz war, auch für das Handwerk, ein ständiger Zustrom vom Land, nach 1600 stammten pro Generation über 10 % aller Handwerker und Kleingewerbetreibenden direkt vom Lande. Etwa in dieser Größenordnung traf das auch für die Ehefrauen zu. In der Industriellen Revolution verdoppelte und verdreifachte sich dieser Zustrom. – Insgesamt gesehen spielt für das Handwerk (s. Abb. 22) der soziale Aufstieg aus dem städtischen Proletariat wie auch der Abstieg vom Handwerk ins Proletariat (vgl. Tab. 24) zu allen Zeiten eine relativ geringe Rolle.

Der Aufstieg ins Besitz- und Bildungsbürgertum aus dem Handwerk scheint in allen Generationen den Abstieg in umgekehrter Richtung übertroffen zu haben

Tabelle 25
Soziale Herkunft (in %) der städtischen Proletarier: Sachsen (in den Grenzen nach 1815 ohne Oberlausitz) 1630–1870

Die Väter (Schwiegerväter) waren	1630*	1690	1720	1750	1780	1810	1840	1870
städt. Proletarier	26 (11)	46 (25)	40 (41)	44 (25)	49 (28)	40 (24)	36 (22)	23 (24)
städt. Handwerker und Kleingewerbe-treibende	57 (78)	27 (40)	17 (35)	24 (33)	18 (34)	17 (34)	26 (29)	23 (33)
besitzlose Intellektuelle				(4)	(6)	3 (7)	(2)	
Besitz- und Bildungsbürger				4			2	(2)
Dorfbewohner	17 (11)	27 (35)	44 (24)	28 (38)	33 (31)	40 (35)	36 (47)	54 (42)
	100 (100)	100 (100)	100 (100)	100 (100)	100 (100)	100 (100)	100 (100)	100 (100)
n	23 (18)	22 (20)	18 (17)	25 (24)	33 (32)	30 (29)	50 (45)	57 (55)
Relativer Anteil an Stichprobe der Stadtbevölkerung	0,03	0,04	0,04	0,06	0,08	0,08	0,11	0,12

* Mittel über drei Generationen mit den Mittelwerten der Geburtsjahrgänge 1595, 1630 und 1660

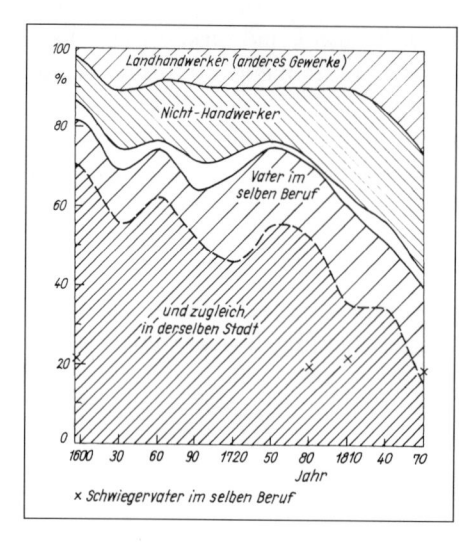

Abb. 22: Soziale Herkunft der städtischen Handwerker: Sachsen 1595–1870

(vgl. Tab. 23 mit Tab. 24). Zwei Minima erreicht dieser Aufstieg während der Krisenzeiten der sächsischen Städte am Ausgang des Dreißigjährigen Krieges und um 1780. – Einen beträchtlichen Stellenwert in der Stadt-Land-Wanderung bzw. Rückwanderung hat die Übersiedlung von Handwerkern und Kleingewerbetreibenden in Dörfer (vgl. auch S. 133 und S. 157).
Ein völlig anderes Bild erhalten wir für die soziale Herkunft des städtischen Proletariats (s. Tab. 25). Als Folge der im Untersuchungszeitraum stets hohen Kindersterblichkeit und der geringen Aufwuchszahlen, bedarf das städtische Proletariat eines ständigen starken Zustroms, sowohl vom Lande als auch durch Absteiger aus dem Handwerk. Die Selbstreproduktion liegt deshalb bereits vor 1800 stets unter 50 % und sinkt in Zeiten des raschen Anwachsens des Proletariats nach 1830 noch weiter und dramatisch ab. Ein Problem, dem wir uns auf S. 193 ff. noch einmal gesondert zuwenden.
Von den Kindern, die in den Familien der städtischen Proletarier wirklich groß wurden und ins heiratsfähige Alter gelangten, schafften nach unserer Statistik reichlich 40 % den Aufstieg ins städtische Handwerk und Kleingewerbe, auch die Rückwanderung der Proletariertöchter aufs Dorf liegt seit 1680 stets über 10 % (s. Tab. 26). Auf die Unsicherheit, die unseren Zahlen über die Mobilität des städtischen Proletariats anhaftet, hatten wir bereits auf S. 45 hingewiesen.
Ein Blick auf die Tab. 27 zur sozialen Herkunft des Besitz- und Bildungsbürgertums rechtfertigt, wenn wir diese Tabelle mit der zur sozialen Herkunft der Hand-

werker und Kleingewerbetreibenden (Tab. 23) und des städtischen Proletariats (Tab. 25) vergleichen, die folgende Verallgemeinerung: In der Stadt existieren drei deutlich abgesetzte Heiratskreise: Besitz- und Bildungsbürgertum; Handwerker und Kleingewerbetreibende; Proletariat. Zwischen Besitz- und Bildungsbürgertum einerseits und Proletariat andererseits gibt es keine Ehen und keine Verwandtschaft ersten Grades.

Besitz- und Bildungsbürger zu werden, ist begehrtes Aufstiegsziel (EULER 1978) für die Kinder von städtischen Handwerkern und Kleingewerbetreibenden, von besitzlosen Intellektuellen und Zuwanderern vom Land (vgl. Abb. 23 und 24). Das Besitz- und Bildungsbürgertum steht diesen aufstrebenden Kräften weit

Tabelle 26
Soziale Mobilität (in %) von Kindern der städtischen Proletarier: Sachsen (in den Grenzen nach 1815 ohne Oberlausitz) 1630–1870

	Die Söhne wurden selbst (die Töchter hatten als Ehemann einen)						n
	städt. Proletarier	städt. Handw. u. Kleingewerbetr.	besitzlose Intellektuelle	Besitz- u. Bildungsbürger	Dorfbewohner		
1630*	40 (13)	53 (73)		(7)	7 (7)	100 (100)	15 (15)
1690	34 (20)	48 (68)		17 (12)		100 (100)	29 (25)
1720	41 (25)	41 (54)	(4)	6 (4)	12 (14)	100 (100)	17 (28)
1750	50 (23)	40 (54)			9 (23)	100 (100)	22 (26)
1780	48 (33)	45 (48)	(4)		6 (15)	100 (100)	33 (27)
1810	43 (25)	46 (57)	(7)		11 (11)	100 (100)	28 (28)
1840	49 (31)	41 (34)	3 (6)	3	5 (28)	100 (100)	37 (32)
1870	37 (28)	40 (40)	6 (9)		17 (23)	100 (100)	35 (47)

* Mittel über drei Generationen mit den Mittelwerten der Geburtsjahrgänge 1595, 1630 und 1660

offen (PÖNICKE 1973), und pro Generation rekrutiert sich diese Oberschicht mehr als zur Hälfte aus diesen Neuzugängen (vgl. DIETRICH 1979; FORBERGER 1982). Von ständischer Abgeschlossenheit kann in der mobilen bürgerlichen Gesellschaft Sachsens keine Rede sein. Nur in den Krisenzeiten der sächsischen Städte, also am Ausgang des Dreißigjährigen Krieges und um 1780, steigt die Selbstreproduktion in den jeweiligen Generationen auf 70 % bzw. 60 % an. Verständlich, da in diesen Zeiten, in denen sogar die Absolutzahl der Besitz- und Bildungsbürger in Sachsen rückläufig war, und ebenso auch ihr Vermögen, die eigenen Kinder ausreichten, um die nächste Generation zu stellen und für Neuzugänge wenig Raum war. – Die Absteiger vom Besitz- und Bildungsbürgertum

Tabelle 27
Soziale Herkunft (in %) von Besitz- und Bildungsbürgern: Sachsen (in den Grenzen nach 1815 ohne Oberlausitz) 1595–1870

Die Väter (Schwiegerväter) waren	1595	1630	1660	1690	1720	1750	1780	1810	1840	1870
städt. Proletarier			(2)		2 (2)				2	
städt. Handwerker und Kleingewerbetreibende	47 (41)	47 (45)	23 (29)	32 (33)	26 (25)	32 (25)	20 (29)	28 (33)	29 (35)	28 (30)
besitzlose Intellektuelle	3 (3)	(3)		15 (9)	10 (3)	6 (13)	8 (5)	7 (15)	10 (11)	14 (13)
Besitz- und Bildungsbürger	47 (50)	41 (39)	70 (57)	47 (41)	47 (63)	38 (46)	60 (50)	44 (41)	41 (32)	36 (42)
Adel		(3)								
Dorfbewohner	3 (6)	13 (10)	7 (12)	6 (17)	18 (11)	25 (17)	13 (16)	20 (11)	19 (21)	23 (16)
	100 (100)	100 (100)	100 (100)	100 (100)	100 (100)	100 (100)	100 (100)	100 (100)	100 (100)	100 (100)
n	36 (34)	32 (31)	43 (42)	47 (46)	63 (63)	72 (72)	40 (38)	54 (54)	63 (63)	89 (88)
Relativer Anteil an Stichprobe der Stadtbevölkerung	0,18	0,13	0,11	0,09	0,13	0,17	0,09	0,14	0,14	0,19

ins städtische Proletariat (s. Tab. 28) sind uneheliche Kinder. Ohne Zugang zum Vermögen des Vaters war ihr Abstieg ungebremst. Aufstieg oder Einheirat in den Adel war für Söhne und Töchter des Besitz- und Bildungsbürgertums ein seltenes, aber nicht völlig unmögliches Ereignis. Wahrscheinlicher für einen solchen Sohn oder eine höhere Tochter war aber der Weg in ein Pfarramt auf dem Land oder in ein Rittergut. – Daß vor 1600 (wie schon auf S. 45 bemerkt) der Anteil des Besitz- und Bildungsbürgertums an unserer Stichprobe überhöht ist, beeinflußt die soziale Herkunft dieser Oberschicht selbst nicht.

Tabelle 28
Soziale Mobilität (in %) von Kindern der Besitz- und Bildungsbürger: Sachsen (in den Grenzen nach 1815 ohne Oberlausitz) 1595–1870

	\multicolumn{6}{c}{Die Söhne wurden selbst (die Töchter hatten als Ehemann einen)}	n
	städt. Proletarier	städt. Handw. u. Kleingewerbebetr.	besitzlose Intellektuelle	Besitz- u. Bildungsbürger	Adel	Dorfbewohner	
1595		33 (36)	3 (3)	44 (44)	(3)	21 (15)	100 (100)	39 (39)
1630		26 (30)	7 (7)	48 (40)		19 (23)	100 (100)	27 (30)
1660		27 (26)	(8)	67 (45)		7 (21)	100 (100)	45 (53)
1690		34 (33)	4 (7)	47 (42)		15 (18)	100 (100)	47 (45)
1720		10 (10)	10 (8)	73 (76)		8 (6)	100 (100)	40 (49)
1750	3	6 (5)	6 (5)	82 (81)	(5)	3 (5)	100 (100)	33 (41)
1780		11 (16)	14 (10)	65 (61)		11 (13)	100 (100)	37 (31)
1810		12 (15)	12 (9)	73 (65)	3 (6)	(6)	100 (100)	33 (34)
1840	3	10 (15)	13 (21)	70 (59)		5 (6)	100 (100)	37 (34)
1870	(2)	13 (7)	4 (16)	70 (65)		13 (11)	100 (100)	46 (57)

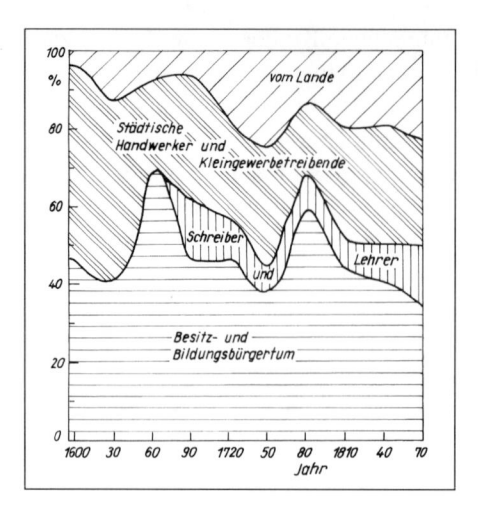

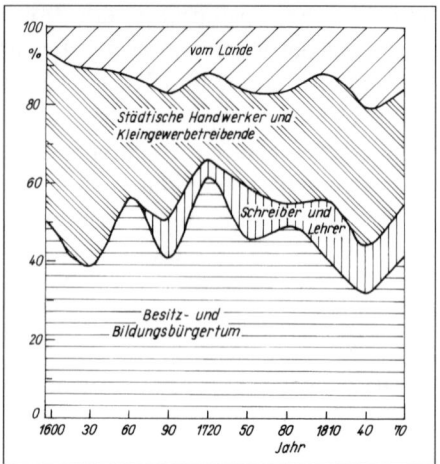

Abb. 23: Soziale Herkunft des Besitz- und Bildungsbürgertums: Sachsen 1595–1870

Abb. 24: Soziale Herkunft der Frauen des Besitz- und Bildungsbürgertums: Sachsen 1595–1870

In lebhaftem Kontrast zu allen anderen bisher aufgeführten sozialen Klassen und Schichten steht die Zwischenschicht der besitzlosen Intellektuellen. Denn diese Schreiber, Lehrer, kleinen Beamten usw. reproduzierten sich stets nur um 20 % (s. Tab. 29) aus sich selbst. Das ist ein extrem niedriger Prozentsatz und einmalig. Die Leute, die nur ihren klugen Kopf hatten und sonst nichts weiter, kamen stets, d. h. in jeder Generation erneut, zu 30 bis 50 % direkt vom Lande (vgl. MÜLLER 1937), waren Söhne von Schulmeistern, Pfarrern, aber auch von Bauern und Landhandwerkern. Ihre Frau brachten sie aber vom Lande nur selten mit. Statt dessen heirateten sie ins städtische Handwerk ein bzw. die Tochter eines besitzlosen Intellektuellen, der schon in der Stadt wohnte. In der folgenden Generation stiegen dann von den Söhnen der besitzlosen Intellektuellen in manchen Generationen bis zu einem Drittel ins Besitz- und Bildungsbürgertum auf (s. Tab. 30), ein beträchtlicher Prozentsatz etablierte sich im städtischen Handwerk und Kleingewerbe.

Da die Stichprobenanteile für Besitz- und Bildungsbürgertum und „besitzlose Intellektuelle" bei unserer Art von Stichprobenerhebung naturgemäß klein sind, können auch die gefundenen Zahlen nur als erste Anhaltspunkte dienen und keinesfalls repräsentative Spezialuntersuchungen ersetzen, die sich zum Beispiel geschichteter Stichproben bedienen könnten. Wir haben uns entschlossen, die Tabellen 27 bis 30 dennoch wiederzugeben, da trotz der niedrigen Zahlen pro

Generation über mehrere Generationen hinweg schon eine relativ konstante Aussage möglich ist, wenn man die Schwankungen pro Generation gedanklich oder rechnerisch glättet (vgl. Abschnitt 10).

Bei keiner anderen Schicht wie bei den besitzlosen Intellektuellen wird so deutlich (vgl. Abb. 25), was MITGAU (1928) einmal „soziales Generationenschicksal" nannte, indem er von „Plattformberufen" sprach, von denen aus in der nächsten Generation der soziale Aufstieg weitergeht (vgl. auch WEISS et al. 1986).

Tabelle 29
Soziale Herkunft (in %) von besitzlosen Intellektuellen (d. h. der Schicht der mittleren Beamten und Angestellten, der Lehrer und Schreiber): Stadtbevölkerung Sachsens (in den Grenzen nach 1815 ohne Oberlausitz) 1615–1870

Die Väter (Schwiegerväter) waren	1615*	1660	1690	1720	1750	1780	1810	1840	1870
städt. Proletarier				(5)		(2)	(5)	2 (4)	4 (7)
städt. Handwerker und Kleingewerbetreibende	50 (79)	36 (40)	55 (58)	23 (45)	29 (60)	38 (50)	26 (46)	21 (40)	28 (36)
besitzlose Intellektuelle	21	27 (20)	10 (21)	27 (18)	24 (15)	28 (22)	29 (22)	13 (21)	21 (13)
Besitz- und Bildungsbürger	21 (21)	(40)	10 (16)	18 (18)	10 (10)	10 (7)	11 (8)	11 (15)	4 (16)
Adel						(2)			(2)
Dorfbewohner	7	36	25 (5)	32 (14)	38 (15)	24 (17)	34 (19)	53 (19)	44 (25)
	100 (100)	100 (100)	100 (100)	100 (100)	100 (100)	100 (100)	100 (100)	100 (100)	100 (100)
n	14 (14)	11 (10)	20 (19)	22 (22)	21 (20)	50 (46)	38 (37)	47 (47)	57 (55)
Relativer Anteil an Stichprobe der Stadtbevölkerung	0,03	0,03	0,04	0,05	0,05	0,12	0,10	0,11	0,12

* Mittel über zwei Generationen mit den Mittelwerten der Geburtsjahrgänge 1595 und 1630

Für die Mobilität der Handwerksberufe ist auch noch der Gesichtspunkt interessant, ob der Sohn im selben Beruf, in derselben Stadt und gar in derselben Werkstatt ansässig bzw. tätig ist, ob er aus einem anderen Handwerk in Stadt oder Land stammt oder sein Vater einen völlig anderen und nicht-handwerklichen Beruf hat. Über das Verbleiben in der väterlichen Werkstatt läßt unser Material keine gesicherten Aussagen zu, wohl aber zu den anderen Sachverhalten (s. Tab. 31). Wenn wir die Tab. 31 interpretieren, müssen wir beachten, daß sich die aufgeführten 4

Tabelle 30
Soziale Mobilität (in %) von Kindern der besitzlosen Intellektuellen (d. h. der Schicht der mittleren Beamten und Angestellten, der Lehrer und Schreiber): Stadtbevölkerung Sachsens (in den Grenzen nach 1815 ohne Oberlausitz) 1615–1870

	Die Söhne wurden selbst (die Töchter hatten als Ehemann einen)							n
	städt. Proletarier	städt. Handw. u. Kleingewerbetr.	besitzlose Intellektuelle	Besitz- u. Bildungsbürger	Adel	Dorfbebewohner		
1615*		27	27	9		36	100	11
		(50)		(20)		(30)	(100)	(10)
1660		44	33			22	100	9
		(75)	(17)			(8)	(100)	(12)
1690		47	11	37		5	100	19
		(54)	(17)	(17)		(13)	(100)	(24)
1720		29	35	35			100	17
		(61)	(17)	(9)		(13)	(100)	(23)
1750		25	42	33			100	12
	(5)	(41)	(14)	(41)			(100)	(22)
1780		10	67	14	5	5	100	21
	(8)	(31)	(38)	(8)		(15)	(100)	(26)
1810	3	33	37	13		13	100	30
	(6)	(31)	(25)	(25)	(3)	(9)	(100)	(32)
1840		36	24	24		16	100	25
	(3)	(42)	(26)	(21)	(3)	(5)	(100)	(38)
1870		24	32	32		11	100	37
		(30)	(23)	(37)		(10)	(100)	(30)

* Mittel über zwei Generationen mit den Mittelwerten der Geburtsjahrgänge 1595 und 1630

Stadtbevölkerung 151

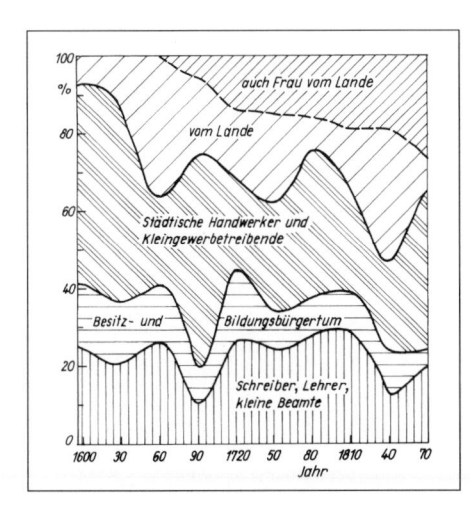

Abb. 25: Soziale Herkunft der Schicht der Schreiber, Lehrer, kleinen Beamten und ähnlichen Berufe in der Stadt (der „besitzlosen Intellektuellen"): Sachsen 1595–1870

Prozentzahlen nicht auf 100 % addieren, sondern sich überlagernde Teilmengen sind. Wenn 82 % der Väter 1595 im selben Beruf waren und 11 % Nichthandwerker in Stadt oder Land, dann müssen 7 % Handwerker in Stadt oder Land gewesen sein, aber in anderen Berufen eben. Die Tabelle belegt auf diese Weise eine erstaunliche Konstanz in der Gesamtheit des städtischen Handwerks bis etwa 1790. Bis zu dieser Zeit stammen zwei Drittel bis drei Viertel aller städtischen Handwerker aus demselben Beruf, über die Hälfte sogar aus derselben Stadt, ehe es nach 1800 zum Wandel kommt.

Die Tab. 31 verdeckt aber eine teilweise sehr unterschiedliche Entwicklung in den einzelnen Handwerkerberufen (s. Tab. 32). Im allgemeinen gilt, daß, wenn sich ein Wirtschaftszweig bzw. ein Beruf im Aufwind befindet und sich der Anteil der Beschäftigten stark erhöht, der Anteil derjenigen geringer wird, die bereits aus diesem Beruf stammen (und ebenso deren Frau aus diesem Beruf stammt), zugunsten des Anteils derjenigen, die in diesen Beruf einströmen. So wie das auf dem Land für die Kleinbauern und Häusler um 1690 gilt, so gilt das ebenso für einzelne städtische Handwerker, wie z. B. die Weber um 1690, die Schneider um 1720 und wieder um 1840, die Posamentierer um 1810, die Bäcker und Fleischer um 1840, die Strumpfwirker (in Stadt und Land) um 1810. Mit anderen Worten: Die eigenen Nachwuchszahlen reichen nicht aus, um die entstehenden Stellen zu füllen. – Umgekehrt ist die Krise oft dadurch gekennzeichnet, daß der Zustrom stoppt: Tuchmacher, aber auch Bäcker und Fleischer, erreichen in den Städten zwischen 1750 und 1810 eine Selbstreproduktion mit Rekordzahlen von über 90 %. Bei Schuhmachern

Tabelle 31
Soziale Herkunft (in %) der städtischen Handwerker: Sachsen (in den Grenzen nach 1815 ohne Oberlausitz) 1595–1870

	Der Vater war				n
	im selben Beruf	in derselben Stadt	Nichthandwerker	Landbewohner	
1595	82	71	11	2	89
1630	69	55	14	11	99
1660	75	63	15	8	213
1690	64	51	20	9	338
1720	68	46	17	10	319
1750	76	56	14	10	271
1780	71	53	14	10	244
1810	60	35	22	10	227
1840	52	36	27	16	223
1870	41	17	32	26	188

dagegen und Schneidern, die mit dem relativ geringen Wert ihrer Produktionsmittel stets einen relativ leichten Zutritt ins städtische Handwerk boten, auch für Zuwanderer vom Land, sinken diese Werte 1870 bis auf etwa 30 %.

Um 1690 erreichten die Tuchmacher mit genau 100 Personen die absolut höchste Zahl, die ein einzelnes Handwerk in unseren Stichproben jemals stellt. Von die-

Tabelle 32
Vater im selben Beruf (in %) bei häufigen* städtischen Handwerksberufen: Sachsen (in den Grenzen nach 1815 ohne Oberlausitz) 1595–1870

	1595	1630	1660	1690	1720	1750	1780	1810	1840	1870
Tuchmacher	76	69	83	67	84	92	91	86	83	
Fleischer	95	75	88	67	84	78	86	92	80	67
Bäcker		100	78	79	74	85	90	75	50	
Weber			78	59	67	68	64	50	59	77
Schuhmacher			68	70	65	81	47	52	53	29
Schneider			69	50	41	42	77	58	38	36
Posamentierer				40	67	38	27	31	53	

* bei Leerfeldern ist n kleiner als 8

sen 100 Tuchmachern waren 67 im selben Beruf wie ihr Vater, 10 der Väter übten in der Stadt ein anderes Handwerk aus, 12 in der Stadt einen nichthandwerklichen Beruf, 11 stammten vom Land (wovon 8 Pfarrerssöhne sind!). Im übrigen treten sehr viele Handwerksberufe in jeder Generation nur mit wenigen Personen in den Stichproben auf, so daß Verallgemeinerungen sehr erschwert sind. In für die Städte besonders spezifischen Berufen, wie Gerber, Kürschner, Färber und Seifensieder (mit teuren Anlagen, wie sie die Gerber benötigen), folgen viele Söhne den Fußstapfen ihrer Väter. Seltene oder gar neu entstehende Berufe ziehen hingegen Fremde an, auch vom Land. Und wie mit Selbstverständlichkeit ist der erste Photograph um 1870 in unserer Stichprobe der Sohn eines Offiziers.

Was für die Herkunft der städtischen Handwerker gilt, gilt nicht für die Herkunft ihrer Ehefrauen. Zwar ist im 19. Jh. ebenfalls ein Trend festzustellen, daß die Ehefrauen der Handwerker nunmehr verstärkt vom Land stammen (1870 24 %) oder von Nichthandwerkern in Stadt und Land (1870 33 %), und damit in vergleichbarer Größenordnung wie ihre Ehemänner (vgl. Tab. 31), doch ist das wichtigste Ergebnis, daß über alle Generationen und Jahrhunderte hinweg stets nur 20–22 % der Ehefrauen aus demselben Beruf wie ihr Ehemann stammen. Mit anderen Worten: Der Heiratsmarkt der Handwerker umfaßte stets das gesamte kleine und mittlere Bürgertum der Städte, und die Töchter der Kleingewerbetreibenden waren ebenso begehrte Ehepartner wie die Töchter aus allen anderen beliebigen Handwerksberufen. Daß der Geselle nur Meister werden konnte, wenn er die Tochter des Meisters oder dessen Witwe heiratete, ist ein beliebtes Thema der Folklore. Es kam vor, aber nicht allzu häufig.

3. Soziale Mobilität, verbunden mit Land-Stadt-Wanderung und Stadt-Land-Wanderung

Wenn wir auch in den folgenden Kapiteln 8 und 9.1. die Wanderungsbewegungen noch einmal getrennt analysieren, so ist es doch an dieser Stelle von der Logik der Sache her angebracht zu zeigen, welche Auswirkungen diese Wanderungen auf die soziale Herkunft in Stadt und Land hatten. Zusammenfassend sei vorangestellt, daß der jeweilige Anteil der Gesamtbevölkerung, der vom Land in die Stadt wandert, von rund 4 % 1660 auf rund 12 % 1870 ansteigt. Die Rückwanderung aufs Land schwankt von zwei Drittel dieser Wanderung (1660; 1690) bis zu einem Viertel (1810) und beträgt meist etwa ein Drittel der Stadtwanderung. Einen starken Abfall in der Stadtwanderung bringt die Zeit der Krise von 1756 bis 1773 (s.

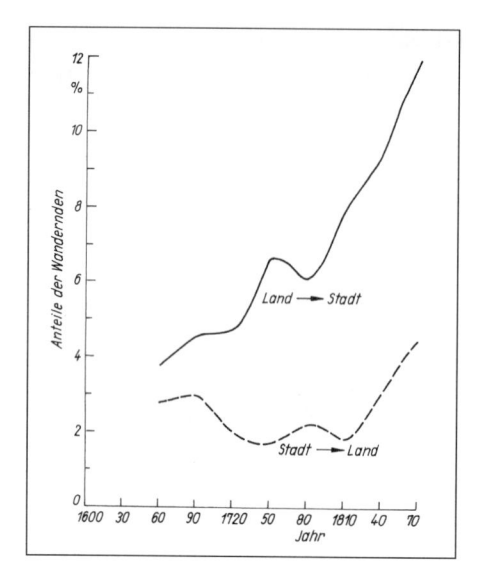

Abb. 26: Anteile der Wandernden an der Gesamtbevölkerung: Sachsen 1660–1870

Abb. 26) mit sich. Ansonsten steigt die Stadtwanderung kontinuierlich an (vgl. Tab. 40 und 41).

Da die Zahl der Wanderungsfälle in einer jeden Generation nicht mehrere hundert beträgt, hieße es, unser Material in seiner Aussagekraft überzustrapazieren, wenn wir diese Zahlen noch für jede Generation aufschlüsseln wollten. Wir beschränken uns deshalb darauf, jeweils zwei zusammengefaßte Generationen darzustellen (Traujahre 1660–1719 und Traujahre 1810–1870), die einen charakteristisch für das „alte Regime", die anderen für die Industrielle Revolution.

Insgesamt gesehen, verändern sich die Anteile der Klassen und Schichten bei den Zuwanderern in die Städte parallel zu den sich verändernden Bevölkerungsanteilen auf dem Land (vgl. Abb. 27). Im „alten Regime" um 1700 stellten die Vollbauernsöhne fast ein Drittel aller Abwanderer (vgl. Tab. 33) vom Land, und fast neun Zehntel dieser weichenden Bauernsöhne wurden in der Stadt Handwerker und Kleingewerbetreibende. (Und durch die Zahlung von Erbegeldern muß man einen ständigen Kapitalfluß vom Land in Richtung Stadt annehmen, dessen genaue Größenordnung, auch die des Rückflusses, noch einmal zu untersuchen wäre.) Ein fast ebenso starkes Kontingent stellen die Geschulten, von denen auch die Hälfte etwa Handwerker und Kleingewerbetreibende wurden, die anderen Söhne in der Stadt durch Bildung und mehr oder weniger Besitz charakterisiert waren. Daß dabei die Söhne der Dorfpfarrer eine weit größere Chance hatten, in der Stadt Pfarrer zu werden und ins Besitz- und Bildungsbürgertum aufzusteigen als etwa die Söhne der Dorfschulmeister, ist fast ein Gemeinplatz.

In umgekehrter Richtung sind es um 1700 bzw. 1715 (vgl. Tab. 34) vor allem Söhne der städtischen Handwerker, die Landhandwerker wurden; ein Fünftel der Handwerkersöhne aber auch Dorfpfarrer. Bei den Söhnen aus dem Besitz- und Bildungsbürgertum, die als Geschulte auf dem Land in Tab. 35 ausgewiesen sind, handelt es sich im konkreten Falle ausschließlich um Dorfpfarrer.

Wenn wir davon ausgehen, daß Mobilitätsprozesse aller Art durch Angebot und Nachfrage geregelt werden (ZELINSKY 1971), dann ergeben sich Trendänderungen dadurch, daß sich die relativen Anteile der Klassen und Schichten, ihr jeweiliger Bevölkerungsüberschuß und ihre Wachstumsperspektiven ändern, wobei damit selbstverständlich auch ihre wirtschaftliche Situation und ihr Einkommen (vgl. KOCKA et al. 1980) gemeint ist. Zum Beispiel war es bis 1700 für einen überzähligen Vollbauernsohn attraktiv, das Tuchmacherhandwerk in der Stadt zu lernen; für einen aufgeweckten Tuchmachersohn attraktiv, Pfarrer auf einem Dorf zu werden. Nach 1730 wird beides aber undenkbar.

Im 19. Jh. (vgl. Tab. 35) haben sich dann die Anteile der Klassen und Schichten bei den Zuwanderern in die Städte parallel zu den veränderten Bevölkerungsanteilen auf dem Land ebenfalls verändert. Aber noch immer absorbierte das städ-

Tabelle 33
Soziale Mobilität bei Land-Stadt-Wanderung: Sachsen (in den Grenzen nach 1815 ohne Oberlausitz) um 1715*

Ihre Väter waren im Dorf	Die Söhne waren Stadtbewohner und					
	städtische Proletarier	städtische Handwerker und Kleingewerbetreibende	besitzlose Intellektuelle	Besitz- und Bildungsbürger	Adel	n
Vollbauern	2	35	2	1		40
Kleinbauern	3	9		1		13
Landhandwerker	3	21	2	1		27
Häusler	5	5				10
Geschulte	1	18	8	12		39
Adel					4	4
n	14	87	12	15	4	133

* Absolutzahl aller wandernden Personen in den Stichproben für die zwei Generationen mit den Traujahren 1660–1719

tische Handwerk und Kleingewerbe mehr als die Hälfte der Zuwanderer, wenn auch die Bedeutung der Besitzlosen, ob nun proletarisch im engeren Sinne oder gebildet und besitzlos, als Auffangbecken oder Zielgruppe in der Stadt stark zugenommen hatte, so scheint sich an dem Grundmuster der Sozialen Mobilität von 1700 bis 1850 nichts Entscheidendes geändert zu haben. Nun doch, einige Häuslerssöhne steigen bis ins Besitz- und Bildungsbürgertum auf, und daß je eine Handwerker- und Häuslerstochter einen Adligen heirateten, das deutet die bürgerliche Zeitenwende an. (In Tab. 36 sind die beiden Söhne, die aus dem Besitzbürgertum und Adel stammten und Häusler und Landhandwerker wurden, keine Druckfehler, sondern jeweils uneheliche Söhne.) Auch für die Rückwanderung (s. Tab. 36) aufs Land ist 150 Jahre später und trotz Industrieller Revolution vieles gleich geblieben. Nur ist das Landhandwerk als Ziel wichtiger geworden und Dorfpfarrer für einen Stadthandwerkersohn kein Traumberuf mehr. Berücksich-

Tabelle 34
Soziale Mobilität bei Stadt-Land-Wanderung: Sachsen (in den Grenzen nach 1815 ohne Oberlausitz) um 1715*

Ihre Väter waren in der Stadt	Die Söhne waren Dorfbewohner und						
	Vollbauer	Kleinbauer	Landhandwerker	Häusler	Geschulter	Adel	n
städtische Proletarier	1	1	5				7
städtische Handwerker und Kleingewerbetreibende	5	3	15	2	12		37
besitzlose Intellektuelle					1		1
Besitz- und Bildungsbürger			1		9		10
Adel						3	3
n	6	4	16	7	22	3	58

* Absolutzahl aller wandernden Personen in den Stichproben für die zwei Generationen mit den Traujahren 1660–1719

Land-Stadt- und Stadt-Land-Wanderung

tigen müssen wir dabei noch, daß für viele Stadthandwerkersöhne, die Landhandwerker werden, es in Wirklichkeit ein Wohnortwechsel z. B. zwischen Leipzig und einem der unmittelbar angrenzenden Dörfer war, die später wieder in die Großstadt eingemeindet werden. Im folgenden (S.183 ff.) werden wir auf diese Problematik noch eingehen. Der wachsende Bevölkerungsüberschuß bei Vollbauern machte es nach 1830 nicht nur Kleinbauern- und Landhandwerkersöhnen praktisch unmöglich, ein Bauerngut zu erwerben, sondern auch Städtern.
(Wenn wir in den Tab. 33–36 Absolutzahlen statt Prozentzahlen angeben, dann deshalb, weil sich so die Tabellen leichter erfassen lassen. Nach Bedarf lassen sich Spalten- oder Zeilenprozente leicht errechnen.)
Als um 1810 die Strumpfwirkerei westlich von Chemnitz aufzublühen begann, haben von den 18 Strumpfwirkern in unseren Stichproben nur 6, also nur ein Drittel (in den Dörfern 40 %), einen Strumpfwirker als Vater, 3 entstammen

Tabelle 35
Soziale Mobilität bei Land-Stadt-Wanderung: Sachsen (in den Grenzen nach 1815 ohne Oberlausitz) um 1855*

Ihre Väter (Schwiegerväter) waren im Dorf	Die Söhne waren Stadtbewohner und					
	städtische Proletarier	städtische Handwerker und Kleingewerbetreibende	besitzlose Intellektuelle	Besitz- und Bildungsbürger	Adel	n
Vollbauern	6 (4)	28 (25)	12 (1)	6 (7)		52 (37)
Kleinbauern	5 (1)	24 (15)	10 (1)	2 (3)		41 (20)
Landhandwerker	15 (19)	44 (43)	9 (12)	5 (1)	(1)	73 (76)
Häusler	20 (18)	35 (26)	4 (3)	3	(1)	62 (48)
Geschulte	(1)	11 (5)	14 (6)	16 (16)		41 (28)
Adel					2 (4)	2 (4)
n	46 (43)	142 (114)	49 (23)	32 (27)	2 (6)	271 (213)

* Absolutzahl aller wandernden Personen in den Stichproben für die zwei Generationen mit den Traujahren 1810–1870

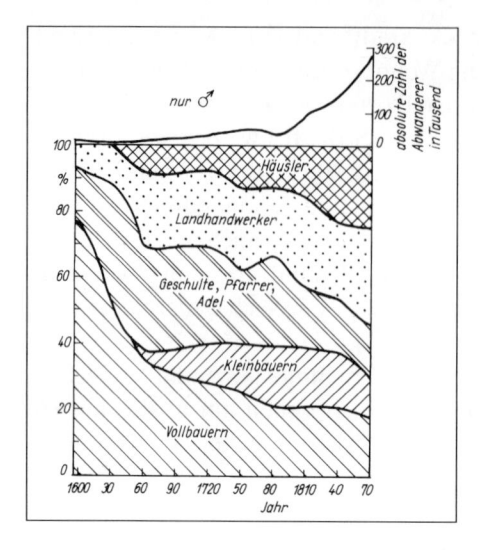

Abb. 27: Soziale Herkunft der Abwanderer vom Land in die Stadt (oben zur Orientierung die absolute Zahl der Abwanderer pro Generation): Sachsen 1595–1870

Tabelle 36
Soziale Mobilität bei Stadt-Land-Wanderung: Sachsen (in den Grenzen nach 1815 ohne Oberlausitz) um 1855*

Ihre Väter (Schwiegerväter) waren in der Stadt	Die Söhne waren Dorfbewohner und						
	Vollbauer	Kleinbauer	Landhandwerker	Häusler	Geschulter	Adel	n
städtische Proletarier	(1)	1	5 (8)	4 (9)	(1)		10 (19)
städtische Handwerker und Kleingewerbetreibende	2 (8)	1 (2)	27 (35)	9 (9)	8 (14)		47 (68)
besitzlose Intellektuelle			2 (2)	1 (1)	5 (2)		8 (5)
Besitz- und Bildungsbürger				1 (1)	7 (7)		8 (8)
Adel					1		1
n	2 (9)	2 (2)	35 (45)	15 (20)	20 (24)		74 (100)

* Absolutzahl aller wandernden Personen in den Stichproben für die zwei Generationen mit den Traujahren 1810–1870

anderen Textilberufen, 3 anderen Handwerksberufen und 6 weitere aus der übrigen Dorfbevölkerung. 1840 ist dann die Selbstreproduktion der ländlichen Strumpfwirker bei weiterhin wachsendem Bevölkerungsanteil auf 54 % gestiegen (n = 28), 1870 auf 63 % (n = 38). Auch hier also das übliche Bild der anfangs niedrigen, dann aber ansteigenden Selbstreproduktion in aufblühenden Wirtschaftszweigen (vgl. auch SCHÖNE 1982).

EXKURS 8:

Beispiele für die Vielfältigkeit des sozialen Auf- und Abstiegs und der Beweglichkeit im geographischen Raum

Wüstner, Christian Artur (AL 9487)
   1800 Kramer in Döbeln; um 1805–1809 als Klostergutsbesitzer in Döbeln nachweisbar; 1828 Tagearbeiter in Freiberg (wohnhaft vor dem Donatstor); 1834 Leinewebermeister und 1838 Gemüsehändler in Freiberg.

Pinkert, Christian Gottfried (AL 8900)
   Erb- und Eigentumsmüller in Stösitz bei Riesa; zog später als Obsthändler von Littdorf nach Hainichen und wurde Besitzer des Gasthofs zum Goldenen Löwen in Hainichen; 1809 als ansässiger Bürger und Viktualienhändler in Hainichen genannt.

Opelt, Friedrich Wilhelm (AL 11044)
   Geboren 1794 in Rochlitz als Sohn eines Webermeisters. Der Schwiegervater ist Lohgerber in Rochlitz, später dann wohnhaft in Leipzig. Zu Friedrich Wilhelm Opelt ist bekannt: Anfangs Webermeister in Wurzen; dann Steuerrevisor am Kreissteueramt in Dresden; 2. Direktor der Sächsisch-Bayrischen Eisenbahn; Geheimer Finanzrat; Gründer der Altersrentenbank; Mitarbeiter an Lohmanns Mondkarten.

Bernhardt, Johann Gottlieb (AL 7343)
   Geboren 1753 in Heyda bei Riesa als Sohn eines Halbhüfners; heiratet 1774 eine Tochter des Erbmüllers in Greußnig bei Döbeln; anfangs ist er Bauer in Heyda bei Riesa; dann Pächter des Ratsgutes in Greußnig; später Hausgenoß in Mannsdorf; zuletzt Oekonomieverwalter im Herrenhaus Bornitz bei Borna über Oschatz; gestorben 1812.

Der erste in unseren Stichproben nachweisbare Fabrikarbeiter:

Schultze, Christoph Friedrich (AL 10352)
   Heiratet 1790; zuerst Einwohner und Strumpfwirker in Klaffenbach; dann Feinspinner in der Wolkenburger Fabrik.

Ulbricht, Carl Gottlieb (AL 9755)
   Geboren 1816 in Oberbobritzsch, wo der Vater Häusler und Handarbeiter ist und 1811 ein Haus für 300 Thaler gekauft hatte. Der Schwiegervater ist Gärtner und Gerichtsschöppe in Dittersbach bei Frankenberg und hatte 1789 für 400 fl. gekauft und 1835 für

1 100 Thaler verkauft. Carl Gottlieb Ulbricht ist zuerst Zimmergesell, dann zeitweise Bergschmied. 1843 kauft er das Haus des Vaters für 425 Thaler, das er 1847 für 500 Thaler wieder verkauft. 1853 kauft er in Freiberg ein Haus für 600 Thaler und wird ein Jahr später Bürger dieser Stadt. 1852 war er Maschinensteiger geworden und wird 1867 Revierwerkmeister und damit für alle Maschinen im Bergrevier Freiberg zuständig. 1888 erhält er das Albrechtskreuz. Ehrenamtlich ist er Vorsteher der Witwenkasse der sächsischen Bergbeamten.

Petsch, Heinrich Wilhelm (AL 11083/I)
Geboren 1809; Eheschließung 1832; Nachbar und Pferdner in Pausitz/Ah Grimma; 1840 Landschöppe; Miteigentümer der Stadtmühle Wurzen bis 1843; 1862–68 Abgeordneter der II. Kammer des Sächsischen Landtages; Gemeindevorstand; Orts- und Landrichter in Pausitz.

Storl, Ernst Wilhelm (AL 9517)
Geboren 1809; Uhrmacher, Mechanikus; dann Schenkwirt in Riesa; Bürger; Königl.-Sächsischer Steuereinnehmer und Kontrolle-Verwalter des Riesaer Hafens; Hausbesitzer; ab 1853 Biersteuer-Einnehmer.

Mittenzwei, Friedrich August (A 22858 der Deutschen Zentralstelle für Genealogie)
Geboren 1824; 1845 Nagelschmiedgeselle in Auerbach/V.; 1864 Maschinenwärter in Schedewitz; 1870 Materialist in Rodewisch; 1873 Nagelschmied; zuletzt in Meerane Materialwarenhändler.

Illgen, Ernst Rudolf (AL 11039)
Geboren in Gößnitz 1834; Maurermeister; Bauunternehmer; zuletzt technischer Betriebssekretär bei der Reichsbahn in Freiberg.

Matthes, Friedrich Hermann (AL 8701)
Geboren 1839; Schmiedemeister und feldbegüterter Hausbesitzer in Kieselbach bei Leisnig; verbesserte die Göpeldreschmaschine.

Wilson, William (AL 7803)
Geboren 1820 in Halifax in England, wo sein Vater Buchbinder war und der Schwiegervater Schumacher; William Wilson wird Färbermeister in Zwickau; gestorben 1895.

Carl, Johann Friedrich Moritz (AL 10598)
Geboren in Dresden 1815 als Sohn eines Tagearbeiters. Er selbst wird Schuldirektor in Dresden, wo er 1883 stirbt.

Zu den reichen bürgerlichen Familien des 16. Jh., vor allem in Zwickau (KRAMM 1981), gehören die *Römer/Romanus*. Aus der Mappe mit der Aufschrift „Romanus" im Kirchenbuchamt Leipzig geriet der folgende Sproß der Familie in unsere Stichprobe:

Romanus, Anton Robert
Geboren 1815 in Leipzig; er wurde Sporergeselle, dann Schlosser bei der Magdeburg-Leipziger Eisenbahn; 1845 Spinner und Fabrikarbeiter in Leipzig.
In „three generations from overall to overall" sagen dazu die Amerikaner. Hier sind es allerdings etwa 10 Generationen.

Zürner, Georg Wilhelm (AL 9755)
Geboren 1810 als uneheliches Kind eines Kaufmanns und Großhändlers von Dresden, der von 1835–38 Stadtrat ist; er selbst wird Markthelfer in Leipzig, später Kofferträger bei der Magdeburg-Leipziger Eisenbahn; gestorben 1844.

Unger, Carl August (Kirchliches Archiv Leipzig, Mappe Unger)
Geboren in Leipzig 1831; vor 1866 Bürger und Kaufmann zu New York, Schirmfabrikant; 1866–69 in Leipzig ansässig.

Grust, Emanuel Carl Friedrich (AL 9410)
Geboren 1823 als Sohn eines Premierleutnants und Ritter des Eisernen Kreuzes von 1813; er wird Photograph (der erste und einzige in der Stichprobe) in Meißen, später in Dresden.

Felber, Christian Friedrich Benjamin (AL 10352)
Geboren 1790; anfangs Bürger und Webermeister in Chemnitz; dann Maschinenbauer in Chemnitz; später Krempelmeister in Flöha.

Scheuber, Johann Gottfried (AL 9063)
Geboren 1776 als Sohn eines Bauern und Einwohners; heiratet 1800 und ist dann Bauer und Einwohner in Hennersbach, Ah Pirna. Der Schwiegervater ist Magister und Pfarrer in Breitenau und Oelsen. Von 1806–15 ist Johann Gottfried Scheuber als Gutsbesitzer in Börnersdorf, Ah Dippoldiswalde, nachweisbar; ab 1815 dann Hausbesitzer und Tagearbeiter daselbst; gestorben 1845.

Töpfer, Christian (AL 9607/IV)
Geboren 1732 in Kesselsdorf, Ah Meißen, als Sohn eines Häuslers und Nachbarn, der Haus und Garten 1751 für 150 fl. verkauft. Der Schwiegervater ist 1751 Maurergesell in Hartha, Ah Dresden, wo er 1734 einen Altgarten für 150 fl. gekauft hatte. Christian Töpfer ist zuerst Häusler in Hartha und ab 1754, nach der Eheschließung im selben Jahr, Maurergeselle und Halbhüfner in Hintergersdorf. Seit 1782 wird er als Fünfviertelhüfner daselbst bezeichnet. Gestorben 1788.

Kretzschmar, Christian Gottfried (AL 10408)
Geboren 1740; Eheschließung 1764; Tischlermeister, 44 Jahre Schullehrer und von 1765–93 mit Viertelhufengut in Breitenborn, Ah Rochlitz; gestorben 1821.

Groß, Eduard Hermann (AL 10902/I)
Geboren 1826 in Johanngeorgenstadt; anfangs Mühlknappe, dann Fabrikarbeiter in Kappel (jetzt zu Chemnitz gehörig), wo er 1897 stirbt
    m 1851 mit der Tochter eines Kaufmanns in Schönau (jetzt Chemnitz)
sein Vater:
Bürger und Fuhrmann in Johanngeorgenstadt
    m 1805 mit der Tochter eines Handarbeiters in Wittigsthal, Ah Schwarzenberg
dessen Vater:
Fuhrmann und Besitzer des „Bleyer Hauses" in Johanngeorgenstadt
    m 1780 mit der Tochter eines Erbbegüterten und Gerichtsbeisitzers in Großpöhla, Ah Schwarzenberg
dessen Vater wiederum:

Frischer und Hammerschmiedemeister in Großpöhla
  m vor 1751

Schniedewind, Johann Christian (AL 9512)
  Geboren 1812 in Krempe in Holstein als Sohn eines Tischlermeisters. Er war anfangs Maschinenbauer in Schwarzenberg, Erla und Wittigsthal, später dann Stadtkämmerer und Steuereinnehmer in Johanngeorgenstadt, auch Vorsteher des Bausyndikats. 1843 hatte er Sidonie, Tochter des Schichtmeisters Carl Traugott Klug in Johanngeorgenstadt geheiratet. Johann Christian Schniedewind ist 1888 gestorben.

Stimmel, Johann Eduard (AL 10902/I)
  Geboren 1821, gestorben 1892; Schneidermeister in Gornsdorf, Ah Chemnitz
    m 1851 mit der Tochter eines Schneidermeisters in Gornsdorf
sein Vater:
  Bürger und Schneidermeister in Wurzen
    m 1820 mit der Tochter eines Häuslers und Handarbeiters in Böhlen, Ah Grimma
dessen Vater:
  Häusler und Schneider in Bennewitz, Ah Grimma
    m 1786 mit der Tochter eines Nachbarn und Schneidermeisters in Nischwitz, Ah Grimma
dessen Vater wiederum:
  Nachbar, Einwohner und Gerichtsschöppe in Bennewitz; kauft 1763 das Viertelhufengut seines künftigen Schwiegervaters
    m dann 1764 mit der Tochter dieses Nachbarn in Bennewitz
dessen Vater:
  Nachbar in Bennewitz
    m 1728 mit der Tochter des Richters in Nepperwitz, Ah Grimma
dessen Vater:
  Lohgerbermeister in Eilenburg
    m 1679 mit der Tochter eines Nachbarn und Gastwirts in „Lippnitz"
dessen Vater:
  vornehmer Bürger und Stadtleutnant in Eilenburg
    m vor 1658
dessen Vater:
  Schneider in Eilenburg
    m 1618 mit der Tochter eines Schneiders in Eilenburg
dessen Vater:
  immatrikuliert an der Universität Leipzig 1579, lebte dann in Gera
    m mit der Tochter eines Lehrers am Gymnasium in Gera
dessen Vater:
  Ratsherr und 1576 Bürgermeister in Gera

Schmidt, Johann Gottlieb (AL 10408)
  Geboren 1815, gestorben 1857; Fabrikspinner in Ebersdorf (jetzt Chemnitz)
    m 1837 mit der unehelichen Tochter eines Leibgardekürassiers
sein Vater:
  Handarbeiter, Spinnmeister und Häusler in Schönerstadt, Ah Flöha

     m 1811 mit der Tochter eines Müllers, Zeugarbeiters und Häuslers in Schönerstadt
dessen Vater:
     Gärtner und zeitweilig Häusler in Schönerstadt
         m 1787 mit der Tochter eines Gärtners und Tagelöhners in Frankenstein, Ah Flöha
dessen Vater wiederum:
     Gärtner in Schönerstadt
         m 1758; die Frau stammt auch aus Schönerstadt
dessen Vater:
     Zweihüfner in Schönerstadt
         m 1728 mit der Tochter eines Bauern in Langenstriegis, Ah Döbeln

Katzschmann, Curt Heinrich (AL 10408)
     Geboren 1842, gestorben 1917; Bäckermeister und Hausbesitzer in Chemnitz
         m 1870 mit der Tochter eines Webermeisters in Chemnitz
sein Vater:
     Tischlermeister, Bürger und Hausbesitzer in Leisnig
         m 1830 mit der Tochter eines Töpfermeisters und Bürgers in Leisnig
dessen Vater:
     Gärtner und Nachbar in Raschütz, Ah Grimma
         m 1794 mit der Tochter eines Häuslers in Erlbach, Ah Grimma
dessen Vater wiederum:
     Gärtner in Raschütz
         m 1763 mit der Tochter eines Pferdners in Erlbach, Ah Grimma
dessen Vater:
     Gärtner in Raschütz
         m 1723 mit der Tochter eines Kunstmalers und Häuslers in Langenau, Ah Döbeln
dessen Vater:
     Gärtner in Raschütz
         m 1692 mit der Tochter eines Pferdners in Bockelwitz, Ah Döbeln

Kapitel 5

Die räumliche Mobilität

Daß die Zeit der Industriellen Revolution eine größere Dynamik der Bevölkerung auch im geographischen Raum aufweist als weiter zurückliegende Jahrhunderte (vgl. die Übersicht von HOCHSTADT 1983), wird mit so einer Selbstverständlichkeit angenommen, daß das Fehlen von quantitativen Belegen dafür gar nicht auffällt. Dabei sollte es doch, denken wir an die Zeit der deutschen Ostbesiedelung und der Stadtgründungen im Mittelalter, oder daran, daß lokale Bevölkerungsdezimierungen, verursacht durch Pest und Krieg, ausgeglichen werden mußten, auch vor dem 19. Jh. oft Gründe für starke Wanderungsbewegungen gegeben haben, so daß eher, langfristig gesehen, eine wellenförmige Dynamik zugrunde liegen sollte. Empirisch können wir das in Sachsen seit 1548, dem Einsetzen der Kirchenbücher, untersuchen. Praktisch hat es aber bislang noch keinen Versuch gegeben, auf diese Weise zu repräsentativen Zahlen über Binnenwanderung und Einwanderung zu gelangen. Auch bei unserem Datenmaterial müssen wir einschränkend feststellen, daß wir letztendlich nur die Wanderungssalden erfassen können, indem wir die Wohnorte von Kindern und Eltern miteinander vergleichen und bei Abweichungen die Entfernung vermessen und Unterschiede in der Art der Siedlung (Dorf oder Stadt und Zentralität der Stadt). Die tatsächliche Wanderung war zu allen Zeiten viel höher: junge Bauernsöhne arbeiteten als Knechte in einem Nachbardorf, Handwerksgesellen gingen auf Wanderschaft; Soldaten wechselten ihre Standorte, und die Pfarrer studierten in Leipzig oder anderswo. – All diese Ortswechsel blieben, sofern sie uns überhaupt bekannt geworden sind, bei den folgenden Analysen unberücksichtigt. Berücksichtigt wurde immer nur ein Hauptwohnort, an dem der Proband in der Zeit am längsten lebte, in der seine Kinder aufwuchsen. Dieser Ort wurde mit dem auf gleiche Weise bestimmten Hauptwohnort von Vater und Schwiegervater in Beziehung gesetzt.
Es sei hier nochmals betont, daß die Freizügigkeit der Bevölkerung eine der elementaren Voraussetzungen für die Entwicklung Sachsens war. Das verlangte Abzugsgeld für den Wegzug vom Dorf hat wohl keinen, der zum Abzug entschlossen war, daran gehindert, es zu tun. Schwerwiegender waren da schon die Bestimmungen des Armen- und Heimatrechts im 18. und 19. Jh., mit denen sich die Gemeinden der Fürsorge für sozial Schwache zu entledigen suchten und ihnen Wohnorte zuwiesen. Wir können uns heute leicht moralisch darüber entrüsten,

wenn eine unverheiratete Hochschwangere auf Kosten der jeweiligen Gemeinden von Ort zu Ort gefahren wurde, wenn es unklar war, welcher Ort der „Heimatort" der „Person" war (die oft selbst unter ähnlichen Umständen als uneheliche Person geboren war), aber letztlich mußte die Gemeinde, in der die Geburt dann erfolgte, die Kosten übernehmen. So hatten diese Gesetze und Zwangseinweisungen der Armen in bestimmte Orte in den Augen der Zeitgenossen durchaus Sinn, da die entstehenden Ballungsgebiete nicht in der Lage waren, eine zu starke Zuwanderung von Armen zu verkraften. Man verwies die Armen per Gesetz in die ländlichen Abwanderungsgemeinden zurück, um so die Soziallasten über das ganze Land zu verteilen. Von diesen Beschränkungen abgesehen, war die Freizügigkeit sowohl von Arbeitskräften als auch der Ehefrauen stets die Voraussetzung, daß sich lokale Wirtschaftsentwicklung und Bevölkerungsverteilung einander anpassen konnten. Dabei gab es keine von oben geplanten Siedlungs- und Wirtschaftsprogramme, sondern die liberale Politik des sächsischen Staates ließ sich von dem Grundsatz leiten, daß das Gemeinwohl aus der Summe von freien Einzelentscheidungen resultieren sollte. Am Ausgang des Dreißigjährigen Krieges wurden für die Exulanten Siedlungsplätze wie Johanngeorgenstadt geboten. Sicher, aber gerufen hat die Leute niemand, und reglementiert wurde relativ wenig oder gar nicht.

Tabelle 37
Seßhaftigkeit (in %), Wohnortwechsel bis zu 20 km (in % der Landbevölkerung) und mittlere Wanderungsentfernung (in km), ermittelt aus dem Wohnortvergleich von Söhnen mit denen ihrer Väter und Schwiegerväter: Sachsen (in den Grenzen nach 1815 ohne Oberlausitz) 1595–1870

	Landbevölkerung				Stadtbevölkerung			Gesamtbevölkerung		
	seßhaft	bis 20 km	km	n	seßhaft	km	n	seßhaft	km	n
1595	62	96	5,8	571	74	15,4	385	67	9,7	956
1630	59	98	6,1	894	75	11,4	473	64	7,9	1367
1660	58	95	6,6	1244	73	10,2	778	63	8,0	2022
1690	61	96	7,2	1673	71	11,1	1029	65	8,6	2702
1720	62	97	5,8	1771	68	12,4	945	64	8,1	2716
1750	61	97	6,4	1577	66	14,0	853	63	9,0	2430
1780	55	96	6,8	1391	65	14,8	844	59	9,9	2235
1810	54	96	7,0	1110	57	18,2	788	55	11,7	1898
1840	47	93	7,8	1385	51	19,4	887	49	12,3	2272
1870	42	88	10,2	1385	42	22,7	921	42	15,2	2306

Wenn bislang Daten zur räumlichen Mobilität vorgelegt wurden, dann meist aus Analysen von Bürgerbüchern und Traubüchern (z. B SCHULTZ 1987a). Alle diese Untersuchungen haben bisher ergeben, daß, je höher der Sozialstatus ist, desto größer auch der Aktionsradius der Wanderungen. Die kleinen Städte holen ihre Zuwanderer aus der näheren ländlichen Umgebung (WEISS 1974); die größeren Städte aus den kleineren und aus einer sehr weiten ländlichen Umgebung, aber mit durchschnittlich höherer sozialer Herkunft und Ambition. Wir werden das im folgenden belegen.

Als seßhaft bezeichnen wir eine Person (ob nun männlich oder weiblich) in unseren Stichproben, wenn sie den längsten und wichtigsten Teil ihres Erwerbslebens am selben Ort wohnt wie ihr Vater. Die auf diese Weise erfaßte Seßhaftigkeit (vgl. Tab. 37) verringerte sich bereits im 18. Jh. deutlich, in der Industriellen Revolution dann dramatisch. (In den Entwicklungsländern waren dagegen noch von 1920–60 85–95 % der Einwohner am Geburtsort ansässig; in der Schweiz hingegen 1941 nur 44 % [nach ZELINSKY 1971]). Betrachtet man die Landbevölkerung getrennt, dann zeigt sich, daß bei ihr bis etwa 1815 nur von einer verstärkten Beweglichkeit bis etwa 20 km gesprochen werden kann, also z. B. von einer verstärkten Beweglichkeit hin zum nächsten entstehenden Verdichtungsraum (WEISS 1980). Erst nach 1850 werden über 10 % der Landbevölkerung in Entfernungen über 20 km

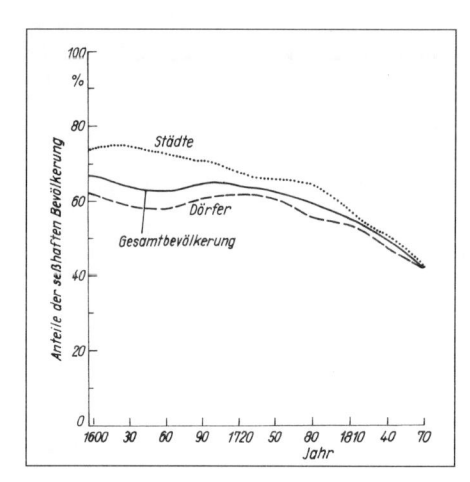

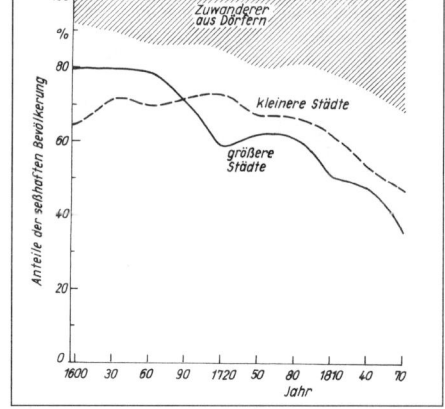

Abb. 28: Anteile der seßhaften Bevölkerung: Sachsen 1595–1870

Abb. 29: Anteile der seßhaften Bevölkerung in den Städten Sachsens 1595–1870 und Zuwanderer aus Dörfern

Tabelle 38
Seßhaftigkeit (unter 1 in %), Wohnortwechsel bis zu 20 km (unter 2 in %) und mittlere Wanderungsentfernung (unter 3 in km), ermittelt aus dem Wohnortvergleich von Söhnen mit denen ihrer Väter und Schwiegerväter: Sachsen (in den Grenzen nach 1815 ohne Oberlausitz) 1595–1870

	Vollbauern			Kleinbauern			Landhandwerker			Häusler			Geschulte			Adel		
	1	2	3	1	2	3	1	2	3	1	2	3	1	2	3	1	2	3
1595	64	99	5,2	66	100	4,7	53	87	8,4	69	100	4,5	25	58	16,6	.	.	.
1630	61	99	5,7	57	99	5,6	57	97	6,1	71	100	4,3	10	63	16,6	.	.	.
1660	59	98	5,5	59	99	5,7	64	91	8,3	58	96	6,2	25	69	14,3	28	43	25,6
1690	64	99	5,4	62	96	6,9	61	97	7,1	68	94	5,7	20	73	14,9	39	55	44,4
1720	62	99	5,3	67	100	4,7	59	94	6,1	68	96	5,3	33	79	12,1	38	48	24,1
1750	64	99	5,1	57	98	5,7	64	96	6,0	63	97	7,0	19	81	19,3	38	54	36,9
1780	61	98	5,6	51	98	6,3	58	97	6,0	56	97	5,7	26	81	20,1	31	52	23,3
1810	60	98	5,8	54	99	5,8	54	95	7,7	51	98	6,3	23	71	19,6	10	40	28,2
1840	49	97	6,6	46	99	6,5	53	92	6,8	47	92	8,3	16	67	14,8	0	10	55,0
1870	49	97	7,2	46	95	8,6	44	88	11,3	43	92	8,6	11	48	20,4	.	.	.

. keine Zahlenangabe wegen zu kleiner Zahl

beweglich. – Bei der Stadtbevölkerung wird mancher von der Tatsache überrascht sein, daß unter dem „alten Regime" die Seßhaftigkeit in Städten stets höher war als in Dörfern (vgl. Abb. 28). Es liegt einfach daran, daß Städte in der Regel höhere Einwohnerzahlen und damit eine höhere Zahl potentieller Ehepartner hatten als die manchmal sehr kleinen Dörfer. Wenn die Städter aber wanderten, dann in der Regel besonders häufig zu den nächsten Städten von vergleichbarer Zentralität. Aus den Städten wanderte zwar prozentual ein kleinerer Prozentsatz als aus den Dörfern aus, wer aber wanderte, der wanderte weiter (vgl. HOCHSTADT 1983). Dadurch ist, trotz der prozentual höheren Seßhaftigkeit der Städter, ihre mittlere Wanderungsentfernung stets höher als bei der Landbevölkerung. Den hohen Ausgangswert von 15 km bei der mittleren Wanderungsentfernung vor 1600 (s. Abb. 30) sollte man sehr kritisch betrachten. Hier liegt eine Verzerrung wegen des überhöhten Stichprobenanteils aus größeren Städten vor (vgl. hierzu auch den Text zu den Tab. 40 und 41). 1870 ist die Seßhaftigkeit in Stadt und Land auf je 42 % gesunken, d. h. die Bevölkerung in einem bisher nicht gekannten Maße auch im geographischen Raum mobil (s. Abb. 28). Da wir hier nur Wanderungssalden erfassen, war, wie schon bemerkt, die tatsächliche Beweglichkeit im Raum, etwa durch die Wanderschaft der Handwerksgesellen oder den Gesindedienst, den auch spätere Vollbauern zum Teil in ihren jungen Jahren ausübten, viel höher.

Eine gesonderte Betrachtung der Landbevölkerung (s. Tab. 38) zeigt, daß im 19. Jh. selbst die Vollbauern von der größeren Wanderungsdynamik erfaßt werden (s. Abb. 31). Ihr mittlerer Aktionsradius steigt im Mittelwert um fast 2 km, wobei sich aber nur 3 % aller Vollbauern über 20 km hinaus bewegten. Nicht viel anders sind die Verhältnisse bei den Kleinbauern. Die Landhandwerker unterscheiden sich von den Bauern durch ihre geringere Seßhaftigkeit und damit größere Beweglichkeit im Raum, nach 1820 auch in Entfernungen von über 20 km, wobei es sich dann vor allem um Fernwanderungen in die entstehenden Ballungsräume handelt. Wer dem ländlichen Proletariat, den Häuslern, generell eine besondere „Ungebundenheit" auch im Raum zuschreiben möchte, irrt sich. Wir hatten bereits auf S. 46 (im Zusammenhang mit der Abbruchwahrscheinlichkeit in AL) darauf hingewiesen, daß die Häusler aus der lokal ansässigen bäuerlichen Überschußbevölkerung entstanden sind und daß die Häusler keine besondere Neigung zur Ortsveränderung hatten. Das Häusel, das vom Vollbauerngut für einen überzähligen Sohn oder einen Schwiegersohn abgebaut wurde, blieb oft mehrere Generationen in der Hand von direkten Nachkommen. Wurde es verkauft oder getauscht – und das war nicht selten – dann kam der Käufer in der Regel aus dem Nachbardorf oder übernächsten Dorf. Ein völlig anderes Wanderungsverhalten zeigen die Geschulten und der Adel. Für die Schulmeister war ein Bewegungsraum von 5–20 km typisch, für die Pfarrer,

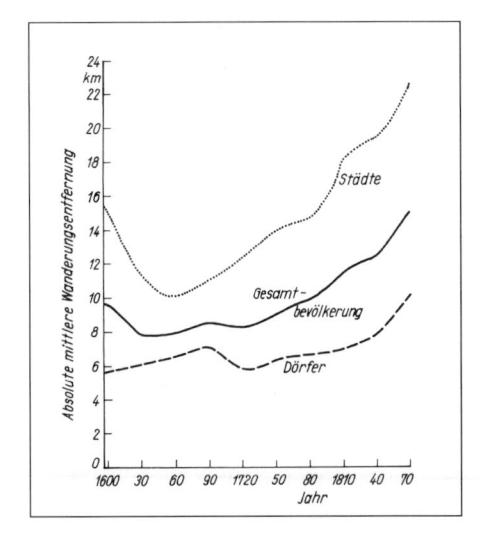

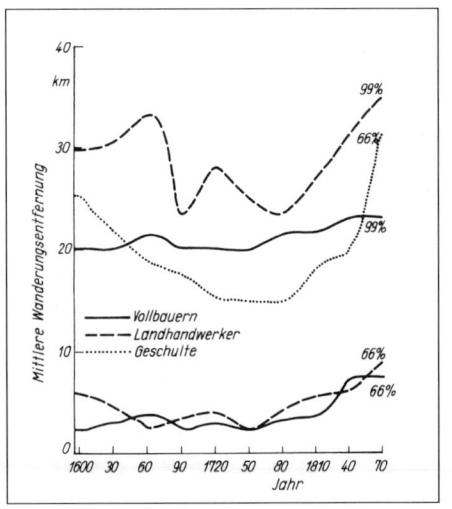

Abb. 30: Absolute mittlere Wanderungsentfernung der Bevölkerung
Sachsens 1595–1870

Abb. 31: Mittlere Wanderungsentfernung
bei Teilen der Landbevölkerung:
Sachsen 1595–1870

und noch mehr für ihre Frauen, auch ein solcher über 20 km. Man könnte es auf die Formel bringen: Schulmeister sind landschaftsgebunden, Pfarrer landesgebunden. – Der männliche Adlige ist als Erbe fast stets an seinem späteren Wohnsitz geboren, seine Ehefrau holt er sich aus ganz Sachsen oder einem evangelischen Nachbarstaat. Die in Tab. 38 angegebenen Mittelwerte der Wanderungsentfernung für den Adel sind insofern irreführend, als sie für die Ehefrauen fast doppelt so hoch wie die angegebenen Kilometerzahlen sind, für die Männer fast Null. Aber nur beim Adel auf dem Land gibt es derart gravierende Unterschiede in der mittleren Wanderungsentfernung für beide Geschlechter; bei allen anderen sozialen Klassen und Schichten sind diese Unterschiede so gering, daß eine Zusammenfassung zu einer gemeinsamen Tabelle berechtigt erscheint.

Für die Stadtbevölkerung haben wir die entsprechenden Zahlen noch einmal nach kleineren und größeren Städten (s. Tab. 39) unterteilt. Daß die größeren Städte dabei stets die größeren Wanderungsentfernungen aufwiesen, wird niemand überraschen. Wer nach Leipzig oder Dresden zuwanderte, kam von Berlin, Halle, Wittenberg, Braunschweig oder einer thüringischen Stadt; wer nach Kirchberg/Ah Zwickau zog, kam von Hartenstein, Lößnitz oder Lengenfeld, d. h., die Städte bezogen einen erheblichen Teil ihrer Zuwanderer aus Städten von vergleichbarer

Zentralität (vgl. BLOTEVOGEL 1975). Und große Städte liegen nun einmal in größerer Entfernung zueinander als kleine. Überraschend wird dagegen für manchen Leser sein, daß die größeren Städte bis zur Mitte des 17. Jh. eine Seßhaftigkeit von 80 % aufwiesen und damit eine höhere als die kleineren (s. Abb. 29). Auch hier ist die Erklärung einfach und analog der, die wir schon für die anfänglich höhere Seßhaftigkeit der Stadtbevölkerung insgesamt gegenüber der der Landbevölkerung gegeben hatten: Höhere Einwohnerzahlen einer Siedlung bedeuten eine

Tabelle 39
Seßhaftigkeit (in %) und mittlere Wanderungsentfernung (in km) für die Städte (obere Zeile kleinere Städte, untere in Klammern größere Städte), ermittelt aus dem Wohnortvergleich von Söhnen mit denen ihrer Väter und Schwiegerväter: Sachsen (in den Grenzen nach 1815 ohne Oberlausitz) 1595–1870

	Handwerker		Kleingewerbetreibende		städt. Proletariat		Besitz- u. Bildungsbürgertum		gesamt		n
	seßhaft	km	seßhaft	km	seßhaft	km	seßhaft	km	seßhaft	km	
1595	74	8,2	67	6,1	·	·	36	21,6	65	10,3	150
	(87)	(10,8)	(90)	(5,4)	·	·	(58)	(48,6)	(80)	(18,7)	(235)
1630	74	9,3	86	2,8	·	·	53	16,5	72	10,4	285
	(79)	(9,0)	(86)	(8,7)	·	·	(53)	(33,7)	(80)	(12,9)	(188)
1660	74	7,6	66	11,9	76	7,3	45	15,0	70	9,0	539
	(84)	(8,0)	(96)	(2,1)	·	·	(62)	(32,3)	(79)	(12,7)	(239)
1690	75	8,2	66	9,0	63	10,0	49	20,1	71	9,6	681
	(79)	(10,8)	(74)	(12,7)	·	·	(57)	(24,0)	(72)	(13,9)	(348)
1720	79	5,4	79	5,0	63	5,3	41	23,9	73	7,9	635
	(67)	(14,5)	(52)	(16,6)	·	·	(48)	(35,8)	(59)	(21,8)	(310)
1750	74	8,3	57	7,5	63	4,0	51	19,5	67	10,2	556
	(74)	(11,0)	·	·	·	·	(48)	(33,8)	(63)	(21,1)	(297)
1780	71	7,1	77	5,5	60	10,1	46	23,5	67	9,5	479
	(74)	(13,4)	(59)	(18,6)	(48)	(17,9)	(46)	(37,8)	(61)	(21,9)	(365)
1810	74	10,4	50	7,2	36	13,6	33	24,6	62	12,6	417
	(58)	(19,2)	(50)	(16,6)	(39)	(31,0)	(44)	(32,0)	(51)	(24,5)	(371)
1840	63	12,0	46	11,6	41	9,4	30	26,5	53	14,4	626
	(69)	(22,1)	(46)	(42,5)	(35)	(37,1)	(39)	(32,2)	(48)	(31,4)	(261)
1870	54	11,3	46	15,0	43	10,9	34	24,1	47	14,6	508
	(41)	(35,3)	(25)	(35,0)	(31)	(21,8)	(38)	(32,4)	(36)	(32,8)	(413)

· keine Zahlenangabe wegen zu kleiner Zahl

Räumliche Mobilität   171

potentiell größere Zahl von Ehepartnern, so daß bei geringer wirtschaftlicher Dynamik oft kein Grund zum Abwandern besteht. Diese relativ geringe Dynamik war für die kleinen Städte bis etwa 1800 typisch. Das heißt, von 1550 bis 1800 veränderte sich in den kleinen Städten weder die Seßhaftigkeit noch die mittlere Wanderungsentfernung, erst in der Industriellen Revolution werden Handwerker und Kleingewerbetreibende der kleinen Städte auch im Raum beweglicher. Die Zuwanderer ins städtische Proletariat der kleinen Städte kommen überwiegend aus der näheren ländlichen Umgebung; für größere Städte ist auch hier das Einzugsgebiet entsprechend größer (vgl. Abb. 32). Das Besitz- und Bildungsbürgertum (hier in Tab. 39 haben wir ausnahmsweise einmal die wenigen Adligen in unseren Stichproben hinzugezählt, weil sie in den Städten vor allem höhere Verwaltungsstellen innehatten) zeichnete sich stets durch die relativ größte Beweglichkeit im Raum aus. Geringe Seßhaftigkeit und große Bereitschaft zur Wanderung in Städte, auch in entfernte, von gleicher oder – vor allem bei sozialem Aufstieg – auch höherer Zentralität, waren über den gesamten Untersuchungszeitraum von 300 Jahren für das Besitz- und Bildungsbürgertum kennzeichnend, ohne daß sich (und das im Gegensatz zu allen anderen sozialen Klassen und Schichten) in der Industriellen Revolution eine Steigerung nachweisen läßt. (Die in Tab. 39 angegebenen Mittelwerte für 1595 dürften auf verzerrten Stichprobenanteilen beruhen.)

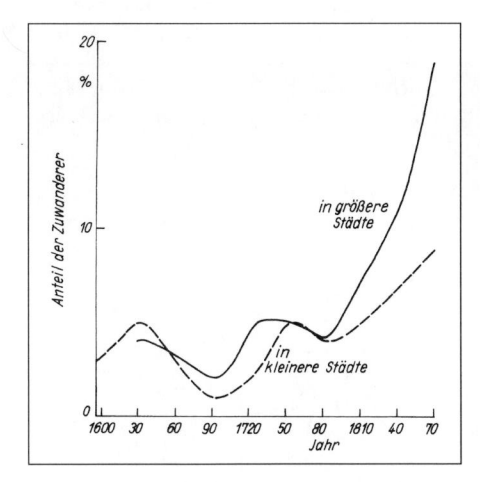

Abb. 32: Anteil der Zuwanderer aus mehr als 20 km entfernten Dörfern in die kleineren und größeren Städte: Sachsen 1595–1870

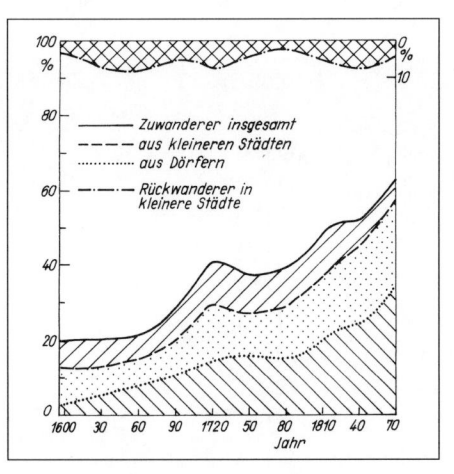

Abb. 33: Summenprozentkurve der Zuwanderer in größere Städte (oben in Relation dazu Rückwanderer in kleine Städte): Sachsen 1595–1870

Tabelle 40
Seßhaftigkeit, Zuwanderung aus größeren Städten Sachsens, Zuwanderung aus Dörfern insgesamt und aus über 20 km entfernten Dörfern sowie Einwanderung von außerhalb des Untersuchungsgebietes in kleinere Städte (alles in % der jeweiligen Gesamteinwohnerzahl der kleineren Städte): Sachsen (in den Grenzen nach 1815 ohne Oberlausitz) 1595–1870

	seßhaft	aus größeren Städten	aus Dörfern insgesamt	über 20 km entfernt	Einwanderung von außerhalb
1595	65	5	16	3	4
1630	72	5	13	5	5
1660	70	4	16	3	4
1690	71	2	14	1	5
1720	73	3	15	2	3
1750	67	2	22	5	5
1780	67	2	20	4	4
1810	62	5	21	5	6
1840	53	3	27	7	7
1870	47	3	30	9	6

Tabelle 41
Seßhaftigkeit, Zuwanderung aus kleineren Städten insgesamt, Zuwanderung aus Dörfern insgesamt und aus über 20 km entfernten Dörfern sowie Einwanderung von außerhalb des Untersuchungsgebietes in größere Städte (alles in % der jeweiligen Gesamteinwohnerzahl der größeren Städte): Sachsen (in den Grenzen nach 1815 ohne Oberlausitz) 1595–1870

	seßhaft	aus kleineren Städten	aus Dörfern insgesamt	über 20 km entfernt	Einwanderung von außerhalb
1595	(1) 80	10	3	2	10
1630	(1) 80	7	6	4	9
1660	(1) 79	7	8	3	8
1690	(1) 72	9	11	2	9
1720	(1) 59	15	15	5	13
1750	(1) 63	11	16	5	14
1780	(2) 61	14	15	4	14
1810	(2) 51	16	21	9	14
1840	(2) 48	21	24	11	20
1870	(2) 36	24	34	19	21

(1) Als größere Städte gelten in diesem Zeitraum: Annaberg, Chemnitz, Dresden, Frankenberg, Freiberg, Glauchau, Großenhain, Leipzig, Mittweida, Plauen, Reichenbach, Schneeberg, Zschopau, Zwickau.
(2) Dazu kommen noch: Döbeln, Meißen, Oschatz, Pirna.

Woher die Wanderungsströme in die Städte verschiedener Zentralität kamen und wie stark sie zwischen den Städten verschiedener Größenordnung waren, läßt sich am besten aus dem Vergleich der Tab. 40 mit der Tab. 41 erkennen. Wie allgemein bekannt ist, hatten die großen Städte bis etwa 1800 fast ständig einen Sterblichkeitsüberschuß. Bei SÜSSMILCH (1761) finden wir im Anhang seines Buches auch Zahlen über die Anzahl der Getauften und Gestorbenen in Leipzig und Dresden: 1717 beträgt dieses Verhältnis in Dresden z. B. 1335 : 1446; 1720 in Leipzig 816 : 965; 1752 in Dresden 1946 : 2144; 1750 in Leipzig 889 : 1275. Nach zeitgenössischen Meinungen (HUNGER 1790) hatte Leipzig im 18. Jh. den höchsten Sterblichkeitsüberschuß aller größeren europäischen Städte. Dieser Sterblichkeitsüberschuß konnte nur durch ständige Zuwanderung aus kleineren Städten und vom Land ausgeglichen werden (s. Abb. 33). Aber selbstverständlich gab es auch eine Rückwanderung. Stellt man die gegenseitigen relativen Wanderungsanteile in den Tabellen 40 und 41 in Beziehung zu den absoluten Einwohnerzahlen größerer und kleinerer Städte, dann hielten sich um 1630 und 1660 (wobei diese Jahreszahlen wie immer als Mittelwerte für eine Generation gelten) diese Wanderungen die Waage. Um 1690 jedoch gewannen die größeren Städte 4 % ihrer Gesamteinwohnerzahl durch Zuwanderung aus kleineren, um 1720 12 %; um 1750, der Krisenzeit der größeren sächsischen Städte, 7 %; um 1780 wieder 12 %; um 1810 dann 11 % (was sicher kein signifikanter Unterschied zur vorangegangenen Prozentzahl ist); um 1840 18 %; um 1870 21 %. Nimmt man die absolute Einwohnerzahl der kleinen Städte als Maßstab, dann wanderten 1630, 1660 und 1690 3 bis 5 % ihrer Einwohner in größere Städte ab; um 1720 7 %; um 1750 6 %; um 1780 11 %; um 1810 14 %; um 1840 9 %; um 1870 20 %. Die Schwankungen lassen sich dadurch erklären, daß in einer ersten Phase, die noch am ehesten als „Protoindustrialisierung" bezeichnet werden kann, der absolute Anteil der Stadtbevölkerung im Untersuchungsgebiet von 40 % um 1780 auf 36 % um 1810 zurückging. Auch der Bevölkerungsanteil von Leipzig und Dresden ging von 11 % um 1750 auf 7 % um 1810 zurück, die absolute Einwohnerzahl von 87 000 auf 75 000. Im selben Zeitraum war aber die Einwohnerzahl der nach Leipzig und Dresden 16 nächstgrößeren, also der mittleren Städte, gegenläufig von 73 000 auf 85 000 gestiegen, die der 114 kleinen Städte gar von 152 000 auf 185 000. 1840 haben diese 114 kleinen Städte dann zusammen 277 000 Einwohner (LOMMATZSCH 1901), immer noch mehr als die in Tab. 41 unten aufgelisteten 18 größeren bzw. mittleren Städte, die zusammen 265 000 Einwohner haben. Das heißt, die „Protoindustrialisierungsphase" war nicht nur durch eine Verschiebung des Bevölkerungsanteils und der Gewerbestandorte zugunsten des Landes gekennzeichnet, sondern in der zweiten Phase weiterhin auch zugunsten der klei-

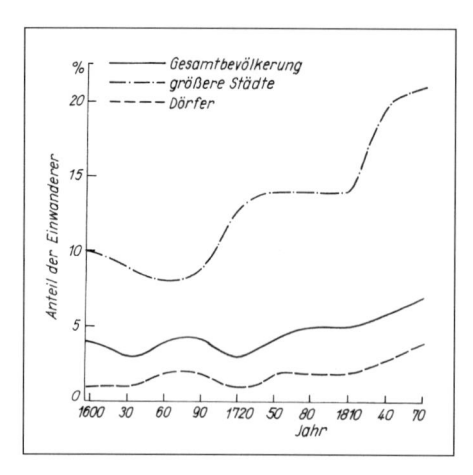

Abb. 34: Anteil der Einwanderer an der Bevölkerung Sachsens 1595–1870

neren Städte. Erst etwa um 1840 kommt es zu dieser starken Zunahme der Wanderung aus zum Teil weit entfernten Dörfern und aus den kleinen Städten in die großen. An dieser Stelle muß man bedauern, daß die Untersuchung vorläufig mit dem Mittelwert für 1870 abbricht. Denn wir dürfen, wenn wir andere Quellen hinzuziehen, davon ausgehen, daß diese Wanderungsdynamik sich bis zu Beginn des ersten Weltkrieges ungebrochen fortsetzt (LENGER und LANGEWIESCHE 1988) und erst nach diesem Krieg auf einen weit niedrigeren Stand zurückgeht (vgl. LOMMATZSCH 1894, ZÜHLKE 1981).
Woher kamen die Fernwanderer? Woher kamen die Einwanderer ins Untersuchungsgebiet? Nach zeitgenössischen Quellen (LOMMATZSCH 1902) ist Sachsen stets ein Einwanderungsland (s. Abb. 34) gewesen, d. h. ein Land mit einem Einwanderungsüberschuß. Da aber nur für das 19. Jh. einigermaßen verläßliche Zahlen über die Auswanderung vorliegen und es an den Grenzen unseres Untersuchungsgebietes ständig zu Wanderungen in beide Richtungen (POHL 1965) gekommen ist, die vor 1815 vielerorts keine „Auswanderung" waren, so dürfte es eine grobe, aber recht gute Schätzung sein, wenn wir dem Gesamt-Einwanderungsanteil der Tab. 42 eine halb so hohe Gesamt-Auswanderung gegenüberstellen. So unbefriedigend so eine Art von Schätzung auch ist, so ist doch kein durchführbares empirisches Verfahren zu erkennen, wie man mit vertretbarem Aufwand vor 1800 zu genauen Zahlen gelangen könnte. Zwar wäre es bei der Auswertung der Ahnenlisten möglich gewesen, auch die Personen mit zu erfassen, die in Sachsen bzw. im Untersuchungsgebiet geboren wurden und später im

Tabelle 42
Absolutzahl der Einwanderer nach Sachsen aus Böhmen, den thüringischen Gebieten (und bis 1815 nicht zu Kursachsen gehörend), Oberfranken, der Lausitz, den anderen bis 1815 zu Sachsen gehörenden Gebieten, aus Brandenburg, Anhalt, Schlesien und aus allen anderen Gebieten in den Stichproben. Dazu noch pro Generation relativer Anteil der Einwanderer an der Gesamtbevölkerung bzw. nur an der gesamten Landbevölkerung: Sachsen (in den Grenzen nach 1815 ohne Oberlausitz) 1595–1870

	Böhmen	Thüringen	Oberfranken	Lausitz	Sachsen bis 1815	Brandenburg	Anhalt	Schlesien	andere	Summe n	Einwanderungsanteil gesamt	Einwanderungsanteil nur Land
1595	3	6	4	3	11	6			2	35	4 %	1 %
1630	14	7	2	4	9	1		1	3	41	3 %	1 %
1660	35	8	3	4	9	2		2	11	74	4 %	2 %
1690	22	21	5	11	13	4	1	2	19	98	4 %	2 %
1720	7	17	4	15	28	5	1	3	8	88	3 %	1 %
1750	4	13	3	9	28	11	2	5	18	93	4 %	2 %
1780	5	26	2	24	28	8	4	1	8	106	5 %	2 %
1810	1	26	11	6	30	7	4	4	11	100	5 %	2 %
1840	12	26	2	18	47	11	3	4	13	136	6 %	3 %
1870	7	36	8	37	36	14	6	3	21	168	7 %	4 %

Leistungsalter woanders wohnen, aber es war dem Verfasser, da ja Ahnenlistenmaterial nicht repräsentativ ist, kein Verfahren erkennbar, wie man zu repräsentativen Quoten auch bei den Abwanderern (ROSENTHAL 1930) gelangen kann. Über die Sozialstruktur, soziale Herkunft und Zielgebiete der Abwanderer hätte man dennoch einiges aussagen können. Daß darauf in dieser Untersuchung verzichtet wurde, hatte allein arbeitstechnische Gründe. Man hätte alle durchgesehenen rund 1 000 AL nach abwandernden Personen absuchen müssen, was noch einmal einen derartigen zusätzlichen Aufwand bedeutet hätte, daß dieser Fragestellung später einmal in einer speziellen Untersuchung nachgegangen werden sollte.

Der beständige Strom von Einwanderern ins Untersuchungsgebiet (vgl. Tab. 42) stammte zum allergrößten Teil aus den unmittelbaren Nachbargebieten. Die Lausitz, die vor 1815 sächsischen Gebiete und Thüringen waren stets und ständig Gebiete, aus denen ein Teil der Überschußbevölkerung ins Untersuchungsgebiet ab- bzw. zuwanderte. Weiter entfernte Gebiete und gar Nicht-Deutsche spielten nur eine geringe Rolle. (Bei „Brandenburg" ist zu beachten, daß dazu auch die Gebiete um Halle und Magdeburg gezählt wurden, so daß es sich auch hier zum Teil um Nahwanderung zwischen dem Leipziger und Halleschen Raum handelt.) Daß die Einwanderung aus der Ferne stärker auf die großen Städte gerichtet war, als auf die Dörfer, ging schon aus den vorangegangenen Tabellen klar hervor.

Ein besonders interessantes Beispiel dafür, daß auch im 17. Jh. die Zuwanderung durch Angebot und Nachfrage an Arbeitsplätzen mit geregelt wurde, ist die Tatsache, daß die Zuwanderung aus den unmittelbaren Nachbargebieten stets konstant um 2,5 % pro Generation (s. Abb. 35) betrug. Als die Exulanten aus Böhmen kamen, reduzierte sich die Zuwanderung aus den anderen Nachbargebieten genau in dem Maße, daß die konstante Zuwanderung aus allen Nachbargebieten in der Gesamtsumme erhalten blieb. Als z. B. in der ersten Exulantenwelle um 1630 viele evangelische Pfarrer aus Böhmen nach Sachsen kamen, besetzten sie die frei werdenden Pfarrstellen, und die Substituten aus dem Kurkreis um Wittenberg und Thüringen hatten keine Chance, im Untersuchungsgebiet eine Pfarrstelle zu erhalten. In der Generation mit dem mittleren Leistungsalter um 1595 betrug die Zuwanderung aus den unmittelbaren Nachbargebieten (d. h. die Summe der Zuwanderung aus Böhmen, Thüringen, der Lausitz und den vor 1815 sächsischen Gebieten) 2,4 % der Gesamteinwohnerzahl des Untersuchungsgebietes, 1630 2,5 %, 1660 2,8 %, 1720 2,5 %, ist also tatsächlich fast konstant. Der Anteil der Zuwanderer aus Böhmen stieg dabei aber von 0,3 % 1595 auf 1,0 % 1630, auf 1,7 % 1660 und geht dann wieder auf 1,2 % 1690 und 0,3 % 1720 zurück. Entsprechend gegenläufig war die Zuwanderung aus den anderen unmittelbaren

Räumliche Mobilität 177

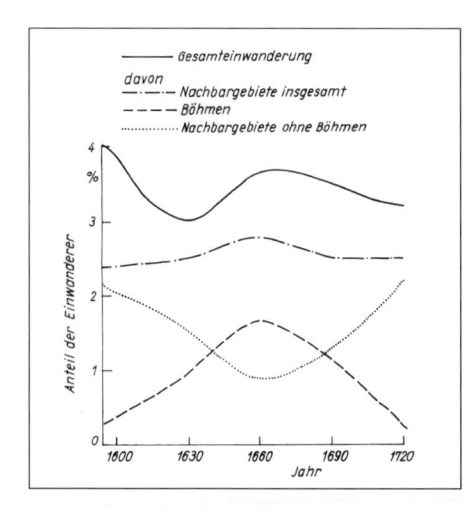

Abb. 35: Anteil der Einwanderer, dabei Summe der Nachbargebiete mit und ohne Böhmen ausgewiesen: Kernsachsen 1595–1720

Nachbargebieten (wobei Oberfranken kaum zu den Schwankungen beiträgt und deshalb außerhalb der Betrachtung geblieben ist).
Die böhmischen Exulanten kamen in mehreren Wellen. Die ersten Zuwanderer bereits 1623/24, z. B. Pfarrer und Bürgermeister vormals evangelischer Dörfer und Städte, die in den größeren sächsischen Städten ansässig wurden. Dann folgte am Ausgang des Dreißigjährigen Krieges die Hauptmasse, die zu zwei Dritteln auf dem Land ansässig wurde und zu einem Drittel in kleinen Städten und der Neugründung Johanngeorgenstadt. Diese zweite Welle hatte einen hohen Handwerkeranteil. Bis nach 1700 folgten dann immer noch Personen und Familien nach, die sich zumeist in kleineren Städten ansiedelten. Im Laufe des 18. Jh. ging dann die Wanderung zwischen Sachsen und Böhmen (im böhmischen Platten stammen von 1665–89 31 % aller Traupartner aus Sachsen; von 1749–83 immerhin 16 %) auf das Niveau zurück, wie man es zwischen zwei durch eine Glaubensgrenze getrennten Ländern erwartet, die durch Handel und Wandel aber weiter verbunden sind. So daß es einzelne Übertritte, auch mit Konfessionswechsel verbunden (vgl. POHL 1965), etwa zwischen zwei benachbarten Erzgebirgsdörfern, stets und immer wieder einmal gegeben hat.
Eine Frage, die mehrfach gestellt worden ist (vgl. BLASCHKE 1967, S. 113), betrifft die absolute Zahl böhmischer Exulanten in Sachsen. BLASCHKE (S. 115) schreibt: „Der zahlenmäßige Anteil der böhmischen Exulanteneinwanderung an der Bevölkerung Sachsens läßt sich vielleicht mit 5 % angeben. Ihre Bedeutung für die sächsische Wirtschaft liegt darin, daß sie die Zahl der in Berg-

bau, Gewerbe und Landwirtschaft tätigen Arbeitskräfte vermehrte. Es kann dagegen nicht gesagt werden, daß sie etwas qualitativ Neues geschaffen hätte, da Sachsen um die Mitte des 17. Jh. an sich schon in wirtschaftlicher Beziehung zu den fortgeschritteneren Ländern gehörte." Wenn wir unsere Zahlen für die böhmische Zuwanderung im 17. Jh. kumulieren, kommen wir wie BLASCHKE auf eine Größenordnung von 4–5 %, was mit einer völlig anderen Methode eine schöne gegenseitige Bestätigung sein dürfte.

Für die absolute Gesamtsumme meint BLASCHKE: „Daß sie auf jeden Fall einige Zehntausend ausgemacht hat, bleibt unbestritten, ohne daß sich jedoch genauere Angaben machen ließen." Mit unseren Zahlen kämen wir von 1620 bis 1700 auf eine Zuwanderung von rund 12 000–15 000 Personen ins Untersuchungsgebiet, für das Gebiet mit der Lausitz auf rund 20 000 oder auch 25 000 Personen. Unsere Schätzungen beziehen sich dabei auf Personen, die selbst im arbeitsfähigen Alter waren bzw. später eine Familie gegründet haben. Die Zahl der mitgebrachten Kinder, die vor diesem Alter starben, läßt sich mit unserer Methode hier nicht schätzen. Die Gesamtzahl der Einwanderer war also sicher noch etwas höher, da auch erwachsene Flüchtlinge ein höheres Risiko eingehen, sozial zu scheitern (und somit nicht in unseren Statistiken auftauchen können), für einen Teil von ihnen Sachsen nur Durchgangsland war und Kursachsen 1700 territorial ja viel größer war als unser Untersuchungsgebiet. Wären die Exulanten nicht gekommen, dann wäre die Gewerbeentwicklung an einigen Orten im Erzgebirge sicher etwas anders abgelaufen. Der bestehende Arbeitskräftebedarf wäre aber durch Zuwanderer aus Thüringen und der Lausitz gedeckt worden. Insgesamt gesehen wäre sicher eine ähnliche Entwicklung abgelaufen, nur die Standorte wären in einigen Fällen andere. Erst im 19. Jh., während der Industriellen Revolution, verstärkte sich auch wieder die Zuwanderung aus Böhmen. Bauarbeiter aus dem Böhmischen kamen z. B. nach Chemnitz (FROEHNER 1909). In dieser Zeit setzt auch eine Zuwanderung von Juden, besonders aus dem zu Rußland gehörenden Königreich Polen, in die sächsischen Großstädte ein. Zwar haben wir auch zwei ausdrücklich als Juden ausgewiesene Personen in der entsprechenden Stichprobe, doch ist dieser Anteil kaum repräsentativ (ARNOLD 1986). Es sind dem Verfasser keine Zahlen bekannt, wann die jüdische Zuwanderung einsetzte und wie hoch sie vor 1871 war. Daß in einer „Deutschen Ahnengemeinschaft", auf deren Material unsere Stichproben praktisch beruhen, Juden unterrepräsentiert sind, darüber wird sich kaum jemand wundern. Wir müssen dennoch hier ausdrücklich auf diese Schwachstelle unserer Untersuchung hinweisen.

Ohne der zusammenfassenden Betrachtung vorzugreifen, möchten wir bereits an dieser Stelle den Schluß ziehen, daß der beständige Einwanderungsüberschuß eine der Ursachen und Voraussetzungen für die Entwicklung war, die Sachsen bis 1880 zur wirtschaftlichen Blüte führte. Noch deutlicher wird das, wenn man sich im klaren darüber ist, daß der Niedergang des Landes ab 1933 auch mit der Vertreibung der Juden begann und sich ab 1945 mit dem Flüchtlingsstrom nach Westen fortsetzte.

EXKURS 9

Zwickau, Reinsdorf und Friedrichsgrün um 1870

1870 hat Zwickau 27 000 Einwohner (BLASCHKE 1957), die schon nicht mehr innerhalb der Stadtmauern Platz finden. (Zur Eingemeindung des ersten Dorfes kommt es aber erst 1895.) In der Nähe von Zwickau wurde von den Bauern Steinkohle in einfachen Löchern auf den Feldern schon im 16. Jh. abgebaut. Mit dem Einsatz von dampfmaschinengetriebenen Pumpen für die Wasserhaltung wurde die Förderung aus größeren Tiefen möglich, und der Abbau dehnte sich auch auf die Reinsdorfer Flur aus, im Unterdorf in Richtung Zwickau. Von 1856 bis 1874 wurden in Reinsdorf 6 Schächte geteuft. Durch eine Kohleneisenbahn wurden die Schächte mit Zwickau verbunden. 1870 hatte Reinsdorf rund 2 600 Einwohner. In der Nähe der Schächte und etwa 1 km entfernt vom übrigen Dorf, an der alten Kohlenstraße von Zwickau nach Wildenfels, begann eine völlig neue Arbeiterwohnsiedlung zu entstehen, die „Wilhelmshöhe" (REINSDORF 1954). Friedrichsgrün hatte 1870 rund 1 800 Einwohner. Da die wirtschaftliche Lage der Handweber immer schwieriger wurde, begannen immer mehr Männer, Arbeit auf den Schächten auf Reinsdorfer Flur anzunehmen (FRIEDRICHSGRÜN 1955). Und da die Situation in Friedrichsgrün deutlich schlechter war als in den Nachbarorten, ist es nicht verwunderlich, daß es früh zur „roten Hochburg" in der Gegend wurde. Bereits 1875 gab es die ersten 3 Mitglieder der SAPD in Friedrichsgrün (ZWAHR 1987). 1870 kommt es im Raum Zwickau zum ersten großen Bergarbeiterstreik mit 6 000 Beteiligten.

Die Väterlinien der Beyer und Weigel, beide um 1860 Weber in Friedrichsgrün bei Zwickau

Beyer, Franz Emil (AL 11414)
    Bergarbeiter, wohnhaft in Friedrichsgrün, Ah Zwickau; geboren 1858, tödlich verunglückt auf einem Schacht bei Zwickau 1894
        m 1881 mit einer Fabrikarbeiterin und Tochter eines Bergmanns in Friedrichsgrün
sein Vater:
    Beiwohner und Weber in Friedrichsgrün
        m 1857 mit der Tochter eines Meisters, Zeug-, Lein- und Wollwebers in Friedrichsgrün
dessen Vater:
    Meister, Zeug-, Lein- und Wollweber in Friedrichsgrün
        m 1826 mit der Tochter eines Zeug-, Lein- und Wollwebers in Friedrichsgrün
dessen Vater:

Zimmermann in Ortmannsdorf, Ah Zwickau
>	m 1799 mit einer Hebamme und Tochter eines Einwohners in Schedewitz, Ah Zwickau

dessen Vater:
Zimmermann und Gärtner in Ortmannsdorf, kauft 1758 das Gartengut seines Vaters für 400 fl.
>	m 1763 mit der Tochter eines Schankwirts und Gärtners in Ortmannsdorf

dessen Vater:
Gärtner und Leinewandhändler in Ortmannsdorf, kauft 1726 den Garten des Vaters für 300 fl.
>	m 1733 mit der Tochter eines Bauern in Ortmannsdorf

dessen Vater:
Gärtner und Leinewandhändler in Ortmannsdorf, kauft 1684 den Garten vom Vater für 194 fl.
>	m um 1690 mit der Tochter eines Bauern in Ortmannsdorf

dessen Vater:
Gärtner in Ortmannsdorf, ab 1661 nachweisbar

dessen Vater:
Bauer in Ortmannsdorf, kauft 1624 das Gut des Schwiegervaters für 1 500 fl.

dessen Vater:
Bauer in Ortmannsdorf, kauft 1605 das Gut für 1 000 fl.
>	m vor 1605 mit der Tochter eines Bauern und Gerichtsschöppen in Ortmannsdorf

Weigel, Carl August (AL 11414)
1862 Weber und Einwohner in Friedrichsgrün, Ah Zwickau; 1876 Bergmann
>	m 1862 mit der Tochter eines Meisters, Zeug-, Lein- und Wollwebers und ansässigen Einwohners in Friedrichsgrün

sein Vater:
Meister, Tuchmacher und Bürger in Kirchberg, Ah Zwickau
>	m 1839 mit der Tochter eines Tuchmachers in Kirchberg

dessen Vater:
Tuchmacher und Tuchhändler in Kirchberg
>	m II 1814 mit der Tochter eines Bürgers und Tuchmachermeisters in Kirchberg

dessen Vater wiederum:
Weißbäcker in Kirchberg, stirbt 1813 verarmt
>	m 1778 mit der unehelichen Tochter eines Soldaten, der später in Kirchberg Tuchmachermeister ist, aber nicht mit der Mutter des unehelichen Kindes verheiratet ist

dessen Vater:
Weißbäckermeister in Scheibenberg, Ah Annaberg
>	m 1753 mit der Tochter eines Bürgers und Schichtmeisters in Scheibenberg; vordem in Grünstädtel, Ah Schwarzenberg

dessen Vater:
Meister, Bürger und Weißbäcker in Scheibenberg; Pachtmüller auf der Obermühle
>	m II 1722 mit der Tochter eines Coinspectoris, Ratsverwandten und Schichtmeisters in Scheibenberg, 1697 auch Spitzenhändler

dessen Vater:

Bürger und Tagelöhner in Scheibenberg
   m 1682, der Schwiegervater ist auf einem Brünlasgut, zwischen Elterlein und Scheibenberg, erbangesessen
dessen Vater:
Maurer zu Schwarzbach, Ah Annaberg, um 1660

Land-Stadt-Wanderung und Soziale Mobilität

Thost, Hermann Ludwig (AL 7290)
   Geboren 1821, gestorben 1890; Kauf- und Handelsherr in Zwickau
      m 1843 mit der Tochter eines Kohlengutbesitzers in Bockwa, Ah Zwickau
sein Vater:
Krempelsetzermeister in Zwickau
   m 1811 mit der unehelichen Tochter des Stadtpfeifergesellen zu Zwickau
dessen Vater:
Bürger und Schuhmacher-Obermeister zu Zwickau, Mitvorsteher des Kirchenkastens und Rats-Stadtviertelsmeister zu Zwickau
   m 1780 mit der Tochter eines Böttchermeisters in Zwickau
dessen Vater wiederum:
Viktualienhändler und seit 1765 Bürger zu Zwickau, vorher sächsischer Grenadier
   m 1754 mit der Tochter eines Krempelsetzermeisters in Zwickau
dessen Vater:
Jäger zu Wurzbach in Thüringen; geboren 1704
dessen Vater:
Schlosser zu Oßla bei Wurzbach; geboren 1670, ermordet 1724
dessen Vater:
Bergmann zu Lobenstein
   m 1666; die Frau stammt aus Lobenstein

Falcke, Richard Oskar (AL 7745)
   Geboren 1829, gestorben 1860; Kaufmann in Hohenstein, Ah Glauchau; Königlich Sächsischer Leutnant
      m 1854 mit der Tochter eines Kauf- und Handelsherrn zu Hohenstein
sein Vater:
Kauf- und Handelsherr in Hohenstein
   m 1816 mit der Tochter des Bürgermeisters und Stadtrichters zu Hohenstein, zugleich Kauf- und Handelsherr
dessen Vater:
Kauf- und Handelsherr in Hohenstein; Kommerzienrat
   m 1786 mit der Tochter eines Strumpfwirkers, Handelsmanns und Ratsassessors in Hohenstein
dessen Vater wiederum:
Bürger, Kauf- und Handelsdeputierter in Leipzig
   m 1754 in Gera
dessen Vater:
Posthalter und Postmeister; Landkutscher und Gastwirt „Zum güldenen Roß" in Gera

m 1714 mit der Tochter eines Bürgers und Landkutschers in Altenburg
dessen Vater:
Bürger und Landfuhrmann in Gera
m 1674 in Gera
dessen Vater:
in Deschwitz bei Gera
m 1647; die Frau stammt aus Lichtenberg bei Gera

Heinrich, Sigismund Franziskus (AL 7396)
Geboren 1790, gestorben 1870; Seifensiedermeister in Waldenburg, Ah Glauchau; später Spediteur; zeitweilig provisorischer Kommun-Vorsteher
m 1823 mit der Tochter eines Bürgers und Huf- und Waffenschmieds in Waldenburg
sein Vater:
Advokat in Waldenburg
m 1789 mit der Tochter eines Bürgers und Bäckermeisters in Waldenburg
dessen Vater:
Magister; Pfarrer in Köhra, Ah Grimma; dann in Gautzsch (jetzt Markkleeberg) bei Leipzig
m 1752 mit der Tochter eines Bürgers und Seifensiedemeisters in Mügeln, Ah Oschatz
dessen Vater wiederum:
Bürger und Schneidermeister in Oschatz
m 1715 mit der Tochter des Kirchners und Schuldieners in Ganzig, Ah Oschatz
dessen Vater:
1698 Bürger und Stadtschäfer in Oschatz; gestorben 1707

Kapitel 6

Die Herkunft des städtischen Proletariats

1. Die Binnenwanderung 1780–1870

Die Frage nach der Herkunft des städtischen Proletariats läßt sich nur beantworten, wenn man früh genug die Dörfer mit in die Betrachtung einbezieht, die später Bestandteil von Städten werden oder selbst das Stadtrecht erhalten.
Vergleicht man um 1780 (s. Tab. 43) die „stadtfernen" Dörfer, d. h. die Dörfer, die selbst 1988 noch Dörfer sind (auch wenn sie vielleicht gar nicht stadtfern sind, sondern unmittelbar an eine Stadt grenzen) mit den verstädternden Dörfern (s. Abb. 36), dann fällt vor allem der niedrigere Landhandwerkeranteil in den verstädternden Dörfern auf. Das Handwerk der nahegelegenen Stadt erdrückt und erschwert die Entwicklung des Handwerks in den unmittelbar vor den Toren der Stadt gelegenen Dörfern, in denen die Struktur der bäuerlichen Bevölkerung kaum anders ist als in den entlegeneren Dörfern. In den Dörfern, etwa vor den Toren Leipzigs, wohnten um 1780 Markthelfer und Handarbeiter, die zum Teil

Tabelle 43
Anteile (in %) der Vollbauern, der Landhandwerker, der landwirtschaftlichen Betriebe mit Nebenerwerb, der Kleinbauern und der Häusler (als Handarbeiter und dabei Hausgenossen mit Familie einschließend) in stadtfernen und später verstädternden Dörfern (d. h. in Dörfern, die später in Städte eingemeindet oder selbst Städte werden): Sachsen (in den Grenzen nach 1815 ohne Oberlausitz) 1780–1810

	1780 stadtfern	1780 verstädternd	1810 stadtfern	1810 verstädternd
Vollbauern	40	39	38	31
Landhandwerker	20	14	23	32
Bauern mit Nebenerwerb	9	10	8	9
Kleinbauern	22	17	18	15
Häusler	11	19	14	13
n	595	238	462	176

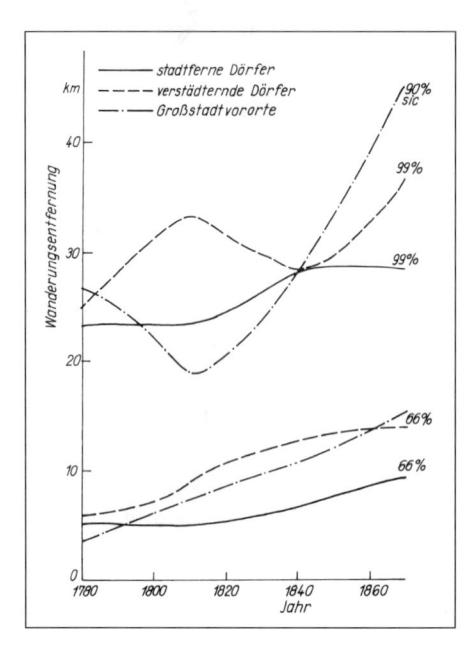

Abb. 36: Wanderungsentfernung der Landbevölkerung Sachsens (getrennt nach Agglomerationstyp der Dörfer) 1780–1870

unmittelbar beim Gewerbe der Messestadt in Lohn standen. Die Handwerker dieser Dörfer aber konnten mit den zünftigen Handwerkern der Stadt in der Regel nicht konkurrieren. Um 1800 etwa begann sich das Bild zu ändern: Dörfer in der Nähe der späteren Großstädte und andere „Industriedörfer" wurden bevorzugte Gewerbestandorte, auch für die klassischen Handwerksberufe. Innerhalb von nur 30 Jahren, von 1780 bis 1810, war in den verstädternden Dörfern der Gesamtanteil der gewerblich tätigen Bevölkerung (Landhandwerker und Häusler) von 33 % auf 45 % gestiegen. Die Entstehung neuer Verdichtungsräume, neuer Ballungsräume, begann sich anzudeuten.

Der Umschlagpunkt um 1800 läßt sich noch durch ein weiteres Ergebnis in Tab. 44 auf eindrucksvolle Weise belegen. Bis etwa um 1800 ist die Wanderungsbilanz der verstädternden Dörfer (s. auch Abb. 38) gegenüber dem weiter gespannten ländlichen Umlauf negativ. Mit anderen Worten: Da es in Stadtnähe durch die Konkurrenz der Stadt für die Gewerbeentwicklung Hemmnisse gab, fand der eigene Bevölkerungsüberschuß der stadtnahen Dörfer in diesen selbst nicht genügend neue Arbeitsplätze und war teilweise zur Abwanderung in weiter entlegene Dörfer bzw. neu entstehende ländliche Gewerbegebiete gezwungen. So gab es eben Personen, die aus Dörfern in der nächsten Umgebung von Leipzig

Tabelle 44
Herkunft (in %) der Landbevölkerung in verstädternden Dörfern (d. h. in Dörfern, die später in Großstädte eingemeindet werden bzw. in Dörfern, die selbst Städte werden oder in andere als Großstädte eingemeindet werden) im Vergleich zu stadtfernen Dörfern: Sachsen (in den Grenzen nach 1815 ohne Oberlausitz) 1780–1870

Ihre Väter und Schwieger- väter wohnten in	Die Söhne wohnten in						
	späteren Großstadt- vororten (1)	anderen ver- städternden Dörfern (2)	verstädtern- den Dörfern insgesamt (1)+(2)	stadt- fernen Dörfern (3)	Dörfern insgesamt (1)+(2)+(3)	n	±n von (3)
(1) 1780	71		21	1	4	59	–6
1810	64		27	1	6	61	+12
1840	52	1	24	1	6	81	+33
1870	41		26	1	8	108	+67
(2) 1780	3	63	46	5	11	156	–14
1810	5	52	32	4	9	97	+50
1840	4	49	28	4	9	126	+26
1870	5	41	18	4	8	114	+24
(3) 1780	13	29	24	91	81	1120	0
1810	27	40	35	92	82	912	0
1840	33	43	39	90	80	1108	0
1870	33	48	39	90	76	1049	0
Städten							
1780	13	8	9	3	4	53	+86
1810	4	8	6	3	4	39	+113
1840	11	8	9	6	7	91	+112
1870	21	11	15	5	8	104	+183
1780	100	100	100	100	100	1388	–66
1810	100	100	100	100	100	1109	–118
1840	100	100	100	100	100	1396	–171
1870	100	100	100	100	100	1385	–274
n							
1780	62	153	215	1173	1388	1388	–66
1810	81	114	195	914	1109	1109	–118
1840	132	160	292	1104	1396	1396	–171
1870	237	142	379	1006	1385	1385	–274
Einwohnerzahl absolut in Tausend							
1780	20	54	74	450	524		–27
1810	47	73	120	546	666		–71
1840	81	101	188	701	889		–105
1870	214	126	340	920	1260		–248

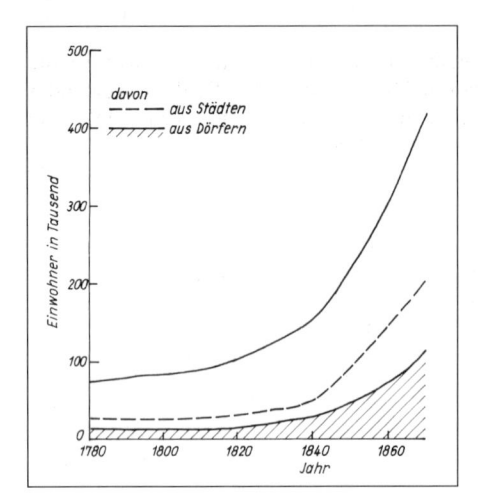

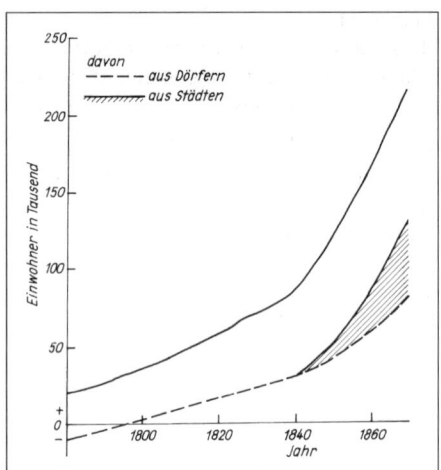

Abb. 37: Einwohnerzahl der Großstädte Sachsens und absoluter Wanderungsgewinn aus Dörfern und kleineren Städten 1780–1870

Abb. 38: Einwohnerzahl der Großstadtvororte Sachsens und absoluter Wanderungsgewinn aus anderen Dörfern und Städten 1780–1870

z. B. in die neuen gewerbefleißigen Dörfer bei Burgstädt zogen oder von Dörfern bei Zwickau ins Mülsental.

Erst während der Industriellen Revolution kommt es zu den Wanderungsströmen (vgl. Abb. 37), durch die die neuen Ballungsräume (SCHOLZ 1977) entstehen. In den späteren Großstadtvororten (s. Tab. 44) waren um 1870 nur noch 41 % der Einwohner im Leistungsalter aus demselben Dorf bzw. auch aus einem späteren Großstadtvorort, 33 % waren aus stadtfernen Dörfern zugewandert, 21 % aus Städten. Das heißt, die späteren Großstadtvororte begannen um diese Zeit die Sogwirkung, auch auf kleinere Städte, zu zeigen, wie sie für zentrale Orte bzw. die Großstadt typisch ist, mit der diese Dörfer jetzt zusammenwachsen. Es ist aber auch diese Größenordnung der Zuwanderung vom Land, die man sich vor Augen führen muß, wenn man über die soziale Herkunft des städtischen Proletariats zu realistischen Vorstellungen gelangen will. Denn bei den anderen verstädternden Dörfern, also bei denen, die später Stadtrecht erhalten oder in kleinere und mittlere Städte eingemeindet werden, stieg der Anteil der Zuwanderer um 1870 aus stadtfernen Dörfern bis auf 48 %, also auf rund die Hälfte aller Einwohner in dieser Generation. Diese Dynamik bleibt in dieser Größenordnung bis etwa 1900 oder 1910 (LENGER und LANGEWIESCHE 1988; FROEHNER 1909) erhal-

Tabelle 45
Herkunft (in %) der Stadtbevölkerung, getrennt betrachtet nach kleineren und mittleren Städten im Vergleich zu den späteren Großstädten: Sachsen (in den Grenzen nach 1815 ohne Oberlausitz) 1780–1870

Ihre Väter und Schwiegerväter wohnten in	kleineren Städten	mittleren Städten (1)	Chemnitz, Plauen, Zwickau	Dresden, Leipzig	n
stadtfernen Dörfern (2)					
1780	16	9	14	15	120
1810	17	15	15	15	126
1840	22	17	13	13	177
1870	23	22	37	25	231
Dörfern insgesamt					
1780	20	10	16	19	148
1810	22	20	18	18	162
1840	27	25	21	24	228
1870	29	30	48	30	290
in derselben Stadt oder in einer Stadt gleicher Größenordnung					
1780	78	75	66	49	
1810	71	60	58	56	
1840	65	58	63	48	
1870	63	51	26	42	
(3)					
1780	100	100	100	100	
1810	100	100	100	100	
1840	100	100	100	100	
1870	100	100	100	100	
n					
1780	479	165	73	132	849
1810	423	158	66	142	789
1840	441	189	52	205	887
1870	349	158	102	313	922

(1) Als mittlere Städte gelten in dieser Tabelle: Annaberg, Döbeln, Frankenberg, Freiberg, Glauchau, Großenhain, Meißen, Mittweida, Oschatz, Pirna, Reichenbach, Schneeberg, Zschopau.
(2) Als stadtferne Dörfer gelten die, die auch später Dörfer geblieben sind. Die Differenz zwischen den stadtfernen Dörfern und den Dörfern insgesamt sind also die Dörfer, die später in Städte eingemeindet werden oder selbst Stadtrecht erhalten.
(3) Die fehlende und in der Tabelle nicht gesondert ausgewiesene Differenz der Spaltensummen zu 100 sind jeweils diejenigen, die aus Städten anderer Größenordnung zugewandert sind.

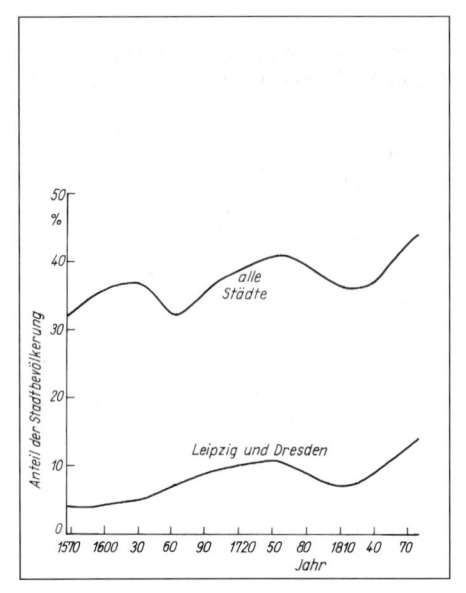

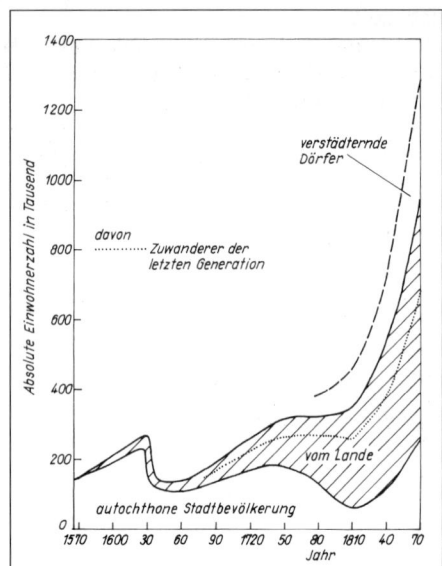

Abb. 39: Anteil der Stadtbevölkerung und der Einwohnerzahl von Leipzig und Dresden: Sachsen (ohne Oberlausitz) 1565–1870

Abb. 40: Entwicklung der absoluten Einwohnerzahl aller Städte: Sachsen (ohne Oberlausitz) 1565–1870

ten. Betrachtet man dagegen die stadtfernen Dörfer, bei denen stets um 90 % ihrer Einwohner ebenfalls aus stadtfernen Dörfern waren und blieben, so belegt das nochmals, was für eine neue Welt im 19. Jh. mit dem Zuzug in die Ballungsgebiete zu entstehen beginnt. (Die 5–6 % Austausch der stadtfernen Dörfer mit allen anderen verstädternden Dörfern sind einfach der stets übliche Austausch zwischen unmittelbar benachbarten Dörfern.) – Die letzten Zeilen der Tab. 44 geben an, wie groß die Absolutzahl der jeweiligen Bevölkerung war: In den späteren Großstadtvororten kam es zum exponentiellen Wachstum und von 1780 bis 1870 zu einer Verelffachung der Bevölkerung (vgl. Abb. 38), während sich im selben Zeitraum die Einwohnerzahl der stadtfernen Dörfer nur verdoppelte.
Analysieren wir in Tab. 45 dagegen die Herkunft der Stadtbevölkerung, so fällt auf, daß bis etwa 1820 die kleineren Städte vom Lande einen relativ stärkeren Zuzug erhielten als die mittleren und großen Städte. Übertroffen wurden die kleineren Städte (s. Tab. 44) dabei nur noch von den neu entstehenden gewerblichen Zentren, d. h. den anderen verstädternden Dörfern. Das ist noch ein Beleg dafür, daß

Tabelle 46
Wanderungssalden zwischen Städten verschiedener Größenordnung und Dörfern verschiedener Ballungsnähe: Sachsen (in den Grenzen nach 1815 ohne Oberlausitz) 1780–1870, Absolutzahl aller wandernden Personen in den Stichproben

Ihre Väter und Schwiegerväter wohnten in	Die Söhne wohnten in					
	späteren Großstadtvororten	anderen verstädternden Dörfern	kleineren Städten	mittleren Städten (1)	Chemnitz, Plauen Zwickau, Leipzig, Dresden	n
stadtfernen Dörfern						
1780	−6	−14	+53	+7	+26	1240
1810	+13	+12	+50	+21	+28	1038
1840	+33	+26	+49	+22	+41	1285
1870	+67	+24	+43	+33	+107	1280
späteren Großstadtvororten						
1780	–	−1	−2	−3	+3	65
1810	–	−2	−2	−4	+2	64
1840	–	−4	−2	0	+3	96
1870	–	−12	−19	−3	−2	134
anderen verstädternden Dörfern						
1780	+1	–	+9	0	+1	178
1810	+2	–	+16	+6	+2	130
1840	+4	–	+10	+8	+6	162
1870	+12	–	+5	+5	+7	147
kleineren Städten						
1780	+2	−9	–	+11	+26	511
1810	+2	−16	–	+7	+21	450
1840	+2	−10	–	+3	+20	503
1870	+19	−5	–	+4	+52	421
mittleren Städten (1)						
1780	+3	0	−11	–	+16	178
1810	+4	−6	−7	–	+8	163
1840	0	−8	−3	–	+10	207
1870	+3	−5	−4	–	+30	170
n						(2)
1780	62	153	479	165	205	2237
1810	81	114	423	158	208	1898
1840	132	160	441	189	257	2283
1870	237	142	349	158	415	2307

(1) Als mittlere Städte gelten in dieser Tabelle: Annaberg, Döbeln, Frankenberg, Freiberg, Glauchau, Großenhain, Meißen, Mittweida, Oschatz, Pirna, Reichenbach, Schneeberg, Zschopau.
(2) Die Differenz zwischen dieser Summe und den Summanden der vorangehenden 5 Spalten ist das n für stadtferne Dörfer.

Tabelle 47
Wanderungssalden zwischen Städten verschiedener Größenordnung und Dörfern verschiedener Ballungsnähe: Sachsen (in den Grenzen nach 1815 ohne Oberlausitz) 1780–1870, aus den Stichproben geschätzte Absolutzahl (1) in der Gesamtbevölkerung in Tausend

Ihre Väter und Schwieger- väter wohnten in	späteren Großstadt- vororten	anderen ver- städternden Dörfern	kleineren Städten	mittleren Städten (2)	Chemnitz, Plauen, Zwickau, Leipzig, Dresden
stadtfernen Dörfern					
1780	–2	–5	+19	+3	+9
1810	+7	+6	+27	+11	+15
1840	+21	+16	+31	+14	+26
1870	+64	+23	+41	+31	+102
späteren Großstadtvororten					
1780	–	–0,4	–0,7	–1	+1
1810	–	–1	–1	–2	+1
1840	–	–3	–1	0	+2
1870	–	–11	–18	–3	–2
anderen verstädternden Dörfern					
1780	+0,4	–	+3	0	+0,4
1810	+1	–	+9	+3	+1
1840	+3	–	+6	+5	+4
1870	+11	–	+5	+5	+7
kleineren Städten					
1780	+0,7	–3	–	+4	+9
1810	+1	–9	–	+4	+11
1840	+1	–6	–	+2	+13
1870	+18	–5	–	+4	+49
mittleren Städten (2)					
1780	+1	0	–4	–	+6
1810	+2	–3	–4	–	+4
1840	0	–5	–2	–	+6
1870	+3	–5	–4	–	+29

(1) Berechnet auf der Grundlage der Absolutzahl aller wandernden Personen in den Stichproben (vgl. Tab. 46) und ihrem jeweiligen Bevölkerungsanteil.
(2) Als mittlere Städte gelten in dieser Tabelle: Annaberg, Döbeln, Frankenberg, Freiberg, Glauchau, Großenhain, Meißen, Mittweida, Oschatz, Pirna, Reichenbach, Schneeberg, Zschopau.

diese Phase Wachstumseigenschaften aufweist, wie sie für die Protoindustrialisierung als typisch angesehen werden. Es muß aber dabei betont werden, daß die neu entstehenden Gewerbelandschaften, etwa zwischen Zwickau und Chemnitz (GROHMANN 1988), auch deutliche Tendenzen zur inneren Strukturierung und räumlichen Konzentration aufweisen. Dörfer, die später Städte werden, wie Oberlungwitz und Limbach und Oberfrohna (SCHÖNE 1982), liegen dicht bei solchen, bei denen die landwirtschaftliche Einkommensstruktur weiter überwog.
Um 1870 haben die mittleren Städte gegenüber den kleineren eine um eine Ordnung größere Zuzugsdynamik. Aber auch bei den späteren Großstädten gibt es deutliche Unterschiede. Die Zentren erster Ordnung (wenigstens nach mitteleuropäischen Maßstäben), Dresden und Leipzig, entwickeln sich früher als die anderen drei kleineren sächsischen Großstädte (s. Abb. 39). Die Zuwanderer nach Dresden und Leipzig kommen aber eher aus Städten niederer Zentralität als aus Dörfern. Diese beiden größten sächsischen Städte zeigen also eine regionale und soziale Verteilung der Zuwanderer, wie sie von SCHULTZ (1987a) als typisch auch für die Residenzstadt Berlin gefunden wurde. Im Unterschied dazu entwickeln sich Chemnitz (FLINZER 1872), Plauen und Zwickau später. Vor allem Chemnitz weist aber dann um 1870 ein stürmisches und fast amerikanisches Wachstumstempo auf (FROEHNER 1909), das das von Dresden und Leipzig übertrifft (vgl. auch Abb. 40). Die Stichprobenzahlen sind zu klein, als daß man die 26 % der Einwohner von Chemnitz, Plauen und Zwickau, die um 1870 aus denselben Städten stammen bzw. einer Stadt gleicher Größenordnung und die 48 % Herkunft aus Dörfern nun als völlig zutreffend ansehen sollte, aber die Tendenz stimmt, vor allem im Vergleich zu Dresden und Leipzig.
Die bereits bei der Interpretation der Tab. 44 und 45 gemachten Feststellungen werden noch einmal durch die Tab. 46 und 47 unterstrichen. Die Absolutzahlen für alle wandernden Personen in den Stichproben (in Tab. 46) sind die Grundlage für die Errechnung der Absolutzahlen in der Gesamtbevölkerung (s. Tab. 47). Hier finden wir alles noch einmal wieder (in Tausenden wandernden Personen pro Generation): Die 7 000 Personen der Generation mit dem mittleren Leistungsalter um 1780, die aus verstädternden Dörfern in stadtferne zogen, da sie in der Stadtnähe unter dem Konkurrenzdruck der Stadt nicht genügend neue gewerbliche Arbeitsplätze fanden. Die 27 000 Personen, die um 1810 in kleinere Städte zogen, zu denen 11 000 Wegzüge aus stadtfernen Dörfern in mittlere und 15 000 in die späteren Großstädte hinzukommen. Also insgesamt mehr Wegzüge in kleinere Städte als in größere. Um 1870 ist das aber ganz anders: Den 41 000 Wegzügen in kleinere Städte stehen nicht nur 102 000 in die späteren Großstädte gegenüber, es kommen auch noch 64 000 in die Großstadtvororte hinzu. War bis

etwa 1850 das Wanderungssaldo zwischen den kleineren Städten und den anderen verstädternden Dörfern zu den späteren Großstadtvororten fast ausgeglichen, so ziehen die Großstadtvororte um 1870 aus kleineren Städten 18 000 Personen an, aus anderen verstädternden Dörfern 11 000. – In derselben Generation geben die kleineren Städte dann 49 000 Personen an die späteren Großstädte ab, die mittleren 29 000.

1903 äußerte sich BÜCHER über die „Volkszunahme seit 1750" (auf S. 6): „Denn es hat in dem gleichen Zeitraum auch eine örtliche Verschiebung der Bevölkerung stattgefunden. ... Man hat für diesen Umschichtungsvorgang das Schlagwort vom Zuge nach der Stadt geprägt. Es ist selten ein unpassenderer Ausdruck erfunden worden. Gerade die Orte, deren Bevölkerung am meisten zugenommen hat und noch heute am raschesten zunimmt, sind Landgemeinden." Als BÜCHER das schrieb, war der Verschmelzungsvorgang eben dieser Dörfer mit den alten Stadtkernen hin zu modernen Großstädten bereits in vollem Gange. Welchen Fortschritt unsere Analysen darstellen, wird deutlich, wenn man mit v. MAYR (1893) einen weiteren Zeitgenossen zitiert (S. 58): „Über die genauen Bezugsquellen gerade der großstädtischen Bevölkerung ist man nur unterrichtet bei der Berücksichtigung auch der kleinen ländlichen Verwaltungsdistrikte als Geburtsbezirke, und gerade das ist bei der Bearbeitung unserer jüngsten deutschen Volkszählung nicht geschehen. ... Ich glaube nicht, daß noch nachträglich eine sorgsame detailgeographische Ausbeutung stattfinden wird." Man sieht, es geht auch noch 100 Jahre später nachträglich. Eben mit Stichproben anstatt der Totalerhebung, die den Volkszählern vor 100 Jahren bei dieser Fragestellung als zu aufwendig erschien. GOLDSTEIN (1958) meint sogar, daß man viele detaillierte Fragen nur mit Stichproben beantworten kann, nicht aber aus den Volkszählungsunterlagen selbst.

2. Die soziale Herkunft des städtischen Proletariats

Der vorangegangene Abschnitt über die räumliche Herkunft der städtischen Bevölkerung im Zeitraum 1780 bis 1810 mit den Tab. 44 bis 47 ist mit der erklärten Absicht geschrieben worden, beim Leser realistische Vorstellungen über das Ausmaß der Wanderungsströme (s. Abb. 40) zu entwickeln, die in die großen Städte gemündet sind (vgl. auch LANGEWIESCHE 1977 und BLASCHKE 1965). Denn nur derjenige, der realistische Vorstellungen über das Ausmaß dieser Wanderungen (LOMMATZSCH 1894), ihre Dynamik und ihren Ursprung hat, kann realistische Vorstellungen über die soziale Herkunft des städtischen Proletariats im weiteren und des großstädtischen im engeren haben.

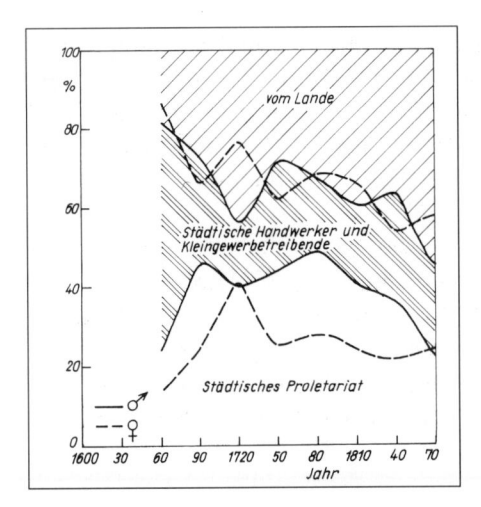

Abb. 41: Soziale Herkunft des städtischen Proletariats: Sachsen 1660–1870

Wer etwas zum Wissen über die soziale Herkunft des Proletariats (s. Abb. 41) beitragen kann und will, und noch dazu des sächsischen, wird und kann nicht an der Arbeit von ZWAHR (1978) vorbeigehen, der zu dem Ergebnis kam (S. 116): „Der soziale Ursprung des Proletariats, ihre vor allem durch die Geburt bestimmte soziale Herkunft aus einer bestimmten Klasse oder Schicht; die Herausbildung eines geborenen (erblichen) Proletariats. Mit ihm wird die Klassenzugehörigkeit der Arbeiterfamilie und der in ihr geborenen Kinder am Ausgang der industriellen Revolution relativ stabil, ohne daß Vorgänge sozialer Mobilität ausbleiben. Eheschließung, Arbeiterfamilie und geborenes Proletariat stabilisieren die Klassenpositionen der Arbeiter. ... Das Industrieproletariat entstand in Deutschland ... aus einer breiten Schicht von gewerblich ungelernten Arbeitern, aus denen unter den Bedingungen einer großen agrarischen Überschußbevölkerung aus der Landwirtschaft abwandernden Teile des Gesindeproletariats und anderer Gruppen landwirtschaftlicher Arbeiter. ... Es bildete sich aus gescheiterten Bauern, aus Zunftgesellen, gescheiterten Zunftmeistern sowie Gehilfen und deklassierten Produzenten des nichtzünftigen Handwerks." ZWAHR geht dabei von der Auffassung aus, daß das Klassenbewußtsein eines Arbeiters besser und höher entwickelt sei, wenn bereits der Vater und Schwiegervater Arbeiter waren, noch besser, wenn auch die Großväter Arbeiter waren. Da die Erfüllung der „historischen Mission der Arbeiterklasse" im Sinne von MARX ein entsprechendes Klassenbewußtsein voraussetzt, so scheinen sich Herausbildung eines „erblichen" Proletariats und die Entstehung von proletarischen Organisationsformen gegenseitig zu fördern, wenn beides zeitlich und räumlich zusammenfällt und sich so wechselseitig verstärkt. ZWAHR meint, das mit der Analyse der Leipziger Schutzverwandtenakten hinreichend belegen zu können. Wir werden im folgenden zeigen, daß wir (vgl. WEISS 1991b) an unserem Material diese Verstärkungstendenz hin zu einer immer stärkeren Selbstreproduktion des Proletariats im 19. Jh. nicht belegen können (vgl. Tab. 48).

Kritisch soll an dieser Stelle zu diesem Zitat von ZWAHR auch angemerkt werden, daß es weniger „gescheiterte" Bauern und andere „Gescheiterte" und „Deklassierte" waren – die gab es natürlich auch – sondern einfach Söhne und Töchter von Klein- und Vollbauern und Handwerkern, die im ersten oder zweiten Schritt eine Lohnarbeit annahmen, um eine selbständige Existenz zu gründen. Im 19. Jh. ließ der große Bevölkerungsüberschuß vielen überhaupt keine

Tabelle 48
Soziale Herkunft (in %) des Proletariats der Städte, dabei die verstädternden Dörfer einschließend: Sachsen (in den Grenzen nach 1815 ohne Oberlausitz) 1840–1870

Die Väter waren in der Stadt und in verstädternden Dörfern	1840	1870
städtische Proletarier bzw. Häusler als Handarbeiter	41	26
Kleingewerbetreibende	5	5
Bauern (mit verschiedenen Besitzgrößen)	4	4
Handwerker	14	19
„Intellektuelle"	2	2
Zwischensumme	66	56
in stadtfernen Dörfern		
Vollbauern	4	7
Kleinbauern	9	3
Landhandwerker	9	13
Häusler	19	21
Geschulte	0	1
	100	100
n	81	129

andere Wahl. Kein Bauerngut zu erben oder zu erheiraten, ist noch kein Scheitern; wer in Sachsen das Gut einmal hatte, hat es fast immer auch behalten. ZWAHR (1978, S. 131–132, seine Tab. 31) analysiert die soziale Herkunft von 2051 Schutzverwandten der Stadt Leipzig, Zugänge 1827–1867, alles Lohnarbeiter (838 Handarbeiter, 303 Zigarrenmacher, 140 Buchdruckergehilfen, 268 Schriftsetzergehilfen, 177 Schlossergesellen, 81 Mechanikusgehilfen/Maschinenbauer, 244 Schneidergesellen) ohne volles Bürgerrecht. Von diesen 2051 sind nach seiner Klassifizierung 1163 proletarischer Herkunft, 888 nichtproletarischer. Bei näherem Hinsehen ergeben sich zu unserer Untersuchung eine ganze Reihe methodischer Unterschiede, die die unterschiedlichen Ergebnisse erklären. So klassifiziert ZWAHR 137 „Einwohner" kurzentschlossen als Proletarier. Solche „Einwohner" waren aber alles Mögliche. Stuft man diese „Einwohner" als nichtklassifizierbar ein und subtrahiert sie, bleiben noch 54 % proletarischer Herkunft. Aber auch Soldaten (die ja später noch etwas anderes werden können) und Buchdrucker sind bei ZWAHR alle Proletarier. Nach unserem Verständnis sind letztere eher „besitzlose" Intellektuelle. Und nur die Handarbeiter und Zigarrenarbeiter und die ewigen Schneidergesellen von ZWAHRs Probanden wären in unserem strengen Sinne Proletarier. Da ZWAHR wenigstens 100 Personen anders klassifiziert hat als in der hier vorliegenden Untersuchung, sind damit Abweichungen von rund 5 % schon mühelos zu erklären. Da er nur von Leipzig ausgeht, das ein bestimmtes wirtschaftliches Entwicklungsstadium viel früher erreicht hat als z. B. Chemnitz (STRAUSS 1960), unsere Daten aber für alle sächsischen Städte bzw. Großstädte gelten, noch dazu unter Einbeziehung der später eingemeindeten Dörfer, sind Abweichungen zu erwarten. Auch deshalb, weil ZWAHR keine repräsentative Stichprobe aller Proletarier Leipzigs hat, sondern 7 ausgewählte Berufe, die nach unseren Kriterien gar nicht einmal alle typisch für das Proletariat sind, da nicht alle Mechanikus-, Schriftsetzer- und Buchdruckergehilfen ihr Leben lang solche Gehilfen geblieben sein dürften. Die absoluten Unterschiede zu ZWAHR sind also nicht das Problem, sondern der Unterschied zum Trend, den ZWAHR gefunden hat und als Beleg für die Entstehung eines „erblichen" Proletariats anführt: In den Geburtsjahrgängen 1816 bis etwa 1840 entstammen 61 % der Leipziger Handarbeiter proletarischen Familien, bei den Geburtsjahrgängen 1853 bis 1866 jedoch 90 %. (Zwischenfrage: Hat sich vielleicht in diesem Zeitraum die Verwendung der Bezeichnung „Handarbeiter" auf besonders unqualifizierte Tätigkeiten eingeengt?) Diese Geburtsjahrgänge um 1860 haben ihr mittleres Leistungsalter um 1900 erreicht – das liegt damit schon außerhalb des Zeithorizonts unserer Untersuchung. Aber da ZWAHR auf der Grundlage von empirischen Daten eine erste wesentliche Zunahme des „erblichen" Proletariats bereits für die Geburtsjahrgänge 1816–1825 (also für ein mittleres Leistungsalter um 1860) annimmt, müssen wir uns mit diesem Trend schon ernsthaft auseinandersetzen.

Wir hatten bereits mehrfach belegen können, daß dann, wenn sich eine soziale Klasse oder Schicht oder auch nur ein Wirtschaftszweig und Beruf „im Aufwind" befindet, d. h. in einer Periode eines starken absoluten Zuwachses, dann der Anteil derjenigen fällt, die bereits aus dieser Schicht oder diesem Beruf stammen und deren Frauen ebenfalls aus dieser Schicht und diesem Beruf stammen. Dieser Anteil nimmt relativ stark ab zugunsten derjenigen, die in diese Schicht neu einströmen. Ab 1815 nun beginnt eine stürmische Wachstumsphase des städtischen Proletariats, das nicht mehr fast kinderlos in einer jeden Generation aus-

Tabelle 49
Soziale Herkunft (in %) des Proletariats der späteren Großstädte Chemnitz, Dresden, Leipzig, Plauen und Zwickau, dabei die später darin eingemeindeten Dörfer einschließend: Sachsen 1840–1870

Die Väter waren in der Stadt und in verstädternden Dörfern	1840	1870
städtische Proletarier bzw. Häusler als Handarbeiter	43	26
Kleingewerbetreibende	12	2
Bauern (mit verschiedenen Besitzgrößen)	3	2
Handwerker	11	18
„Intellektuelle"	2	2
Zwischensumme	71	51
in stadtfernen Dörfern		
Vollbauern	3	9
Kleinbauern	3	2
Landhandwerker	11	13
Häusler	11	23
Geschulte	0	1
	100	100
n	35	82

stirbt, sondern mehr und mehr erfolgreich auch eigene Familien gründet. Diese Wachstumsphase ist so stürmisch, daß es auch hier zu einem klaren langfristig abfallenden Trend der Selbstreproduktion kommt, von 49 % 1780 auf 23 % 1870 (vgl. Tab. 25). Im gleichen Zeitraum wächst dementsprechend der Anteil der Zuwanderer ins städtische Proletariat und folglich auch der Anteil derjenigen, die aus dem ländlichen Proletariat stammen (deren Vater Häusler war). Für eine Gesamteinschätzung der sozialen und demographischen Herkunft des Proletariats muß man die Dörfer mit einbeziehen, die dann ab 1890 eingemeindet werden. Für die Städte (plus diese Dörfer) insgesamt sinkt die proletarische Herkunft (s. Tab. 48) von 60 % (41 % im Stadtgebiet plus 19 % Häusler) um 1840 auf 47 % (26 % im Stadtgebiet plus 21 % Häusler) um 1870.
Betrachtet man die Großstädte gesondert (s. Tab. 49), dann sinkt in ihnen der Anteil der Proletarier mit proletarischer Herkunft von 54 % (43 % im Stadtgebiet plus 11 % Häusler) um 1840 auf 49 % (26 % im Stadtgebiet plus 23 % Häusler) um 1870. Noch dynamischer als die Großstädte selbst sind ihre Vororte (ZWAHR 1973), also die Dörfer, die ab 1890 eingemeindet werden. Demzufolge ist auch der genannte Trend in diesen Dörfern noch stärker (die Zahlen im folgenden Satz sind in den beigefügten Tabellen nicht gesondert belegt, aber den Originaldaten entnommen): Um 1840 stammen in diesen Großstadtvororten 56 % der Proletarier von Proletariern ab (davon 6 % von Häuslern aus Dörfern außerhalb des späteren Großstadtgebiets), um 1870 48 % (jetzt aber 27 % von Häuslern von außerhalb). Zwischen 1840 und 1870 strömen vor allem verstärkt (insgesamt 9 % mehr; s. Tab. 48) Handwerkersöhne aus Stadt und Land ins städtische Proletariat; um 1870 insgesamt 32 % Handwerkersöhne gegenüber 23 % um 1840.
Angesichts dieser Zahlen kann man in dieser Phase der Industriellen Revolution, also bis etwa 1870, nicht von einer verstärkten Selbstreproduktion oder gar von der Entstehung eines „erblichen Proletariats" im Sinne von ZWAHR (1978) sprechen. Die tatsächliche Differenz zu den Ergebnissen von ZWAHR für Leipzig beträgt aber nur rund 5 %, die durch die vorn genannten methodischen Unterschiede und die andere Grundgesamtheit (hier sind alle Großstädte betrachtet, darunter Chemnitz, das um 1870 einen ganz besonderen Wachstumsschub erlebte) erklärt werden können. Abstrahiert man von diesen methodischen Unterschieden, dann läßt sich auf eine Selbstreproduktion des städtischen Proletariats aus dem Proletariat von 50–55 % zwischen 1850 und 1870 schließen, aber mit fallender Tendenz. Die Trendwende, die tatsächlich von der Logik der Sache her und nach den Ergebnissen von ZWAHR (1978) irgendwann in der zweiten Phase der Industriellen Revolution eingetreten sein muß, als sich bereits solche

Massen zusammengeballt hatten, daß die Zahl der Zuwanderer vom Land in die Großstadtgebiete schwerlich pro Generation noch 50 % (wie um 1870) betragen haben kann, die läßt sich aus unserer Untersuchung, die mit Traujahr 1870 abbricht, leider nicht mehr belegen. Doch gibt FROEHNER (1909) für Chemnitz noch für 1900 55 % Zuwanderer an, 1890 waren es 59 % gewesen. In absoluten Zahlen: 1890 waren in Chemnitz von 139 000 Einwohnern 82 100 Zugewanderte; 1900 von 206 900 Einwohnern 114 500 Zugewanderte. Auch Dresden hatte 1890 einen Zuwandereranteil von 59 % (MAYR 1903) und damit einen höheren als alle deutschen Großstädte, deren Durchschnitt 1890 56 % war. Die sächsischen Großstädte dürften also 1870 den absoluten Höhepunkt der Zuwanderung noch nicht erreicht haben. Daß es sich tatsächlich um eine bestimmte Entwicklungsphase handelt, zeigen weiterreichende Vergleiche: 1881 (nach BÜCHER

Tabelle 50
Soziale Herkunft (in %) der Handwerker der Städte, dabei die verstädternden Dörfer einschließend: Sachsen (in den Grenzen nach 1815 ohne Oberlausitz) 1840–1870

Die Väter waren in der Stadt und in verstädternden Dörfern	1840	1870
städtische Proletarier bzw. Häusler als Handarbeiter	9	11
Kleingewerbetreibende	8	6
Bauern (mit verschiedenen Besitzgrößen)	2	3
Handwerker	63	49
„Intellektuelle"	4	7
Zwischensumme	86	76
in stadtfernen Dörfern		
Vollbauern	4	3
Kleinbauern	1	3
Landhandwerker	5	10
Häusler	4	6
Geschulte	1	2
	100	100
n	277	259

1887) waren in London bereits 63 % der Einwohner in der Stadt selbst geboren, 31 % Zuwanderer vom Lande; in Berlin waren im selben Jahr 44 % in Berlin geboren, 51 % Zuwanderer vom Lande. (Auch hier liegen, nebenbei bemerkt, die Ergebnisse unserer Stichproben durchaus im Zahlenbereich der offiziellen zeitgenössischen Statistik, die mit Totalerhebungen gearbeitet hat.) Bereits 1899 hatte WEBER das statistische Material seiner Zeit zusammengetragen und daraus geschlußfolgert (S. 389): „Das städtische Proletariat scheint sich aus den auf dem Lande Geborenen rekrutiert zu haben anstatt von den eigentlichen Stadtbewohnern."

Zum Vergleich ist an dieser Stelle noch die Tab. 50 über die soziale Herkunft der Handwerker der Städte eingefügt. Auch hier gibt es eine deutliche Zunahme der Zuwanderung vom Land in der Größenordnung von 10 % wie bei den Proletariern, aber die Selbstreproduktion bleibt dennoch auf einem weit höheren Niveau, und es strömen weit mehr Landhandwerkerkinder in das Handwerk der Städte und verstädternden Dörfer als Häuslerkinder.

Kapitel 7

Methodische Zwischenbemerkung zur Glättung von Zeitreihen

Die meisten Ergebnisse dieser Untersuchung sind in Form von Zeitreihen wiedergegeben worden. In manchen Tabellen lassen sich langfristige Trends, wie die Abnahme der absoluten Zahl der bäuerlichen Bevölkerung (s. Tab. 2), mühelos erkennen und leicht interpretieren. Aber auch in diesen Fällen sind die Entwicklungen von Generation zu Generation zwar stetig in einer bestimmten Richtung fallend, jedoch nicht immer mit genau derselben Geschwindigkeit. Man wird erwarten, daß es auch in der historischen Realität, verursacht durch Kriege und Krisen, durchaus Diskontinuitäten gegeben hat. Dennoch ist bei einer konkreten Zahl in unseren vielen Tabellen oft unklar, ob es sich wirklich um eine solche Dis-

Tabelle 51
Einfaches methodisches Beispiel für das Glätten einer Zeitreihe: Anteil a (in %) der n Geschulten, deren Schwiegerväter Landhandwerker waren

	a (empirische Originalwerte aus Tab. 21)	$\dfrac{a_1 + a_2}{2}$	$\dfrac{a_1 + a_2 + a_3}{3}$	$\dfrac{a_1 + 2a_2 + a_3}{4}$	$\dfrac{n_1 a_1 + n_2 a_2 + n_3 a_3}{n_1 + n_2 + n_3}$	n
1660	0		2 (1)	2 (2)	2 (1)	33
1690	5	3	3	3	3	42
1720	3	4	7	6	6	33
1750	13	8	10	11	9	23
1780	13	13	11	11	11	38
1810	6	10	13	11	14	17
1840	19	13	16	17	18	34
1870	22	21	21 (1)	21 (2)	21 (1)	46

(1) (2) Wenn man die zeitlichen Extreme bei einer gewichteten Glättung (wie 2) möglichst erhalten will, kann man im vorliegenden Beispiel die Werte für 1660 bzw. 1870 doppelt bzw. dreifach in die Formel eingehen lassen. Dennoch verkürzt sich die Zeitreihe an den Extremen dann um 10 (bei 1) bzw. um rund 7 Jahre (bei 2), also (bei 1) auf die Zeitpunkte 1670 und 1860 bzw. (bei 2) auf 1667 und 1863.

kontinuität des historischen Ablaufs handelt, oder nicht einfach nur um eine zufällige Schwankung, die durch den Stichprobencharakter unserer Untersuchung bedingt ist. Wie kann man derartige zufällige Schwankungen in den Ergebnissen erkennen, wie kann man ihren Anteil verringern?

Die gröbste Methode der graphischen Trendbeschreibung einer stetigen Zeitreihe besteht darin, daß man die Merkmalsausprägungen freihand verbindet und dabei extreme Schwankungen ausgleicht. Das reicht zwar oft aus, um eine anschauliche Diavorlage für einen Vortrag zu zeichnen, für Publikationen wünscht man sich aber ein genaueres Verfahren. Üblich ist dafür das Verfahren der gleitenden Durchschnitte (z. B. LIENERT 1978). Diese Methode besteht darin, daß man 3, 5 oder allgemein $2w + 1$ zeitlich benachbarte Meßwerte w (w = 1, 2, 3, ...) unter der Annahme eines stückweise-linearen Trends jeweils zu einem Durchschnittswert a (vgl. Tab. 51) vereinigt und die gleitenden Durchschnitte für alle Zeitpunkte t, für welche sie bestimmt werden konnten, graphisch verbindet.

In den Tabellen der hier vorgelegten Arbeit sind, wenn nicht anders angegeben, die ungeglätteten Originalwerte angegeben. Für graphische Darstellungen der Ergebnisse und bei Vergleichen mit anderen Untersuchungen sollte aber an eine Glättung gedacht werden. Aus Tab. 21 haben wir für die Berechnung der Tab. 51 ein einfaches Beispiel entnommen. (Ähnliche Zeitreihen lassen sich in unseren Tabellen zu Dutzenden finden.) Weder der Anteil der Geschulten insgesamt, noch gar derjenigen davon, deren Schwiegerväter Landhandwerker waren, ist so groß, als daß man nicht erhebliche zufällige Schwankungen in den Zahlen erwarten könnte. Die Originalwerte von 1660 bis 1870 sind dafür der Beweis. Der langfristige Trend ist zu ahnen, aber durch zufällige Schwankungen stark überlagert. Bereits die zweite versuchte Glättung, bei der für einen gegebenen Zeitpunkt die beiden benachbarten Mittelwerte mit einbezogen werden und dann das arithmetische Mittel gebildet wird (durch Dividieren durch 3), ergibt einen sehr schönen Trend, von dem man vermuten darf, daß er dem tatsächlichen historischen Ablauf nahekommt, ein noch besseres Ergebnis liefert die mit n gewichtete Glättung. Näher auf jeden Fall, als die ursprünglichen empirischen Originalwerte. Das heißt, man muß sich im klaren darüber sein, daß Glätten kein „Frisieren" von empirischen Daten ist, sondern ein legitimes Verfahren, um die Aussagekraft empirischer Daten zu erhöhen. Durch Glätten von Zeitreihen versucht man den Fehler zu vermeiden, zufällige Schwankungen inhaltlich zu interpretieren, wenn gar kein Inhalt dahintersteht. Es wäre z. B. völlig falsch, für den niedrigen Originalwert von 6 % für 1810 einen Zusammenhang mit Krieg, Krisen oder anderen Veränderungen zu suchen. Glätten von Zeitreihen hilft, Fehlinterpretationen bei offensichtlichen „Ausreißern", wie den eben genannten 6 %, zu vermeiden. Bei gleitenden Durchschnitten stehen hinter einem einzelnen Tabellenwert ja auch die drei- oder vielfachen Stichprobengrößen, je nach angewendeter Methode. Die Wahl der Methode verlangt dabei ein gewisses Fingerspitzengefühl und braucht keinesfalls innerhalb einer Publikation für alle Zeitreihen dieselbe zu sein. Mit der von uns gewählten Methode, jeweils 30 Jahre zusammenzufassen, ist es unmöglich, kurzfristige Schwankungen und Veränderungen zu belegen und zu messen. (Bei dem folgenden Kapitel über Heiratsalter wäre das aber durchaus von Interesse.) Vermutlich wären gleitende und zugleich gewichtete Durchschnitte, denen Einzelwerte über jede Dekade zugrunde gelegen hätten, ein besseres Verfahren gewesen. Bildet man nun gleitende Durchschnitte über mehrere Generationen hinweg, so kann man dadurch zwar den vorherrschenden Grundtrend deutlich herausarbeiten, letztlich aber auch inhaltlich bedeutsame Krisen (wie die von 1756 bis 1773) in ihren Auswirkungen verwischen. Ein weiterer Preis, den man zahlen muß, ist, daß sich die Zeitreihe durch Glätten jeweils um einige Jahre an den zeitlichen Begrenzungen verkürzt.

Der kritische Leser wird mit dem Hinweis auf das notwendige „Fingerspitzengefühl" für das Glätten nicht zufrieden sein und nach objektiven Kriterien verlangen. Die gibt es selbstverständlich. Alle Verfahren laufen darauf hinaus, die quadratische Abweichung zweier Kurven voneinander zu minimieren bzw. zu testen (WEICHSELBERGER 1984).

Nachrichtentheoretisch gesehen geht es beim Glätten darum, das Signal und damit den Inhalt vom Rauschen und damit vom Zufall zu trennen. Da Geschichte sich mit Ereignissen in der Zeit befaßt, sollte eine positive Geschichtsforschung eigentlich darauf hinauslaufen, Aussagen über die Korrelationen von Zeitreihen zu machen. Wenn man zwei Zeitreihen hat, die beide nicht unerheblich durch lokale Zufälle beeinflußt sind, wie etwa der Brotpreis und die Geburtenzahl in einer bestimmten Stadt, müßte man höhere Korrelationen und gesichertere inhaltliche Aussagen dann erhalten, wenn man von geglätteten Zeitreihen ausgeht.

Diese methodische Zwischenbemerkung soll mit dem nochmaligen Hinweis abgeschlossen werden, daß auch die Zeitachse selbst als Stichprobengrundlage dienen kann. Unsere Ergebnisse wären sicher in ihrer Aussage über Grundtrends die gleichen, wenn wir nur jede zweite Dekade, jede ungerade Jahreszahl oder jeweils nur die in der ersten Monatsdekade geborenen in Stichproben einbezogen hätten. Die Größe des Zeitfensters und die Arbeitsweise sollten dabei von der inhaltlichen Zielstellung und der angestrebten Stichprobengröße abhängen.

Kapitel 8

Das Heiratsalter

Von den wünschenswerten demographischen Kennziffern ist mit unserer Methode, d. h. mit Stichproben aus Ahnenlisten, nur das Heiratsalter mit einigermaßen Verläßlichkeit feststellbar. Selbst da muß auf die sachlichen Grenzen aufmerksam gemacht werden: Je mehr eine Person Nachkommen hatte, desto größer ist die Wahrscheinlichkeit, daß sie in einer AL auftaucht. Nun ist aber allgemein bekannt, daß die Zahl der Kinder bzw. der überlebenden Nachkommen und ein niedriges Heiratsalter miteinander korrelieren. Denn eine Frau, die ein oder zwei Jahre früher heiratete, hatte im Durchschnitt eine Geburt mehr. Wenn METZKE (1990) feststellt: „Die Auszählung der Vorfahrenlisten ergibt für die Frauen fast durchgängig ein um ein Jahr niedrigeres Heiratsalter als in den direkten Bestimmungen im Rahmen von Dorfuntersuchungen", so ist das ganz sicher richtig. Aus AL ermittelte Durchschnittswerte sind also strenggenommen nur mit Zahlen vergleichbar, die auf gleicher Datengrundlage zustande gekommen sind. (Daß der Verfasser der Auffassung ist, daß sich durch eine vergleichende Untersuchung auch der Umrechnungsfaktor zwischen Heiratsalter aus AL gegenüber dem aus Ortsfamilienbüchern ermitteln lassen müßte, soll hier nicht weiter diskutiert werden.) Über Heiratsalter, ermittelt aus genealogischen Quellen, gibt es aber bereits mehrere gute Arbeiten. Hervorzuheben sind vor allem zwei, die auch inhaltlich im gesamten Trend mit den folgenden Ergebnissen übereinstimmen, und zwar die Arbeit von Frau v. NELL (1974), die von Stammlisten ausging und für Niedersachsen gültig ist, und die Arbeit von RÜMELIN (bereits 1924) über Württemberg.

Noch ein Wort zur Darstellung der Ergebnisse: Manche Arbeiten geben arithmetische Mittelwerte des Heiratsalters an und betonen, daß der Median aussagekräftiger sei, weil die arithmetischen Mittelwerte durch wenige Ausreißer, meist einige wenige in besonders hohem Alter Heiratende, unverhältnismäßig verzerrt werden. Um die Verteilung besser wiederzugeben, geht man oft dazu über, Dezile anzugeben. Denn Platz für die vollständige Wiedergabe der Original-Kreuztabellen, aufgeschlüsselt nach jedem einzelnen Lebensjahr für Mann und Frau (wie bei RÜMELIN 1924), ist heutzutage ja kaum noch. Die verschiedenen Darstellungsweisen behindern aber den Vergleich der Ergebnisse. Um viele Möglichkeiten für weiterführende Rechnungen und Vergleiche durch andere offenzuhalten,

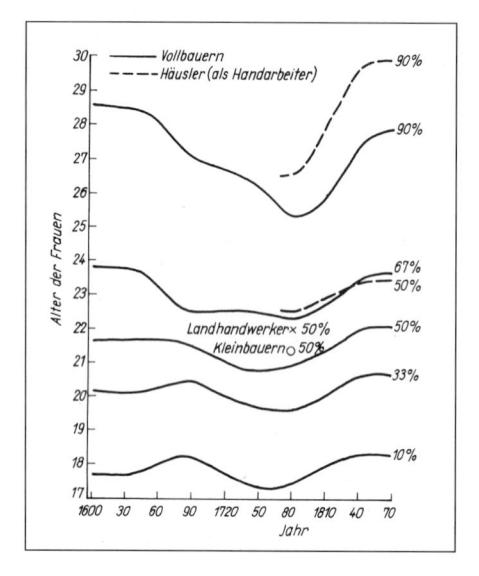

Abb. 42: Heiratsalter der Frauen auf dem Land bei Erstehen beider Partner: Sachsen 1595–1870

haben wir uns zur detaillierten Wiedergabe der kumulierten Prozentsummen entschlossen. Aus diesen Tab. 52 bis 54 lassen sich nach Belieben arithmetisches Mittel, Median, Dezile usw. ermitteln.

Um die notwendige Sicherheit der Aussage zu erhalten, wurden anstatt der in dieser Untersuchung üblichen Darstellung nach Generationen beim Heiratsalter größere Zeiträume zusammengefaßt. Dennoch sind die Vollbauern (s. Tab. 52) die einzige von unseren statistischen Gruppen, für die für den gesamten Untersuchungszeitraum ausreichendes Datenmaterial vorhanden ist. Wir haben uns auf Ehen beschränkt, die für beide Partner Erstehen sind. Nur das gewährleistet Vergleichbarkeit. Bezieht man die Ehen mit ein, wenn die Ehe für einen Partner eine Zweitehe ist – oft für den Mann – dann ist auch das Durchschnittsalter des erstmals heiratenden Partners höher als in reinen Erstehen. (Will man dem im Detail nachgehen, muß man dafür eine spezielle Untersuchung machen.)

Für die „Theorie" (vgl. die Kapitel 5 und 12), daß das Proletariat das Produkt seines eigenen Bevölkerungsüberschusses sei, spielt das Heiratsalter eine wichtige Rolle. MEDICK (1977, S. 177) z. B. schreibt: „Als kritische Funktionsgröße im Wachstumsmechanismus proto-industrieller Bevölkerung erscheint das niedrige Heiratsalter. Es zeichnete ländliche Gewerbetreibende meist nicht nur gegenüber anderen sozialen Gruppen aus, insbesondere vollbäuerlichen und handwerklich zünftigen Produzenten, aber auch Landarbeitern und Tagelöh-

Tabelle 52
Kumulierte Prozentsummen des Heiratsalters für Vollbauern (wenn die Ehe für beide Partner eine Erstehe ist): Sachsen (in den Grenzen nach 1815 ohne Oberlausitz), Traujahre 1548–1870 (Ehefrauen in Klammern darunter)

Traujahre	14	15	16	17	18	19	20	21	22	23	24	25
							Lebensalter					
1548–1649				0,9	2	4	8	14	20	24	34	44
		(1)	(3)	(8)	(15)	(26)	(35)	(48)	(57)	(65)	(71)	(76)
1650–1699				0,6	2	5	11	20	27	36	44	
	(0,2)	(0,9)	(2)	(5)	(12)	(22)	(33)	(49)	(59)	(69)	(77)	(83)
1700–1749				0,2	1	3	7	13	20	31	39	47
	(0,5)	(2)	(3)	(11)	(19)	(29)	(42)	(54)	(65)	(76)	(83)	(88)
1750–1809				0,5	1	3	7	14	22	31	42	50
		(0,6)	(2)	(6)	(14)	(27)	(43)	(58)	(68)	(76)	(85)	(91)
1810–1870					1		4	12	21	30	41	48
				(5)	(12)	(18)	(29)	(41)	(54)	(66)	(74)	(80)

	26	27	28	29	30	31	32	33	34	35	36	37	38
						Lebensalter							
1548–1649	53	61	69	74	80	84	87	91	93	94	96	96	97
	(82)	(85)	(90)	(93)	(96)	(96)		(97)	(97)	(99)			
1650–1699	54	61	69	77	81	83	87	91	92	93	95	96	97
	(87)	(91)	(93)	(96)	(97)	(98)	(99)		(99,5)			(99,8)	
1700–1749	58	66	73	79	84	88	91	93	94	96	97	98	
	(90)	(93)	(95)	(96)	(97)	(98)	(98)	(99)	(99)	(99)		(99,5)	(99,8)
1800–1809	58	67	74	78	85	88	91	93	93	95	96	97	97
	(93)	(95)	(96)	(98)	(99)	(99,4)	(99,7)						
1810–1870	59	68	73	80	85	87	90	91	94	95	95	96	96
	(86)	(90)	(92)	(96)	(97)			(98)	(98)		(99)	(99,1)	(99,5)

	39	40	41	42	43	44	45	46	47 und älter	n
					Lebensalter					
1548–1649	97	98	99					99	1x49, 2x50, 1x52	337
	(100)									(274)
1650–1699		97	98	98		99	99,2		2x48, je 1x50,51,53,54	498
			(100)							(443)
1700–1749	98	99	99		99,5	99,8			1x50	417
	(100)									(417)
1750–1809		97	98	98		99,1	99,4		1x53, 1x57	352
			(100)							(339)
1810–1870		97		99	99,5				1x55	221
	(100)									(217)

Tabelle 53
Kumulierte Prozentsummen des Heiratsalters für Besitz- und Bildungsbürgertum (wenn die Ehe für beide Partner eine Erstehe ist): Stadtbevölkerung Sachsens (in den Grenzen nach 1815 ohne Oberlausitz), Traujahre 1650–1870 (Ehefrauen in Klammern darunter)

Traujahre	\multicolumn{13}{c}{Lebensalter}
	15	16	17	18	19	20	21	22	23	24	25	26	27
1650–1699						2	3	5	8	12	18	30	37	45
		(4)	(14)	(27)	(45)	(55)	(73)	(84)	(89)	(93)			(95)
1700–1749						1	2	4	6	10	20	28	37
	(1)	(6)	(11)	(26)	(35)	(45)	(56)	(67)	(71)	(81)	(85)	(89)	(91)
1750–1809								1	4	12	14	24	33
			(1)		(9)	(14)	(26)	(32)	(44)	(60)	(73)	(77)	(84)	(88)
1810–1870							3	9	13	21	30	39	51
			(0,8)	(8)	(18)	(31)	(46)	(62)	(74)	(82)	(88)	(94)	

Traujahre	\multicolumn{11}{c}{Lebensalter}
	28	29	30	31	32	33	34	35	36	37	38	39	40
1650–1699	52	58	72	75	85	90		95	97	98			
	(100)												
1700–1749	40	52	58	66	71	74	77	81	83	89	91	92	93
	(94)	(96)			(99)						(100)		
1750–1809	38	44	55	65	70	75	80	81	85	86	90	92	93
	(90)	(94)	(95)	(97)	(99)				(100)				
1810–1870	60	71	77	80	85	87	89	91	95			95	97
	(97)	(99)	(99,2)					(100)					

Traujahre	\multicolumn{7}{c}{Lebensalter}
	41	42	43	44	45	46	47 und älter	n
1650–1699			100					60
								(56)
1700–1749	97	98	99	100				100
								(89)
1750–1809	93	96	98	99		100		84
								(77)
1810–1870	98	98	99,2				1x53	128
								(125)

Heiratsalter

Tabelle 54
Kumulierte Prozentsummen des Heiratsalters für Kleinbauern, für Häusler, für Landhandwerker und ländliche Gewerbetreibende und für städtische Handwerker (wenn die Ehe für beide Partner eine Erstehe ist): Sachsen (in den Grenzen nach 1815 ohne Oberlausitz), Traujahre 1750–1809 (Ehefrauen in Klammern darunter)

	Lebensalter												
	14	15	16	17	18	19	20	21	22	23	24	25	26
Klein-					2	4	8	18	27	37	46	52	61
bauern	(0,4)		(1)	(3)	(7)	(16)	(28)	(45)	(56)	(68)	(76)	(82)	(87)
Häusler						3	10	20	29	39	52	60	
			(0,7)	(2)	(5)	(14)	(24)	(36)	(50)	(64)	(76)	(80)	(90)
Landhand-						1	2	7	13	24	33	46	58
werker		(0,9)	(2)	(4)	(8)	(16)	(28)	(42)	(57)	(64)	(71)	(77)	(84)
städtische			0,2		1	2	5	8	17	25	34	44	55
Handwerker		(0,3)	(0,8)	(3)	(6)	(15)	(24)	(37)	(49)	(56)	(66)	(75)	(81)

	Lebensalter											
	27	28	29	30	31	32	33	34	35	36	37	38	39
Klein-	67	74	79	85	88	90	93	94	95	96		97	98
bauern	(92)	(95)	(97)	(98)	(99)	(99,2)		(99,6)			(100)		
Häusler	73	78	83	87	89	90	92	95	97	98		99	99,3
	(92)	(96)	(97)	(98)	(99,3)			(100)					
Landhand-	67	75	79	86	89	91	93	94	95	96	97	98	
werker	(87)	(92)	(94)	(95)	(98)	(99)				(99,6)	(100)		
städtische	63	69	75	80	85	87	90	91	93	94	96	97	98
Handwerker	(85)	(89)	(92)	(96)	(97)	(98)	(99)	(99,2)	(99,5)		(99,7)	(100)	

	Lebensalter								
	40	41	42	43	44	45	46	47	n
Klein-		99	99,6					100	244
bauern									(238)
Häusler				100					143
									(143)
Landhand-		99	99,6				100		242
werker									(231)
städtische	98	99	99		99,5	100			403
Handwerker									(393)

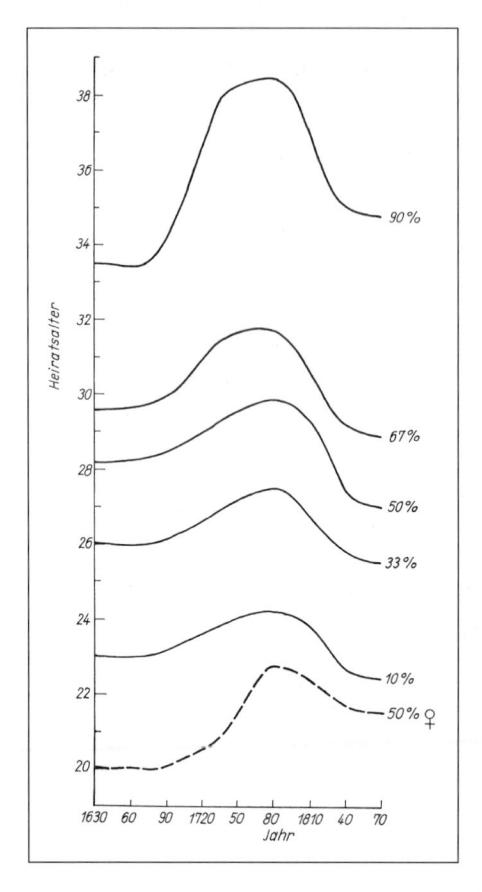

Abb. 43: Heiratsalter der Männer des Besitz- und Bildungsbürgertums bei Erstehen: Sachsen 1630–1870

nern, sondern erweist sich als zentrale demographische Prozeßvariable: der Abstieg des Heiratsalters im Verlaufe der Protoindustrialisierung konnte in entscheidendem Maße den Anstieg der Bevölkerung in Regionen ländlichen Gewerbes bestimmen. Er beeinflußte den demographischen Wachstumsprozeß hierbei auf zweifache Weise: einmal linear, durch den erheblichen Bevölkerungsgewinn, der sich aus der Verlängerung der Ehedauer und der daraus resultierenden Kinderzahl ergab, zum anderen strukturell, durch die sukzessive Reduzierung der Generationenintervalle der Bevölkerung, die auf dem Wege über eine Veränderung der Altersstruktur zu größerer Geburtenhäufigkeit in der Zeiteinheit führte. Die Tendenz zum niedrigen Heiratsalter gilt gleichermaßen für Männer und Frauen."

Daß die Behauptungen der Protoindustrialisierungstheoretiker (s. auch MOOSER 1984) sich nicht so ohne weiteres und schon gar nicht allerorts bestätigen lassen, hatte schon GUTMANN (1987) feststellen müssen. Er verglich 5 Dörfer, zwischen Aachen und Lüttich gelegen. Ein Dorf, Verviers, war ein ausgesprochen früher Gewerbestandort, die anderen vier Dörfer in der Nähe dienten zum Vergleich. Im Zeitraum 1650–1790 wurden 3 081 Erstehen ausgewertet. Die Ergebnisse, ebenso wie die von KNODEL (1988, S. 131), „zeigten keine signifikante Beziehung" in Richtung der Protoindustrialisierungshypothese.

Auch bei unseren Daten (s. Tab. 54) läßt sich ein Absinken des Heiratsalters bei der gewerblich tätigen Bevölkerung im 18. Jh. nicht belegen. Im 18. Jh. wird in Sachsen bei der Landbevölkerung generell ein Minimum des Heiratsalters erreicht. Vollbauern-Jungfrauen heiraten um 1750 (s. Tab. 52) um ein Jahr früher als 1650 oder 1850, analog bei Häuslern als Handarbeiter um 1750 ein Jahr früher als 1850 (s. Abb. 42). Entscheidend ist aber dabei, daß das Heiratsalter der Häuslerfrauen stets ein Jahr höher ist als das der Vollbauernfrauen. Kleinbauern und Landhandwerker liegen dazwischen. Bei Männern gibt es weder zeitlich noch sozial so starke Unterschiede. Das arithmetische Mittel liegt dabei rund ein Jahr über dem Median und verändert sich gleichgerichtet. Da von den Häuslerfrauen bei der ersten Eheschließung um 1780 fast 10 % über 27 Jahre alt sind, um 1870 10 % älter als 30 Jahre, zeigt das, daß ein Teil der Häusler erst ziemlich spät zur Eheschließung kam und erst die wirtschaftlichen Voraussetzungen geschaffen werden mußten (durch Ersparnisse oder Erbegelder).

Ob das hier gefundene Wiederansteigen des mittleren Heiratsalters nach 1800 auch mit dem Umstand zugeschrieben werden muß, daß ab 1815 40 % unserer Stichproben aus Ortsfamilienbüchern und Stammlisten stammen, muß noch einmal nachgeprüft werden. Es muß aber hier auf diese Möglichkeit der Verzerrung hingewiesen werden.

Die Handwerker in der Stadt (s. Tab. 54) weichen von den eben genannten Hauptgruppen der Landbevölkerung nicht wesentlich ab. In ausgesprochenem Kontrast zu allen anderen untersuchten Klassen und Schichten steht jedoch das Besitz- und Bildungsbürgertum (s. Tab. 53). Viele Männer erkaufen Besitz und Bildung durch eine extrem späte Heirat (s. Abb. 43). Die „aufgeklärten" Männer des 18. Jh. haben ihren sozialen Aufstieg in vielen Fällen mit langer Ehelosigkeit bezahlt. Bei der Heirat war ein Drittel der Männer des Besitz- und Bildungsbürgertums um 1780 älter als 31 Jahre, 10 % älter als 38 Jahre! Im 18. Jh., in dem die anderen untersuchten Klassen und Schichten ein besonders niedriges Heiratsalter haben, hat das Besitz- und Bildungsbürgertum in krassem Gegensatz dazu das höchste. Nach 1800 normalisiert sich das dann etwas, und auch beim Besitz- und

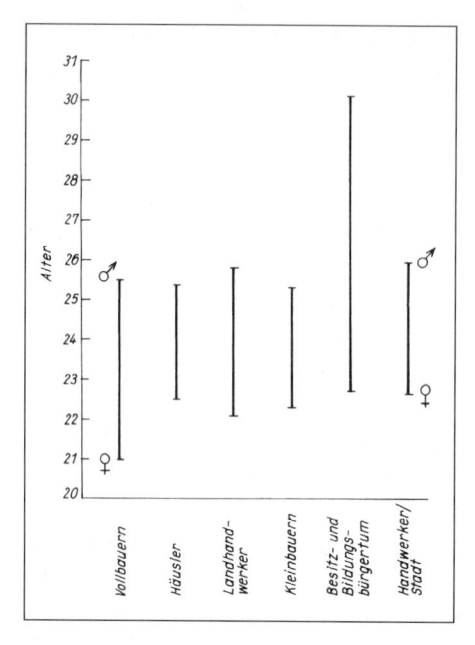

Abb. 44: Altersunterschiede (im Median) bei Erstehen beider Partner: Sachsen um 1780

Bildungsbürgertum sinkt das Heiratsalter der Männer um durchschnittlich 3 Jahre. Bei näherem Hinsehen stellt man aber fest, daß die Akademiker auch um 1850 immer noch so spät heiraten wie die drei Generationen vor 1800. Zu dieser statistischen Gruppe ist aber jetzt eine beträchtliche Zahl junger Unternehmer dazugekommen. Besonders die Gründer von Firmen heiraten früh und erfolgreich. Ihr Heiratsverhalten ähnelt dem der städtischen Handwerker, aus denen sie zum Teil auch stammen.

Zusammenfassend läßt sich noch feststellen, daß, je höher der soziale Status ist, desto größer der mittlere Altersunterschied zwischen den Ehepartnern. Bei Besitz- und Bildungsbürgertum waren das um 1780 über 7 Jahre, bei Vollbauern über 4, bei Stadthandwerkern und Kleinbauern 3, bei Häuslern reichlich 2 Jahre (s. Abb. 44). Der in „reifen" Jahren heiratende Besitz- und Bildungsbürger hatte eine Ehefrau, die so jung war wie bei anderen Klassen und Schichten auch, demzufolge dürfte auch die eheliche Fruchtbarkeit nicht geringer gewesen sein und, wegen der niedrigeren Kindersterblichkeit, die Zahl der wirklich groß gewordenen Kinder höher als bei den Ärmeren.

Inzwischen haben KRIEDTE et al. (1992) eine „Zwischenbilanz" der Zusammenhänge zwischen Heiratsalter, Bevölkerungszuwachs und Protoindustrialisierung gezogen, die wiederum, wie schon die Monographie (siehe MEDICK 1977), zwar keine einzige Tabelle oder gar die ursprünglichen Behauptungen stützende statistische Rechnung enthält, aber dennoch durch eine immer unschärfer werdende Formulierung von „Protoindustrialisierung" schließlich dahin gelangen, daß Gemeinden, in denen der Zusammenhang zum Heiratsalter nachweisbar sei, dann „klassische Fälle" seien, alle anderen eben nicht. Wenn KRIEDTE et al. schreiben (S. 79): „Die Ergebnisse demographischer Untersuchungen zur Proto-Industrialisierung ... sind schwer zu systematisieren. ... Auch eine Auszählung der Fälle, die die Regel bestätigen, gegen die Ausnahmen dürfte kaum weiterführen"; dann ist das eine Absage an jede Metaanalyse (HUNTER et al. 1982) historisch-demographischer Daten, die dringend not täte, wenn die Sozialgeschichtsforschung in diesen Fragen zu gültigen und allgemein anerkannten Ergebnissen gelangen will. KRIEDTE, MEDICK und SCHLUMBOHM sind sich dabei durchaus im klaren, daß zahlreiche Einzeluntersuchungen ihren Ausgangshypothesen widersprechen; ja, einer der drei Autoren (SCHLUMBOHM 1992) hat inzwischen selbst bei einer von ihm durchgeführten Fallstudie (in der Kirchgemeinde Belm bei Osnabrück) feststellen müssen, daß im 18. und 19. Jh. die Ehefrauen der landlosen Heuerlinge bei Erstehen um durchschnittlich 2,3 Jahre älter waren als die der Vollbauern; die Ehemänner dabei bei den Vollbauern durchschnittlich 4,7 Jahre älter waren, bei den Landlosen nur 1,6 Jahre. (Stichprobengröße und Varianzen, die man für Metaanalysen später brauchen wird, gibt SCHLUMBOHM leider nicht an.) Die mittlere Kinderzahl wird für die Vollbauern mit 6,4 angegeben, für die Heuerlinge mit 5,4; die noch wichtigeren Zahlen zur differentiellen Kindersterblichkeit und Zahl der jeweils bis zum Heiratsalter überlebenden Kinder fehlen, lassen sich aber aus den Haushaltszahlen erahnen (1772 mittlere Haushaltgröße bei Vollbauern 8,4 Personen, bei Heuerlingen 4,0 Personen). Die (unklassisch protoindustrialisierte?) Welt um Osnabrück war also nicht so sehr verschieden von der in Sachsen und anderswo.

Abschluß und Ausblick

1. Schlußbetrachtung zur sozialen und demographischen Herkunft des Proletariats

Nachdem wir die eigenen empirischen Daten dargestellt haben, bleibt noch die selbstgestellte Aufgabe, ein abschließendes Urteil zu der in Kapitel 5 dargelegten Hypothese (TILLY 1984) abzugeben, nach der das Proletariat das Produkt seines eigenen Bevölkerungsüberschusses sei. Denn TILLY steht mit seiner Meinung keinesfalls allein (man hätte ebenso auch HARNISCH 1975 oder Levine 1987 zitieren können). Er hat nur auf den Punkt gebracht, was dem Reizwort „Protoindustrialisierung" folgend von anderen auch schon behauptet worden war. So schrieb z. B. MEDICK (1977, S. 169): „Proto-industrielle ‚Hausarbeit' zeichnete sich dadurch aus, daß oft nicht nur die absolute Größe der Familie in umgekehrtem Verhältnis zur Höhe des Arbeitslohnes, also zur Masse der Lebensmittel, worüber die verschiedenen Arbeiterkategorien verfügten, stand." Und dieser für die Zeit um 1750 oder 1800 angenommene Zustand hat dann nach MEDICK (S. 174) zur Folge: „Die Expansion proto-industrieller Bevölkerungen vollzog sich primär als der selbsterzeugte Wachstumsprozeß einer regionalen ländlichen ‚Standbevölkerung'. Sie war vor allem das Resultat eines sich aus der ‚natürlichen' Bevölkerungsbewegung ergebenden Geburtenüberschusses, in geringem Ausmaße auch der Zuwanderung aus agrarischen Gebieten. Dieser Geburtenüberschuß ist auf ein charakteristisches demographisches Profil proto-industrieller Bevölkerungen zurückzuführen: die langfristige Konstanz ihrer hohen Geburtenziffer bei geringeren, aber vergleichsweise hohen Sterbeziffern weist darauf hin, daß der dauerhafte natürliche Geburtenüberschuß einem Anstieg der Geburtenziffern und nicht einem säkularen Abfall der Sterbeziffern zuzuschreiben ist." Für diese Auffassung werden von MEDICK als empirische Belege – und wir haben uns die Mühe gemacht, jeden angeführten Beleg (für die bibliographischen Details wird auf MEDICK zurückverwiesen) zu überprüfen – genannt: eine Arbeit von E. LAIS von 1932, in der sich aber keine derartigen Daten finden; eine Dissertation von H. W. ROTHE aus dem Jahre 1954, die auch keine sozial differenzierten demographischen Ergebnisse enthält, und eine wenig aussagekräftige frühe Arbeit von HECKH über ein einziges Dorf, die HECKH später (1952) selbst in einen Gesamt-Zusammenhang stellt (vgl. die Zitierung seiner Ergebnisse hier auf S. 90), der der Medickschen Interpretation (MEDICK kennt die Arbeit von 1952 nicht oder übersieht sie) glatt widerspricht. Um es klar zu sagen: MEDICK (1977) und Levine (1987) vermögen keine einzige Zahl anzuführen, die ihre vorgefaßte Meinung stützen kann.

Von der Beobachtung ausgehend, daß es eine Entwicklungsphase gegeben hat, in der der wirtschaftliche Aufschwung und die Bevölkerungsvermehrung vor allem in einem Teil der ländlichen Gebiete stattgefunden hat – und warum soll man diese Phase nicht Protoindustrialisierung nennen? – sind einige Historiker (wie HARNISCH 1975; MEDICK 1977; TILLY 1984; LEVINE 1987), die sich dabei ziemlich irreführend allesamt auf MARX berufen, zu Auffassungen über den sozialen und demographischen Ursprung des Proletariats gelangt, die den empirischen Zahlen und damit der historischen Wahrheit widersprechen. Von wenigen Einzelbeobachtungen ausgehend, die für sich allein richtig gewesen sein dürften, wurden Verallgemeinerungen getroffen, die unberechtigt sind. Wenn man z. B. um 1800 oder 1820 einige Weberdörfer im heutigen Kreis Zwickau untersuchen würde, z. B. Friedrichsthal bei Wildenfels oder Dörfer im Mülsental (GROHMANN 1988) und sie mit benachbarten Bauerndörfern vergleicht, dann ist nicht auszuschließen, daß um diese genaue Zeit demographische Zahlen gefunden werden, die HARNISCH, MEDICK, TILLY und LEVINE für ihre Interpretation reklamieren könnten. Die Zahlen fehlen zwar, die Möglichkeit muß aber eingeräumt werden. In unserer Untersuchung ist es aber gelungen, derartige zeitlich und räumlich begrenzte Einzelbefunde in einen Gesamtzusammenhang einzuordnen, durch den belegt wird, daß das ländliche Proletariat im wesentlichen nicht das Produkt seiner Selbstvermehrung ist, sondern – in Sachsen mindestens bis etwa 1780 – vor allem das Auffangbecken der bäuerlichen Überschußbevölkerung.

Im vorhergehenden Kapitel hatten wir darüber hinaus belegt, daß die Annahme nicht haltbar ist, daß sich die ländliche gewerbetreibende Bevölkerung durch ein besonders niedriges bzw. sinkendes Heiratsalter auszeichnet. Eine solche Fehleinschätzung schließt aber auch bei MEDICK (1977, S. 180) richtige Einzelbeobachtungen nicht aus, wie z. B.: „Zwar war für alle ländlichen Gewerbetreibenden im Vergleich zu anderen ländlichen Sozialgruppen ein verhältnismäßig geringer Altersabstand zwischen den Ehepartnern charakteristisch ..." (Aber wehe den Fakten, wenn sie durch eine globale Theorie vergewaltigt werden.)

Was die Herkunft des städtischen Proletariats anbelangt, ist ZWAHR (1978), der zu empirischen Daten, im Gegensatz zu MEDICK (1977) und TILLY (1984), ein ganz anderes und persönliches Verhältnis hat, zu realistischen Einschätzungen

gelangt. Nicht bestätigen konnten wir den Trend der wachsenden Selbstreproduktion des Proletariats bereits vor 1870. Für Sachsen insgesamt gesehen muß dieser Zeitpunkt später liegen. Völlig irrige und durch nichts gestützte Auffassungen wie: „Es überwog in der Regel von Anfang an die Endogamie in der Unterschicht" (MEDICK 1977, S. 180), sind bei ZWAHR nicht zu finden.
Wer die Tabellen dieser Arbeit über Mobilität in der sozialen und räumlichen Dimension zur Kenntnis nimmt, der gewinnt eine Vorstellung davon, wessen Kinder die Millionen waren, die das Land und die Städte füllten. Zuallererst Bauernkinder.
Die Frage ist durchaus sinnvoll, wie groß der „Blutanteil" der Vollbauernnachkommen an der Häuslerbevölkerung ist oder an der städtischen Bevölkerung insgesamt, wenn man etwa die 10 Generationen zusammen betrachtet und den ständigen Zuwanderungsüberschuß aus der vollbäuerlichen Bevölkerung addiert. Durch die Multiplikation der hier generationsweise publizierten Matrizen zur Sozialen Mobilität lassen sich derartige Fragen beantworten.
Wenn wir selbst auf Tabellen mit derartigen Ergebnissen verzichten, dann aus zweierlei Gründen: Um die Schwelle dieser Arbeit für mathematisch-methodisch weniger vorgebildete Leser nicht noch mehr zu erhöhen und weil derartige Matrizenmultiplikationen nur mit Rechnern auszuführen sind, von denen dem Verfasser bis 1991 keiner zur Verfügung stand. Eine graphische Auswertung hat aber z. B. ergeben, daß, wenn man die Stadtbevölkerung von 1550 mit 100 % ansetzt, der „Blutanteil" dieser Bevölkerung an der Stadtbevölkerung von 1880 bzw. 1890 (also mit den später eingemeindeten Dörfern) nicht mehr als 10 % beträgt.
Mancher statistisch besonders vorgebildete Leser wird auch globale Kennziffern vermissen, mit denen die Gesamtmobilität (wie etwa bei KOCKA et al. 1980) in einer Tabelle charakterisiert wird. Auch hier kann dieser Leser nach Belieben noch derartige Zusatzrechnungen (etwa über Abstromraten wie SCHÜREN 1989) anstellen und versuchen, Struktur- und Austauschmobilität statistisch zu trennen. Der Verfasser hat jedoch mit voller Absicht auf derartige Zahlen verzichtet, weil jedes konkrete Maß in diesen Fällen von der Anzahl der verwendeten statistischen Gruppen direkt abhängt und ihren relativen Anteilen. Hätte man z. B. Teilhüfner und Gärtner getrennt betrachtet, so hätten sich die globalen Kenngrößen für eine Gesamtmobilität sofort geändert, ebenso wie sich durch Gemeindezusammenlegungen Kennziffern der räumlichen Mobilität sofort verändern.
Die Industrialisierungsperiode war von einem allgemeinen Anstieg der Sozialen und räumlichen Mobilität begleitet, ja geradezu diese Mobilität deren Voraussetzung (vgl. insbesondere auch SCHÜREN 1989). Aber wer diese gestiegene

Soziale Mobilität als wachsenden sozialen Aufstieg interpretiert, macht es sich zu einfach. Denn oft war der Wechsel vom Land in die Stadt nur der von einem geringen sozialen Status (als Häuslerssohn) in einen nicht minder geringen. Denn das entscheidende Problem ist ein demographisches: Wenn man Oben und Unten in der Gesellschaft als die jeweiligen Prozentanteile an Besitz, Macht und Bildung definiert und dann diejenigen benennt, die zu den jeweils 5 oder 10 % am meisten Besitzenden, Gebildetsten und Einflußreichsten gehören, dann bleiben 5 % in jeder Generation 5% (unabhängig davon, wie groß der reale Besitz ist). Da sich diese 5 % selbst nicht ausweiten (das bringt nun einmal die Definition mit sich), hängen die Aufstiegschancen vor allem davon ab, wieviele Kinder diese 5 % selbst haben. Haben sie weniger Kinder als der Bevölkerungsdurchschnitt oder die Mittelschichten, steigen für die anderen 95 % die Aufstiegschancen, haben sie mehr, wie in der ersten Phase der Industrialisierung, sind die Aufstiegschancen für die anderen nicht allzu gut. Eine Ausweitung der absoluten Zahlen einer jeden Klasse oder Schicht, wie in der Industrialisierungsperiode, kann leicht dazu führen, die relative Konstanz von Besitz, Macht und Bildung zu übersehen, die die Generationen überdauert bzw. sich in jeder Generation erneut herstellt. Wenn man Soziale Mobilität als Veränderung der Zugehörigkeit zu einer bestimmten sozialen Klasse oder Schicht versteht und dabei Stadt und Land getrennt sieht, dann steigt die Mobilität in der Zwei-Generationen-Betrachtung während der Industrialisierungsperiode zweifellos an; wenn man damit vorschnell auch allgemein steigende Aufstiegschancen verbindet, übersieht man die relative Konstanz des sozialen Oben und Unten in einer Zeit, da Vollbauern und Besitz- und Bildungsbürger selbst die höchsten Aufwuchsraten für ihre Kinder haben und so viele, daß „Oben" für sie gar nicht genug Stellen sein konnten. Auswege für Söhne mit Intelligenz und Risikobereitschaft war eine Firmen- bzw. Geschäftsgründung, für Töchter die Heirat mit einem dementsprechenden Partner; ein anderer Ausweg war Bildungserwerb, denn auch das Stellenangebot für Gebildete war in Stadt und Land ständig im Wachsen. So wäre auch einer Verallgemeinerung über „sinkende Aufstiegschancen" während der Industrialisierungsperiode mit großer Vorsicht zu begegnen. Der Wechsel vom Land in die Stadt war oft die notwendige Voraussetzung, um seine eigenen Chancen auf sozialen Aufstieg zu verbessern (man denke nur an die besitzlosen Intellektuellen) oder wenigstens der Unterbeschäftigung und drohenden Arbeitslosigkeit auf dem Lande zu entgehen, was für viele Proletarier schon Motiv genug gewesen sein dürfte.

Wir haben die empirischen Daten bewußt so detailliert veröffentlicht, daß sie Raum für anschließende Berechnungen und weiterreichende Interpretationen auch für andere Autoren bieten.

2. Methodischer und forschungsorganisatorischer Ausblick

Erstmals dürften damit für ein Territorium Daten zur Sozialen Mobilität bis ins 16. Jh. zurück und über 10 bzw. 11 Generationen mit dem Anspruch auf Repräsentativität vorliegen, wenn auch mit einer Reihe kritischer Einschränkungen. Eigentlich ging es dabei weniger um Sachsen, als um das Forschungsbeispiel.
Wenn man die Anwendung quantitativer Methoden in der Bevölkerungs- und Sozialgeschichtsforschung in den letzten einhundert Jahren betrachtet, so läßt sich durchaus ein Fortschritt feststellen. Wenn auch einzelnen Spitzenarbeiten oft erst Jahrzehnte später ähnliche oder bessere Arbeiten folgten. Voraussetzung für den weiteren Fortschritt war oft ein mühevolles Erschließen von Originalquellen, wie durch Kirchenbuchverkartung bzw. Ortsfamilienbücher. Es wird auch in Zukunft so sein, daß inhaltlicher Fortschritt und bessere Quellenerschließung voneinander abhängen werden.
Es ist die Leitidee dieser Arbeit, daß makroskopische Abläufe aus der Summe von Millionen Einzelleben bestehen. Analysiert man die Einzelleben, dann läßt sich mehr über Ursachen und Folgen aussagen, als durch bloßes Mutmaßen. Die wirtschaftliche Methode, um das forschungsorganisatorisch zu bewältigen, ist das Erheben von Stichproben. Gezeigt zu haben, daß es – zumindest in Sachsen bis 1530 zurück – möglich ist, eine quantitative Analyse mit den Atomen und Molekülen der Geschichte, nämlich den Einzelpersonen und Familien, durchzuführen – vielleicht ist das der eigentliche Sinn dieser Arbeit. Was in Sachsen möglich ist, wird auch in Württemberg, Flandern oder England möglich sein und mancherorts noch besser und gründlicher. Anstelle von 11 000 Ehepaaren und ihren Eltern aus AL wären geschichtete Stichproben von vollständigen Familien (also mit allen Kindern) auf KB-Basis (also nicht aus AL) ideal gewesen. Auf diese Weise hätte man auch alle üblichen Kennziffern der historischen Demographie errechnen können, für die Ermittlung der sozialen Herkunft aber einiges tun müssen. Eine derartige Arbeit ist ohne Computereinsatz und großen organisatorischen Aufwand nicht durchführbar. Die Zahl der Kirchenbuchverkartungen in Sachsen, auch von Städten, ist inzwischen so groß (WEISS 1989a), daß in diesem Punkte bald genügend vorbereitetes Material vorliegen dürfte. Auf viele Standorte verstreut und oft nur als Kartei oder einmaliges Manuskript vorhanden, harren die Arbeiten einer weitsichtigen Zusammenführung und Sicherung (die inzwischen von der Deutschen Zentralstelle für Genealogie in Leipzig in Gang gesetzt worden ist).
Weiterführende inhaltliche Fragestellungen setzen aber auch einen ganz anderen Erschließungsgrad der Archivalien voraus, als das bisher der Fall ist. In den

Archiven ist bislang aus den Aktentiteln oft nicht zu erkennen, ob es sich z. B. bei einer Steuerliste um eine Quelle handelt, die jede Person mit Beruf, Stand und vielleicht noch Alter aufführt (wie etwa beim Mahlgroschen) oder nur um die Auflistung von Orten mit ihren Steuersummen. Neue geeignetere Findbücher sind zwar in vielen Archiven in Arbeit und helfen, den Leerlauf zu vermindern, der durch die Bestellung ungeeigneter Akten entsteht, doch bedarf die Sozialgeschichte künftig eigentlich noch eines ganz anderen Erschließungsgrades, d. h., es werden Materialien gebraucht – gedruckt oder auf moderneren Speichern – aus denen sich Orte, Personen und Sachbezüge kombinieren lassen. Die Kombination der Ortsfamilienbücher mit den Daten aus Gerichtshandelsbüchern und den Steuerlisten (WEISS und BUTTER 1988) und anderen Quellen ist eine Aufgabe, deren Bedeutung erst allmählich begriffen wird (SHARPE 1990). Allein in Archiven für Sachsen harren die Familientabellen von 1701, der leider nur lokal überlieferte Mahlgroschen von 1767, die Musterungslisten der Sächsischen Armee, die Geburtsbriefe des 18. Jh., die Heimatscheine des 19. Jh., die Listen der Volksbewaffnung von 1848/49 (mit Angaben über Alter, Stand und Namen), Zensurentabellen von Schulen (mit Angabe der Väter und deren sozialer Stellung) und die Akten über die Einführung der Stände- und Landgemeindeordnung ab 1832 (mit Namen, Beruf, Besitz und Stand) ihrer systematischen Erschließung. Es ist abzusehen, daß mit dem Einsatz von transportablen Computern auch das lösbar werden wird.

Daß sich durch die Verwendung von Stichproben auch für die Archivierung (vgl. MERKER 1989) selbst neue Gesichtspunkte ergeben, ist folgerichtig. Wenn STEHKÄMPER (1965) berichten kann, daß in Köln von den massenhaften gleichförmigen Einzelsachakten fortan alle Akten aufgehoben werden, bei denen der Familienname mit H anfängt (s. auch DUPAQUIER 1972), das betrifft 8,5 % aller Massenakten, so ist das aus der Sicht der künftigen Forschung lebhaft zu begrüßen. (Was hätten wir heute für Forschungsmöglichkeiten, wenn diese Regel bereits ab 1700 angewendet worden wäre!) Wenn KAUFHOLD (1978; S. 22) diese Meldung von STEHKÄMPER mit der Bemerkung kommentiert: „Das ... Verfahren, von diesen Akten jeweils die eines Anfangsbuchstabens aufzubewahren, ist methodisch bedenklich, da der Grundsatz der zufälligen Auswahl dabei nicht beachtet wird", so belegt das (bei allen Problemen mit der Auswahl nur eines Anfangsbuchstabens) nur, wie wenig gestandenen Historikern Stichproben und Zufallsauswahl noch 1978 vertraut waren. Wenn SPECKER (1990) in offiziellen Empfehlungen einer Arbeitsgemeinschaft aber eine Quotenauswahl zwischen 10–30 % befürwortet, darf das als ein Beleg angesehen werden, daß inzwischen von einer veränderten Einschätzung ausgegangen werden kann. „Dabei empfiehlt es sich bei personenbezogenem Schriftgut (z. B. im Sozialbereich), geeignete Buchstaben des Namensalphabets zugrunde zu legen. ... Der einmal gewählte Buchstabe soll dann bei allen Kassationsvorhaben verwendet werden, um Einzelfälle gegebenenfalls auch in anderen Bereichen weiterverfolgen zu können."

Die Original-Karteikarten dieser Arbeit werden (die Deutsche Zentralstelle für Genealogie in Leipzig wird, wenn nicht selbst Standort, dann aber darüber Auskunft geben können) archiviert werden, so daß für spätere Untersuchungen dieselben Stichproben mit neuen Daten ergänzt oder mit neuen Personen kombiniert werden können. Bestimmte Fagen, wie etwa die nach der saisonalen Verteilung der Heiraten als Kennzeichen für bestimmte Berufe und Wirtschaftstypen der Dörfer, wie das KUSSMAUL (1990) für England zeigen konnte, sind an das Material noch gar nicht gestellt worden, können aber jederzeit nachgeholt werden.

Seit BLASCHKEs (1967) Arbeit sind fast 30 Jahre vergangen. In weiteren 30 Jahren wird man neue Fragen an das Material haben.

Und warum sollte nicht das Bereitstellen von Stichproben ein eigener Zweig der Sozialgeschichte werden? Stichproben, in denen die Totalität der verfügbaren Quellen kombiniert ist und mit denen Forscher der verschiedenen Teildisziplinen zu unterschiedlichen Zeiten ihre Fragen beantworten, unterschiedliche soziale Klassifikationen am selben Material erproben und miteinander vergleichen.

Wenn man tiefgründig sein will, reicht es nicht aus, wenn einmal mehr oder weniger zufällig das eine Dorf oder die eine Stadt analysiert wird.

Hinter der Verteilung der Kirchenbuchverkartungen (und damit kombinierter Daten), Dissertationen, Diplomarbeiten usw. über das Land müßte eine auf Jahrzehnte vorausschauende Koordinierung stecken, die Dörfer und Städte nach Größenklassen usw. ordnet und dann eine Untersuchung nicht in einem bestimmten Ort fördert, sondern in einem Ort, der einer bestimmten Schicht bzw. einem bestimmten „Klumpen" der Stichprobe angehört.

3. Nachbemerkungen

Am Ende des Untersuchungszeitraumes, um 1800, übertrifft Sachsen hinsichtlich mehrerer wichtiger Kenngrößen der wirtschaftlichen und gewerblichen Entwicklung die Rheinprovinz, Württemberg, Belgien und sogar England (KIESEWETTER 1988). Im Handwerkeranteil z. B. steht es an der Spitze aller deutschen Territorien. Daß parallel zu diesem wirtschaftlichen Aufschwung Reformen des politischen Systems erfolgten und sich eine bürgerliche Demokratie entwickelte, darf als bekannt vorausgesetzt werden. Die Frage, die dem Autor zum Schluß mit angemessener Bescheidenheit gestattet sein sollte, ist, ob die vorgelegte Untersuchung auf irgendeine Weise dazu beitragen kann, zu erhellen, warum gerade Sachsen einen solchen vorderen Platz eingenommen hat.

Wenn wir etwas feststellen konnten, dann eine über Jahrhunderte lang wenig gebremste Freizügigkeit der Personen im sozialen und geographischen Raum. Eine solche Freizügigkeit scheint eine der elementaren Voraussetzungen für das Entstehen und Gedeihen eines modernen Staates zu sein. Wir konnten ferner einen ständigen Einwandererüberschuß feststellen, als Zeichen für ein wachsendes und liberales Wirtschaftsgebilde. Die Freizügigkeit galt vermutlich auch für die Nachbargebiete, der Wanderungsüberschuß in Richtung Sachsen nur für letzteres. Es wanderten nicht nur Durchschnittspersonen, sondern im Durchschnitt die Leistungsfähigeren und Leistungsbereiten.

Den besonderen Liberalismus der sächsischen Wirtschaftspolitik (ALBERT 1970) können wir aus unseren Ergebnissen nicht direkt ablesen, nur aus anderen Arbeiten (FORBERGER 1982) bestätigen lassen.

Wir erkennen auch, daß es sich bei dem Untersuchungsgebiet tatsächlich um ein wirtschaftliches Kerngebiet mit beschränkter räumlicher Ausdehnung am lagebegünstigten Nordrand der Mittelgebirgszone handelt. (Ähnlich etwa, wie wenn man den mittelenglischen Wirtschaftsraum gesondert betrachtet hätte.) Wäre das Sachsen in der Zeit vor 1815 unser Untersuchungsgebiet gewesen, wäre manches Ergebnis nicht so scharf. Kleinheit ist nicht nur ein wirtschaftlicher Nachteil. In Deutschland betrugen 1930 die Transportkosten auf Eisenbahnen 4,6 % des Warenwerts am Bestimmungsort, in den USA 1928 7,1 %. Im selben Jahr waren in Deutschland 4,5 % der Beschäftigten im öffentlichen Transportwesen tätig, in den USA 7,9 % (alle Zahlen nach LÖSCH 1954, S. 428). Es läßt sich daraus folgern, daß für Sachsen allein (wie auch z. B. für Belgien) und mit seiner dichten Bevölkerung der relative Transportkostenanteil noch niedriger war.

Einer besonderen landesgeschichtlich-vergleichenden Untersuchung scheint auch der Bildungsstand in Sachsen wert zu sein (dazu RICHTER 1930). Nach ENGEL (1853, S. 65) waren 1850 bereits 97 % (also praktisch alle, denn wenige Analphabeten gibt es immer) der sächsischen Rekruten des Lesens und Schreibens kundig. Es ist dabei auffallend, daß bereits im 16. Jh. als Folge des Bergbaus in Sachsen und seiner hohen Bildungsanforderungen ein hohes Ausgangsniveau vorhanden gewesen sein muß.

Weitere eindeutige Besonderheiten der sächsischen Geschichte sind nach BLASCHKE (1990a): „Die Sozialstruktur mit ihrem frühen hohen Anteil an

Städtebürgern, die starke Stellung der landesfürstlichen Macht und deren folgerichtige Weiterentwicklung zum modernen Staat, die vergleichsweise schwache Stellung des Adels und die hohe Bedeutung der Geldwirtschaft mit ihren vielfachen Auswirkungen."

Weiten wir noch einmal den Blick vom inhaltlichen geographischen Rahmen, also dem Land Sachsen, auf die methodische Besonderheit unserer Arbeit, Aussagen über geschichtliche Abläufe aus der Summe von Einzelpersonen ableiten zu wollen. Das Neue besteht ja nicht darin, einzelne Familien und Generationenschicksale exemplarisch zu betrachten (wie es z. B. GALL 1989 mit der Familiengeschichte Bassermann eindrucksvoll gelungen ist), sondern die Aussage auf repräsentativen statistischen Massen von Einzelpersonen aufzubauen.

Denn die eine bekannte Möglichkeit, die Millionen Einzelpersonen aus der Geschichte verschwinden zu lassen, ist die Art von Geschichtsbetrachtung, bei der die Abfolge der Ereignisse durch den jeweiligen Herrscher bestimmt scheint, der durch kluge Reformen künftigen Entwicklungen den Weg öffnet oder durch unkluges Verhalten Entwicklungen verhindert oder verzögert. Der Beginn oder das Ende von Epochen scheinen oft durch die Kriege bestimmt, die der Herrscher gewinnt oder verliert. Und Sachsen hat viele Kriege verloren.

Die Revolutionen, die die Herrscher hinwegfegen, haben die Kritiker manchmal veranlaßt, die Treibenden als die Getriebenen darzustellen, die Reformen dann vollziehen, wenn die soziale Realität schon längst enteilt ist (s. Kretzschmar 1958; Lebenserinnerungen des Königs Johann von Sachsen, der selbst als Verwaltungsfachmann tätig war). Die sächsischen Reformen des 18. und 19. Jh. hatten eher diesen Charakter. Nicht nur bei einer Kontrolle im gewerbefleißigen Dorf Schönheide um 1700 (vgl. S. 113) mußte die Obrigkeit feststellen, daß viele Häuser ohne irgendeine Genehmigung gebaut worden waren. Die Häuser und Menschen waren einfach da. Wir haben versucht, mit statistischen Daten zu belegen, woher diese Menschen gekommen sind. Die Reaktion der Bevölkerungsgruppe der „nachgeborenen Söhne und Töchter war während der ganzen ... Jahrhunderte ... in ihren Grundzügen gleich: Man umging oder ignorierte sowohl die obrigkeitlichen Höchst-Lohn-Taxen als auch die landesherrlichen Ansiedlungsbeschränkungen" (so SCHREMMER 1970, S. 116, zur analogen Entwicklung in Bayern und der Zunahme der Sölden).

Wenn man ein ungutes Gefühl bei der in dieser Arbeit vorgelegten Art von Analyse bekommt, dann deshalb, weil in den Statistiken die Einzelperson erneut verschwindet, jetzt in einer anonymen statistischen Masse, die namenlos in einem Topf brodelt, kocht und Blasen schlägt, immer dann, wenn das Feuer besonders heiß brennt. Aber jede Einzelperson ist eine aktiv handelnde Person und die steigende Gesamtwärme (bleiben wir mal im Bild) im Topf Ergebnis dieser Einzelaktivitäten. Die 1989 erschienene „Geschichte Sachsens" nennt den auf S. 113 schon erwähnten Brief eines Bauern namens Christian Weiß, der sich um 1750 in Reinsdorf bei Zwickau (zufällig mein Heimatdorf, der Verf.) um die Einführung des Kleeanbaus verdient gemacht hat. Eine ältere „Geschichte des Sächsischen Volkes und Staates" (GRETSCHEL und BÜLAU 1863, S. 252) nennt aber einen anderen, nämlich den 1795 gestorbenen Christian Esche aus ebendemselben Reinsdorf als denjenigen, der den „Kleeanbau im Erzgebirge" eingeführt habe. Wie dem auch sei – denn sicher hatten beide, Christian Weiß und Christian Esche, und nicht nur sie, ihren Anteil – Sachsen verdankt seinen Aufschwung Millionen solcher Namenlosen und fast Namenlosen.

Die Stichproben, die unserer Untersuchung hier zugrunde liegen, bestehen aus 11 000 Ehepaaren, also 22 000 Einzelschicksalen, dazu noch die Angaben über deren Väter. Einige von ihnen sind in den Einschüben zwischen den Kapiteln aus der Anonymität herausgehoben worden und Orte benannt, in denen sie lebten, um zu zeigen, daß die Statistik aus dem Leben selbst zusammengesetzt ist.

In einer hochentwickelten Wissenschaft wie der Statistischen Thermodynamik werden wichtige Gesetze oft dadurch abgeleitet, daß man das Verhalten von großen Massen von Atomen mißt und betrachtet. Die Dynamik eines Systems wird so bestimmt aus der Summe der Atome bzw. Moleküle, ihrer Art, ihrer Ladung und ihrer spezifischen Wärme (und damit ihrer kinetischen und potentiellen Energie), des vorhandenen Raumes und damit des inneren und äußeren Drucks usw.

Analog scheint es bei menschlichen Gesellschaften möglich zu sein, auch retrospektiv Aussagen über die Dynamik zu machen, wenn man über große Summen bzw. repräsentative Stichproben von Einzelpersonen Daten über Mobilität, Bildungsstand, Berufsverteilung, Intelligenz, ihre Zahl, räumliche Dichte und räumliche Struktur (ERLANDER 1980) erhebt und über das relative und absolute Gefälle sozialer Ungleichheit in bezug auf Macht, Besitz und Einkommen und der Stellung der Einzelperson in der jeweiligen Hierarchie. So mag man diese Arbeit als einen bescheidenen Beitrag hin zu einer Statistischen Thermodynamik der menschlichen Gesellschaft verstehen, einer Zielstellung, zu der z. B. auch MONTROLL 1987 einen Beitrag geliefert hat.

Anhang

1. Literaturverzeichnis

Ackermann, Otto: Die Entwicklung der Landwirtschaft auf den Vorwerken der Schönburgischen Herrschaften Wechselburg und Penig vom 16. Jahrhundert bis zur Gegenwart. Leipzig, Phil. Diss. 1911.

Adams, John W. und Alice Bee Kasakoff: Anthropology, genealogy, and history: a research log. In: *Taylor, Robert M. und Ralph J. Crandall (Hrsg.):* Generations and Change. Genealogical Perspectives in Social History. Macon 1986, S. 53–78.

Albert Herzog zu Sachsen: Die Reform der sächsischen Gewerbegesetzgebung (1840–1861). München, Phil. Diss. 1970.

Altmann, Götz: Technik und Sozialbeziehungen in den erzgebirgischen Hammer- und Eisenhütten vom 12. Jahrhundert bis zur Mitte des 18. Jahrhunderts. Berlin, Humboldt-Universität, Diss. A 1985.

Arnold, Herrmann: Juden in der Pfalz. Landau/Pfalz 1986.

Auerbach, Felix: Das Gesetz der Bevölkerungskonzentration. Petermanns Mitteilungen 59 (1913) 74–76.

Beelitz, Annerose; Ostermuth, Gudrun; Schlegel, Helga und Horst Pohl: Unterschiedliche Fortpflanzung in den Fürstentümern Calenberg-Göttingen und Grubenhagen auf Grund der Kopfsteuerbeschreibung von 1689. Archiv für Bevölkerungswissenschaft und Bevölkerungspolitik 11 (1941) 311–314.

Bieleman, Jan: Boeren op het Drentse zand 1600–1910. Wageningen: Landbouwuniversiteit 1987 (= Afdeling Agrarische Geschiedenis Bijdragen 29).

Blaschke, Karlheinz (Bearbeiter): Historisches Ortsverzeichnis von Sachsen. Leipzig 1957.

Blaschke, Karlheinz: Industrialisierung und Bevölkerung in Sachsen im Zeitraum von 1830 bis 1890. In: Raumordnung im 19. Jahrhundert, 1. Teil. Hannover 1965; S. 69–95 (= Historische Raumforschung 5. Forschungs- und Sitzungsberichte der Akademie für Raumforschung und Landesplanung 30).

Blaschke, Karlheinz: Bevölkerungsgeschichte von Sachsen bis zur industriellen Revolution. Weimar 1967.

Blaschke, Karlheinz: Rezension: Geschichte Sachsens. Weimar 1989. In: Blätter für deutsche Landesgeschichte 126 (1990a) 723–726.

Blaschke, Karlheinz: Die Landesgeschichte in der DDR – ein Rückblick. Blätter für deutsche Landesgeschichte 126 (1990b) 243–261.

Blotevogel, Hans Heinrich: Zentrale Orte und Raumbeziehungen in Westfalen vor der Industrialisierung (1780–1850). Münster 1975 (= Veröffentlichungen des Provinzialinstituts für Westfälische Landes- und Volksforschung des Landschaftsverbandes Westfalen-Lippe 1, 19).

Boelcke, Willi A.: Wandlungen der dörflichen Sozialstruktur während Mittelalter und Neuzeit. In: *Haushofer, Heinz und Willi A. Boelcke (Hrsg.):* Wege und Forschung der Agrargeschichte, Festschriften zum 65. Geburtstag von Günther Franz. Frankfurt/Main 1967, S. 80–114 (= Zeitschrift für Agrargeschichte und Agrarsoziologie, Sonderband 3).
Böltken, Ferdinand: Auswahlverfahren: Eine Einführung für Sozialwissenschaftler. Stuttgart 1976 (= Studienschriften zur Soziologie 38).
Böser, Wolfgang: Ortssippenbücher. Erschließung einer genealogischen Sekundärquelle für die Sozialgeschichtsforschung. Blätter für deutsche Landesgeschichte 121 (1985) 1–48.
Bormann-Heischkeil, Sigrid: Die soziale Herkunft der Pfarrer und ihrer Ehefrauen. In: *Greiffenhagen, Martin (Hrsg.):* Das evangelische Pfarrhaus. Stuttgart 1984, S. 149–174.
Bräuer, Helmut: Die Stadtbevölkerung von Chemnitz zwischen 1450 und 1600. Untersuchungen zu ihrer Struktur. Karl-Marx-Stadt 1978.
Bücher, Karl: Zur Statistik der inneren Wanderungen und des Niederlassungswesens. Zeitschrift für schweizerische Statistik 23 (1887) 1–13.
Bücher, Karl: Die Großstädte in Gegenwart und Vergangenheit. In: Die Großstadt. Vorträge und Aufsätze zur Städteausstellung. Dresden: v. Zahn und Jaensch 1903; S. 3–32 (= Jahrbuch der Gehe-Stiftung zu Dresden 9).
Codex Augusteus, Fortgesetzter. Erste Abteilung. Leipzig 1772.
Demleitner, Josef und Adolf Roth: Der Weg zur Volksgenealogie. Anleitung zur übersichtlichen Darstellung des sippenkundlichen Inhalts der Kirchenbücher in Familienbücher. München 1936.
Derouet, Bernard: Une démographie sociale différentielle: clés pour un systeme auto-régulateur des populations rurales d'Ancien Regime. Annales, Économies, Societiés, Civilisations 35 (1980) 3–41.
Dietrich, Richard: Zur industriellen Produktion, technischen Entwicklung und zum Unternehmertum in Mitteldeutschland, speziell in Sachsen im Zeitalter der Industrialisierung. Jahrbuch für die Geschichte Mittel- und Ostdeutschlands 28 (1979) 221–272.
Dupaquier, Jacques: Problèmes de représentativité dans les études fondées sur la reconstitution des familles. Annales de démographie historiques (1972) 83–91.
Dupaquier, Jacques: Démographie historique et généalogie. Héraldique et généalogie 12 (1980) 371–373.
Einsiedel, Karl Friedrich Hildebrand von: Verzeichniß der Rittergutsbesitzer des erzgebirgischen Kreises, welche nach ihren persönlichen Verhältnissen für den bevorstehenden Landtag im Jahre 1866 wählbar sind. Annaberg 1866.
Engel, Ernst: Das Königreich Sachsen in statistischer und staatswirtschaftlicher Beziehung. Dresden 1853.
Erlander, Sven: Optimal Spatial Interaction and the Gravity Model. Berlin 1980 (= Lecture Notes in Economics and Mathematical Systems 173).
Euler, Friedrich Wilhelm: Bankherren und Großbankleiter nach Herkunft und Heiratskreis. In: *Hofmann, Hanns Hubert (Hrsg.):* Bankherren und Bankiers. Limburg/Lahn 1978, S. 85–144 (= Deutsche Führungsschichten in der Neuzeit 10).
Everitt, Alan: Farm Labourers. In: *Thirsk, Joan (Hrsg.):* The Agrarian History of England and Wales. Vol. IV 1500–1640. Cambridge 1967, S. 396–465.
Flinn, Michael Walter: The European Demographic System, 1500–1820. Baltimore 1981 (= The Hohns Hopkins Symposia in Comparative History 12).

Flinzer, Max: Die Bewegung der Bevölkerung von Chemnitz 1730–1870, Chemnitz 1872.
Fogel, Robert W.; Engerman, Stanley, L.; Trussell, James; Floud, Roderick; Pope, Clayne L. und Larry T. Wimmer: The economics of mortality in North America 1650–1910. Historical Methods 11 (1978) No. 2, 75–108.
Forberger, Rudolf: Die industrielle Revolution in Sachsen 1800–1861. Berlin 1982.
Fremdling, Rainer: German national account for the 19th and early 20th century. A critical assessment, Vierteljahresschrift für Sozial- und Wirtschaftsgeschichte 75 (1988), S. 339–357.
Friedrich August, König in Polen ... Pflichtmäßige Anzeige derer in dem unmittelbaren Amts-Dorfe N. N. des Amts N. N. befindlichen angesessenen Einwohner. Dresden 11. 2. 1750.
(Friedrichsgrün). Festschrift zur 200-Jahr-Feier der Gemeinde Friedrichsgrün 1955. Friedrichsgrün 1955.
Friesen, Friedrich Freiherr von: An die stimmberechtigten Herren Rittergutsbesitzer des Leipziger Kreises, Rötha 1845.
Friesen, Friedrich Freiherr von: An die stimmberechtigten Herren Rittergutsbesitzer des Leipziger Kreises. Leipzig 1866.
Froehner, Georg: Wanderungsergebnisse im erzgebirgischen Industriegebiet und in der Stadt Chemnitz. Chemnitz 1909 (= Beiträge zur Statistik der Stadt Chemnitz 1).
Gall, Lothar: Bürgertum in Deutschland. Berlin 1989.
Gehrmann, Rolf: Leezen 1720–1870. Ein historisch-demographischer Beitrag zur Sozialgeschichte des ländlichen Schleswig-Holsteins. Neumünster 1984 (= Studien zur Wirtschafts- und Sozialgeschichte Schleswig-Holsteins 7).
Gerbig, Wilfried und Volkmar Weiss: Standesbezeichnungen der bäuerlichen Bevölkerung im deutschen Sprachraum. Aufruf zur Mitarbeit. Familienkundliche Nachrichten 8 (1992) 305–307b.
Gericke, Hans Otto: Die Lage der Arbeiter des ehemaligen Messingwerkes Niederauerbach/Vogtland um 1600 bis zur Mitte des 19. Jahrhunderts. Leipzig, Phil. Diss. 1967.
Geschichte Sachsens. Weimar 1989.
Goldstein, Sidney: Patterns of Mobility, 1910–1950. The Norristown Study. A Method for Measuring Migration and Occupational Mobility in the Community. Philadelphia 1958.
Gretschel, Carl und Friedrich Bülau: Geschichte des Sächsischen Volkes und Staates. Leipzig 1863.
Grohmann, Hans-Albrecht: Kapital und Lohnarbeit in den Schönburgischen Rezeßherrschaften. Zur Konstituierung von Bourgeoisie und Arbeiterklasse in einer deutschen Exportgewerbelandschaft 1830 bis 1882. Leipzig, Karl-Marx-Universität, Diss. A 1988.
Grünberg, Reinhold: Sächsisches Pfarrerbuch. Freiberg 1940.
Gündel, Johannes: Stangengrün. Genealogische Entwicklung einer Bauerngemeinde im Kreis Zwickau/Sachsen 1460–1800. Neustadt/Aisch 1988 (= Schriftenreihe der Stiftung Stoye der Arbeitsgemeinschaft für mitteldeutsche Familienforschung 17/18).
Gutmann, Myron P.: Putting crises in perspective. The impact of war on civilian populations in the seventeenth century. Annales de démographie historiques (1977) 101–128.
Gutmann, Myron P.: Protoindustrialization and marriage ages in eastern Belgium. Annales de démographie historique (1987) 143–173.
Hahn, Hans-Werner: Altständisches Bürgertum zwischen Beharrung und Wandel. Wetzlar 1689–1870. München 1991 (= Stadt und Bürgertum 2).

Hammer, Ingrid; Jäger, Sabine; Wagner, Dirk und Volkmar Weiss: Kirchenbuchführung im deutschen Sprachraum. Aufruf zur Mitarbeit. Familienkundliche Nachrichten 8 (1992) 308–315.

Hammer, Ingrid und Volkmar Weiss: Die Sammlung Ahnenlisten in der Deutschen Zentralstelle für Genealogie in Leipzig. Genealogie 42 (1993) 490–499.

Hanke, Gerhard: Witwen- und Witwerheiraten in Dachau (1700–1899). Amperland; Heimatkundliche Vierteljahresschrift für die Kreise Dachau, Freising und Fürstenfeldbruck 27 (1991) H. 4, 167–172.

Harnisch, Hartmut: Bevölkerung und Wirtschaft. Über den Zusammenhang zwischen sozialökonomischer und demographischer Entwicklung im Spätfeudalismus. Jahrbuch für Wirtschaftsgeschichte (1975) Bd. 2, 57–87.

Hartinger, Walter: Zur Bevölkerungs- und Sozialstruktur von Oberpfalz und Niederbayern in vorindustrieller Zeit. Zeitschrift für bayerische Landesgeschichte 39 (1976) 785–822.

Haun, Friedrich Johannes: Bauer und Gutsherr in Kursachsen. Schilderung der ländlichen Wirtschaft und Verfassung im 16., 17. und 18. Jahrhundert. Strassburg 1891 (= Abhandlungen aus dem staatswissenschaftlichen Seminar in Strassburg 9).

Hays, Samuel P.: History and genealogy: patterns of change and prospects for cooperation. Prologue: The Journal of the National Archives 7 (1975) 39–43, 81–84 und 187–191.

Heckh, Gotthold: Unterschiedliche Fortpflanzung ländlicher Sozialgruppen aus Südwestdeutschland seit dem 17. Jahrhundert. Homo 3 (1952) 169–175.

Heitz, Gerhard: Ländliche Leinenproduktion in Sachsen 1470–1555. Berlin 1961 (= Deutsche Akademie der Wissenschaften zu Berlin, Schriften des Instituts für Geschichte, Reihe II: Landesgeschichte 4).

Held, Wieland: Zwischen Marktplatz und Anger. Stadt-Land-Beziehungen im 16. Jahrhundert in Thüringen. Weimar 1988.

Herzog, Jürgen: Die Entwicklung der Grundherrschaft Lampertswalde, Amt Oschatz, während des Spätfeudalismus (16.–18. Jahrhundert) unter besonderer Berücksichtigung sozialökonomischer Bedingungen. Leipzig, Karl-Marx-Universität, Diss. A 1984.

Hey, David: Family History and Local History in England. New York 1989.

Hinrichs, Ernst; Liffers, Rita und Jutta Ziegler: Sozialspezifische Unterschiede im generativen Verhalten eines Wesermarsch-Kirchspiels (1800–1850). Ergebnisse der Auswertung des Familienregisters von Altenesch. In: *Günther, Wolfgang (Hrsg.)*: Sozialer und politischer Wandel in Oldenburg 1981, S. 49–73.

Hochstadt, Steve: Migration in preindustrial Germany. Central European History 16 (1983) 195–224.

Hötzsch, Otto: Die wirtschaftliche und soziale Gliederung vornehmlich der ländlichen Bevölkerung im meissnisch-erzgebirgischen Kreise Kursachsens, auf Grund eines Landsteuerregisters aus der zweiten Hälfte des XVI. Jahrhunderts. Leipzig 1900 (= Leipziger Studien aus dem Gebiete der Geschichte 6, 4. Heft).

Hofmann, Manfred; Köbele, Albert und Robert Wetekam: Von der Kirchenbuchverkartung zum Ortssippenbuch. Eine Arbeitsanleitung. Glücksburg 1957 (= Aktuelle Themen zur Genealogie 2).

Hughes, Austin L.: Reproductive succes and occupational class in eighteenth-century Lancashire, England. Social Biology 33 (1986) 109–115.

Hunger, Johann Gottfried: Denkwürdigkeiten zur Finanzgeschichte von Sachsen – oder neubearbeitete Geschichte der Abgaben in den Chursächsischen Landen. Leipzig 1790.

Hunter, John E.; Schmidt, Frank L. und Gregg B. Jackson: Meta-Analysis. Cumulating Research Findings across Studies. Beverly Hills 1982.
Imhof, Arthur E.: Lebenserwartungen in Deutschland vom 17. bis 19. Jahrhundert. Weinheim 1990.
Jäpel, Roland: Die wirtschaftlichen und sozialen Verhältnisse im südwestlichen Erzgebirge im der Mitte des 16. Jahrhunderts. Leipzig, Pädagogische Hochschule, Diss. A 1985.
Jaglom, A. M. und I. M. Jaglom: Wahrscheinlichkeit und Information. Berlin 1984.
Kaelble, Hartmut: Soziale Mobilität und Chancengleichheit im 19. und 20. Jahrhundert. Göttingen 1983 (= Kritische Studien zur Geschichtswissenschaft 55).
Kaschuba, Wolfgang und Carola Lipp: Dörfliches Überleben. Zur Geschichte materieller und sozialer Reproduktion ländlicher Gesellschaft im 19. und frühen 20. Jahrhundert. Tübinger Vereinigung für Volkskunde 1982 (= Untersuchungen des Ludwig-Uhland-Instituts der Universität Tübingen 56).
Kaufhold, Karl Heinrich: Neue Fragen der Forschung, neue Anforderungen an die Archive aus der Sicht der Wirtschafts- und Sozialgeschichte. Der Archivar 31 (1978) 14–23.
Kiesewetter, Hubert: Industrialisierung und Landwirtschaft. Sachsens Stellung im regionalen Industrialisierungsprozeß Deutschlands im 19. Jahrhundert. Köln 1988 (= Mitteldeutsche Forschungen 94).
Kiessling, Roland: Fehler in genealogischen Quellen. Genealogie in der DDR 1 (1989) 14–23.
Kleinhempel, Joachim: Die Feudalstädte des ehemaligen Amtes Leipzig von 1600 bis 1800. Untersuchung zur Verfassung, Wirtschaft und Sozialstruktur. Leipzig, Pädagogische Hochschule, Diss. A 1982.
Klingner, Johann Gottlob: Sammlungen zum Dorf- und Bauren-Rechte. Leipzig 1749–55, 4 Teile.
Knodel, John E.: Demographic Behavior in the Past. A Study of Fourteen German Village Populations in the Eighteenth and Nineteenth Centuries. Cambridge, Mass. 1988 (= Cambridge Studies in Population, Economy and Society in Past Time 6).
Knodel, John and Edward Shorter: The reliability of family reconstitution data in German village genealogies. Annales de démographie historique (1976) 115–154.
Kocka, Jürgen: Weder Stand noch Klasse. Unterschichten um 1800. Bonn 1990 (= Geschichte der Arbeiter und der Arbeiterbewegung in Deutschland seit dem Ende des 18. Jahrhunderts 1).
Kocka, Jürgen; Ditt, Karl; Mooser, Josef; Reif, Heinz und Reinhard Schüren: Familie und soziale Plazierung. Studien zum Verhältnis von Familie, sozialer Mobilität und Heiratsverhalten an westfälischen Beispielen im späten 18. und 19. Jahrhundert. Opladen 1980 (= Forschungsberichte des Landes Nordrhein-Westfalen 2953, Fachgruppe Geisteswissenschaften).
Köhler, Hermann: Sippenkundliche Quellen der ev.-lutherischen Pfarrämter Sachsens. Dresden 1938 (= Beiträge zur Sächsischen Kirchengeschichte 45).
Köllmann, Wolfgang: Les généalogie allemandes comme source de la démographie historique. In: Union for the Scientific Study of Population. London 1969, S. 11–17. (Hier zitiert nach der Übersetzung: Genealogische Materialien in Deutschland als Grundlagen bevölkerungsgeschichtlicher Forschungen. In: *Köllmann, Wolfgang*: Bevölkerung in der Industriellen Revolution. Göttingen 1974, S. 17–24).

Kohl, Wilhelm (Hrsg.): Westfälische Geschichte. Das 19. und 20. Jahrhundert. Bd. 3: Wirtschaft und Gesellschaft. Düsseldorf 1983.

Kollmer, Gert: Die Familie Palm. Soziale Mobilität in ständischer Gesellschaft. Ostfildern 1983 (= Veröffentlichungen des Wirtschaftsarchivs Baden-Württemberg 1).

Kramm, Heinrich: Studien über die Oberschichten der mitteldeutschen Städte im 16. Jahrhundert (Sachsen, Thüringen, Anhalt). Köln 1981 (= Mitteldeutsche Forschungen 87).

Kretzschmar, Hellmut (Hrsg.): Lebenserinnerungen des Königs Johann von Sachsen. Eigene Aufzeichnungen des Königs über die Jahre 1801–1854. Göttingen 1958 (= Deutsche Geschichtsquellen des 19. und 20. Jahrhunderts 42).

Kriedte, Peter; Medick, Hans und Jürgen Schlumbohm: Sozialgeschichte in der Erweiterung – Proto-Industrialisierung in der Verengung? Demographie, Sozialstruktur, moderne Hausindustrie: eine Zwischenbilanz der Proto-Industrialisierung – Forschung, (Teil I). Geschichte und Gesellschaft 18 (1992) 70–87.

Kühn, Erich: Die bäuerlichen Güter und ihre Vererbung im Herzogtum Sachsen-Altenburg. Jena 1941 (= Arbeiten zur Landes- und Volksforschung 9).

Kussmaul, Ann: A General View of the Rural Economy of England 1538–1840. Cambridge 1990.

Langewiesche, Dieter: Wanderungsbewegungen in der Hochindustrialisierungsperiode. Regionale, interstädtische und innerstädtische Mobilität in Deutschland 1880–1914. Vierteljahresschrift für Sozial- und Wirtschaftsgeschichte 64 (1977) 1–40.

Lehners, Jean-Paul: Haus und Familie im Markt Stockerau am Ende des 17. Jahrhunderts. Unsere Heimat. Zeitschrift des Vereins für Landeskunde von Niederösterreich und Wien 45 (1974) H. 4, 222–235.

Lenger, Friedrich und Dieter Langewiesche: Räumliche Mobilität in Deutschland vor und nach dem ersten Weltkrieg. In: *Schildt, Axel und Arnold Sywottek (Hrsg.)*: Massenwohnung und Eigenheime. Wohnungsbau und Wohnen in der Großstadt seit dem Ersten Weltkrieg. Frankfurt/Main 1988, S. 103–126.

(Leutewitz). Dorfsippenbuch Leutewitz. Goslar 1938 (= Die Ahnen des deutschen Volkes 11.1).

Levine, David: Reproducing Families. The Political Economy of English Population History. Cambridge 1987.

Lienert, Gustav A.: Verteilungsfreie Methoden in der Biostatistik. Bd. 2.; 2. Auflage. Meisenheim am Glan 1978.

Lösch, August: The Economics of Location. New Haven 1954.

Löscher, Hans: Die bäuerliche Nachsiedlung des Erzgebirges um 1500. Blätter für deutsche Landesgeschichte 91 (1954) 130–157.

Lommatzsch, Georg: Die Bewegung des Bevölkerungsstandes im Königreich Sachsen während der Jahre 1871–1890 und deren hauptsächliche Ursachen. Dresden 1894.

Lommatzsch, Georg: Die sächsischen Städte im 19. Jahrhundert. Zeitschrift des Königl. Sächsischen Statistischen Büreaus (1901) 179–232.

Lommatzsch, Georg: Die Bevölkerung des Königreiches Sachsen nach der Staatsangehörigkeit und der Gebürtigkeit am 1. Dezember 1900. Zeitschrift des Königl. Sächsischen Statistischen Büreaus 48 (1902) 97–117.

Lommatzsch, Georg: Die Einwohnerzahlen der Landgemeinden von 1834 bis 1900 und die Veränderungen in der Verwaltungseinteilung des Königreiches seit 1815. Zeitschrift des Königl. Sächsischen Statistischen Landesamtes 51 (1905) 12–91.

Lütge, Friedrich: Die mitteldeutsche Grundherrschaft und ihre Auflösung. Stuttgart 1957.
Marschalck, Peter: Bemerkungen zu den Haushalts- und Familienstrukturen im bremischen Landgebiet im ersten Viertel des 19. Jahrhunderts. Bremisches Jahrbuch 70 (1991) 63–69.
Mattmüller, Markus: Bevölkerungsgeschichte der Schweiz. Teil I: Die Frühe Neuzeit 1500–1700. Basel 1987 (= Basler Beiträge zur Geschichtswissenschaft 154/154a).
Mauersberg, Hans: Besiedlung und Bevölkerung des ehemals hennebergischen Amtes Schleusingen. Würzburg 1937.
Mayr, Georg von: Statistik der deutschen Binnenwanderungen. Schriften des Vereins für Sozialpolitik 58 (1893) 24–48.
Mayr, Georg von: Die Bevölkerung der Großstädte. In: Die Großstadt. Vorträge und Aufsätze zur Städteausstellung. Dresden 1903, S. 3–32 (= Jahrbuch der Gehe-Stiftung zu Dresden 9).
Medick, Hans: Strukturen und Funktion der Bevölkerungsentwicklung im protoindustriellen System. In: *Kriedte, Peter; Medick, Hans und Jürgen Schlumbohm*: Industrialisierung vor der Industrialisierung. Gewerbliche Warenproduktion auf dem Land in der Formationsperiode des Kapitalismus. Göttingen 1977, S. 155–193 (= Veröffentlichungen des Max-Planck-Instituts für Geschichte 53).
Meier, Brigitte: Sozialgeschichte einer Kurmärkischen Handwerker- und Garnisonstadt. Berlin 1993.
Merker, Otto: Zur Bildung archivischer Überlieferung. Unvorgreifliche praktische Gedanken aus Landessicht. In: *Kahlenberg, Friedrich P. (Hrsg.)*: Aus der Arbeit der Archive. Beiträge zum Archivwesen, zur Quellenkunde und zur Geschichte. Festschrift für Hans Booms. Boppard 1989, S. 142–152 (= Schriften des Bundesarchivs 36).
Metzke, Hermann: Untersuchungen zur sozialen Mobilität im 16.–18. Jahrhundert anhand von Vorfahrenlisten. Genealogie in der DDR 2 (1990) 102–113.
Mitgau, Johann Hermann: Familienschicksal und soziale Rangordnung. Untersuchungen über den sozialen Auf- und Abstieg. Leipzig: Zentralstelle für Deutsche Personen- und Familiengeschichte 1928 (= Flugschriften der Zentralstelle für Deutsche Personen- und Familiengeschichte 10).
Mocker, Heinz: Ortsfamilienbuch der Kirchgemeinde Großzöbern 1642–1912. Plauen 1987.
Montroll, Elliott W.: On the dynamics and evolution of some sociotechnical systems. Bulletin of the American Mathematical Society 16 (1987) 1–46.
Mooser, Josef: Ländliche Klassengesellschaft 1770–1848. Bauern und Unterschicht. Landwirtschaft und Gewerbe im östlichen Westfalen. Göttingen 1984 (= Kritische Studien zur Geschichtswissenschaft 64).
Müller, Josef: Siebungsvorgänge bei der Abwanderung vom Dorfe. Archiv für Bevölkerungswissenschaft und Bevölkerungspolitik 7 (1937) 33–54.
Mueller, Max: Das Tuchmacherhandwerk und der Tuchhandel in Zwickau in Sachsen. Ein Beitrag zur Wirtschafts-Geschichte Sachsens. Leipzig, Phil. Diss. 1929.
Münchow, Katja; Radtke, Klaus-Günter und Volkmar Weiss: Bayerische Ahnenlisten in der Deutschen Zentralstelle für Genealogie in Leipzig. Genealogie 41 (1992) 359–364.
Münchow, Katja; Radtke, Klaus-Günter und Volkmar Weiss: Sachsen und Thüringen in den Ahnenlisten der Deutschen Zentralstelle für Genealogie in Leipzig. Familie und Geschichte 2 (1993) 171–178.
Nell, Adelheid von: Die Entwicklung der generativen Strukturen bürgerlicher und bäuerlicher Familien von 1750 bis zur Gegenwart. Bochum 1974.

News from the Cambridge Group for the History of Population and Social Structure. Local Population Studies 45 (1990) 14–23.

Norden, Wilhelm: Eine Bevölkerung in der Krise. Historisch-demographische Untersuchungen zur Biographie einer norddeutschen Küstenregion (Butjadingen 1600–1850). Hildesheim 1984 (= Veröffentlichungen der Historischen Kommission für Niedersachsen und Bremen 11).

Papsdorf, Detlef: Otterwischer und Stockheimer Stammreihen und Leichenpredigten. Nach Johann Julius Christian Fulda, Pfarrer in Otterwisch 1766–1796. Neustadt/Aisch 1987 (= Schriftenreihe der Stiftung Stoye der Arbeitsgemeinschaft für mitteldeutsche Familienforschung 16).

Petzold, Helmut: Dorfhainer Dorfbuch. Familienbuch. Dorfhain 1980.

Petzold, Helmut: Dorfhain in Sachsen. Das Dorf und seine Bewohner. Dorfhain 1983.

Petzold, Helmut: Dorfgeschichte und Genealogie. Genealogie in der DDR 1 (1989) 51–60.

Pfütze, Arno: Die Entwicklung der amtlichen Landesstatistik in Sachsen. Dresden 1931.

Piasecki, Peter: Territorialherrschaft und die Diffusion von Innovationen im deutschen Salinenwesen der Neuzeit. Technikgeschichte 57 (1990) 165–188.

Pönicke, Herbert: Die wirtschaftlichen Führungsschichten in Sachsen von 1790–1850. In: *Helbig, Herbert (Hrsg.)*: Führungskräfte der Wirtschaft in Mittelalter und Neuzeit I 1350–1850. Limburg/Lahn 1973, S. 167–201 (= Deutsche Führungsschichten in der Neuzeit 6).

Pohl, Horst: Bergstadt Platten. Wirtschaftlich-kulturelle Beziehungen und Binnenwanderung im böhmisch-sächsischen Erzgebirge 1532–1938. Bohemia 6 (1965) 173–229.

Pollmar, Werner: Wernsdorf bei Glauchau/Sa. Die Geschichte eines Dorfes im erzgebirgischen Vorland, untersucht auf sippengeschichtlicher Grundlage bis zum Beginn des 19. Jahrhunderts. Leipzig, Phil. Diss. 1947.

Post, John D.: The mortality crises of the early 1770s and European demographic trends. Journal of Interdisciplinary History 21 (1990) 29–62.

Pound, John F.: An Elizabethan census of the poor. University of Birmingham Historical Journal 7 (1962) 142–160.

Prenger, Georg: Die Unehelichkeit im Königreich Sachsen. Leipzig 1913.

Rabb, Theodore K.: The effects of the Thirty Years' War on the German economy. Journal of Modern History 34 (1962) 40–51.

Raschke, Helga: Klassen und Schichten von 1640 bis 1740 in Gotha. Berlin, Akademie der Wissenschaften der DDR, Diss. A 1988.

Raunert, Margarete: Zur Bevölkerungsgeschichte des oberen Vogtlandes. Rodewisch 1975.

Razi, Zvi: Life, Marriage and Death in a Medieval Parish. Economy, Society and Demography in Halesowen 1270–1400. Cambridge 1980.

(Reinsdorf). Festschrift zur 700-Jahr-Feier der Gemeinde Reinsdorf 1954. Reinsdorf: Festausschuß 1954.

Richter, Julius: Geschichte der sächsischen Volksschule. Berlin 1930 (= Monumenta Germaniae Paedagogica 59).

Roch, Willy: Nachfahren des Rechenmeisters Adam Ries. Neustadt/Aisch 1967 (= Genealogie und Landesgeschichte 20).

Römer, Carl Heinrich von: Staatsrecht und Statistik des Churfürstenthums Sachsens und der dabey befindlichen Lande, Bd. 3. Wittenberg 1792.

Rogers, Colin D. und John H. Smith: Local Family History in England 1538–1914. Manchester 1991.
Rosenthal, Hildegard: Die Auswanderung aus Sachsen im 19. Jahrhundert (1815–1871). Stuttgart 1931 (= Schriften des Deutschen Auslands-Institutes A 30).
Rümelin, Eduard: Heiratsalter und Fruchtbarkeit der Ehen und ihre Entwicklung seit 1500. Württembergisches Jahrbuch für Statistik und Landeskunde (1923/1924) 11–31.
Sachse, Wieland: Göttingen im 18. und 19. Jahrhundert. Zur Bevölkerungs- und Sozialstruktur einer deutschen Universitätsstadt. Göttingen 1987 (= Studien zur Geschichte der Stadt Göttingen 15).
Schaub, Walter: Die genealogische Datenbank im Dienst der Wissenschaft. Genealogie 20 (1971) 577–585 und 630–638.
Schaub, Walter: Sozialgenealogie der Stadt Oldenburg 1743, zugleich ein Beitrag zur Bevölkerungs-, Familien-, Sozial- und Wirtschaftsgeschichte. Oldenburg 1979 (= Oldenburger Studien 16).
Scheibler, Hans Karl: Westdeutsche Ahnentafeln. Weimar 1939.
Schildt, Gerhard: Tagelöhner, Gesellen, Arbeiter. Sozialgeschichte der vorindustriellen und industriellen Arbeiter in Braunschweig 1830–1880. Stuttgart 1986 (= Industrielle Welt 40).
Schlechte, Horst: Die Staatsreform in Kursachsen 1762–1763. Quellen zum kursächsischen Retablissement nach dem Siebenjährigen Kriege. Berlin 1958 (= Schriften des Sächsischen Landeshauptarchivs Dresden 5).
Schlumbohm, Jürgen: From peasant society to class society: some aspects of family and class in a northwest German protoindustrial parish, 17th–19 centuries. Journal of Family History 17 (1992) 183–199.
Schmidt, Ludwig (Bearbeiter): Das neue Luther-Nachkommenbuch. Limburg/Lahn 1960 (= Ahnen und Enkel 1, Teil 3).
Schöne, Bernd: Posamentierer – Strumpfwirker – Spitzenklöpplerinnen. Zur Kultur und Lebensweise von Textilproduzenten im Erzgebirge und im Vogtland während der Periode des Übergangs vom Feudalismus zum Kapitalismus (1750–1850). In: *Weinhold, Rudolf (Hrsg.)*: Volksleben zwischen Zunft und Fabrik. Berlin 1982, S. 107–164 (= Veröffentlichungen zur Volkskunde und Kulturgeschichte 69).
Schötz, Susanne: Städtische Mittelschichten in Leipzig während der bürgerlichen Umwälzung (1830–1870), untersucht auf der Grundlage biographischer Massenquellen. Leipzig, Karl-Marx-Universität, Diss. A 1985.
Scholz, Dieter: Die industrielle Agglomeration im Raum Halle–Leipzig zwischen 1850 und 1945 und die Entstehung des Ballungsgebietes. Hallesches Jahrbuch für Geowissenschaften 2 (1977) 87–116.
Schremmer, Eckart: Die Wirtschaft Bayerns. Vom hohen Mittelalter bis zum Beginn der Industrialisierung. Bergbau – Gewerbe – Handel. München 1970.
Schubart (Edler von Kleefeld), Johann Christian: Ökonomisch-kameralistische Schriften mit fortgesetzten Beweisen, daß sich Hutung, Trift und Brache zu Ende neige. Sechster Teil. Leipzig 1786.
Schüren, Reinhard: Soziale Mobilität. Muster, Veränderungen und Bedingungen im 19. und 20. Jahrhundert. St. Katharinen 1989.
Schultz, Helga: Landhandwerk und ländliche Sozialstruktur um 1800. Jahrbuch für Wirtschaftsgeschichte (1981) Bd. 2, 11–49.

Schultz, Helga: Berlin 1650–1800. Sozialgeschichte einer Residenz. Berlin 1987a.
Schultz, Helga: Probleme sozialökonomischer Klassifikation. In: *Thaller, Manfred (Hrsg.)*: Datenbanken und Datenverwaltungssysteme als Werkzeuge historischer Forschung. St. Katharinen 1987b, S. 179–185.
Schultz, Helga: Bewegung und Entwicklung – demographische Prozesse in Städten des Spätfeudalismus. Jahrbuch für Wirtschaftsgeschichte (1988) Bd. 3, 93–133.
Schultz, Helga: Gedanken zur sozialhistorischen Aussagekraft von Ahnenlisten. Jahrbuch für Wirtschaftsgeschichte (1989) Bd. 3, 145–147.
Schultze, Johannes: Das Landregister der Herrschaft Sorau von 1381. Berlin 1936 (= Veröffentlichungen der Historischen Kommission für die Provinz Brandenburg und die Hauptstadt Berlin VIII, 1).
Schwarz, Heinrich: Stichprobenverfahren. München 1975.
Schwarze, Elisabeth: Soziale Strukturen und Besitzverhältnisse der ländlichen Bevölkerung Ostthüringens im 16. Jahrhundert. Weimar 1975.
Sharpe, Pamela: The total reconstitution method: a tool for class-specific studies? Local Population Studies 44 (1990) 41–51.
Skipp, Victor: Crisis and Development. Am Ecological Case Study of the Forest of Arden 1570–1674. Cambridge 1978.
Sørensen, Aage B.: On the usefulness of class analysis in research on social mobility and socioeconomic inequality. Acta Sociologica 34 (1991) 71–87.
Spagnoli, Paul B.: Population history from parish monographs; The problem of local demographic variations. Journal of Interdisciplinary History 7 (1977) 427–452.
Specker, Hans Eugen: Empfehlungen der Arbeitsgemeinschaft Kommunalarchive im Städtetag Baden-Württemberg zur Bewertung von Massenschriftgut in Kommunalverwaltungen. Einführung und Textabdruck. Der Archivar 43 (1990) 375–387.
Spee, Reinhard: Health and Social Class in Imperial Germany. Oxford 1988.
Stehkämper, Hugo: Die massenhaften gleichförmigen Einzelsachakten in einer heutigen Großstadtverwaltung. Archivalische Zeitschrift 61 (1965) 98–127.
Steinmann, Gunter: Bevölkerungswachstum und Wirtschaftsentwicklung: neoklassische Wachstumsmodelle mit endogenem Bevölkerungswachstum. Berlin 1974 (= Volkswirtschaftliche Schriften 221).
Steinmüller, Karl: Ahnentafel Wiede. Leipzig: Zentralstelle für Deutsche Personen- und Familiengeschichte 1940 (= Stamm- und Ahnentafelwerk der Zentralstelle für Deutsche Personen- und Familiengeschichte 21).
Stone, Lawrence: Social Mobility in England 1500–1700. Past and Present, No. 33 (1966) 16–55.
Stone, Lawrence und Jeanne C. Fawtier Stone: An Open Elite? England 1540–1880. Oxford 1984.
Strauss, Rudolph: Die Lage und Bewegung der Chemnitzer Arbeiter in der ersten Hälfte des 19. Jahrhunderts. Berlin 1960 (= Deutsche Akademie der Wissenschaften zu Berlin, Schriften des Instituts für Geschichte, Reihe II, 3).
Streller, Karl: Die Geschichte eines nordwestsächsischen Bauerngeschlechtes im Verlaufe von drei Jahrhunderten. Ein Beitrag zur Erforschung einiger im Mündungswinkel der Mulden und an der Eula liegender Siedlungen, sowie ihrer wirtschaftlichen und kulturellen Verhältnisse. Leipzig, Phil. Diss. 1933.

Süssmilch, Johann Peter: Die göttliche Ordnung in den Veränderungen des menschlichen Geschlechts, aus der Geburte, dem Tode und der Fortpflanzung desselben erwiesen. 2. Auflage. Berlin 1761.

Teijl, J.: National inkomen van Nederland in de periode 1850–1900. Tasten en testen. Economisch- en Sociaal-Historisch Jaarboek 34 (1971) 232–263.

Teller, Edward: Energy from Heaven to Earth. San Francisco 1979.

Tille, Armin: Die sozialwissenschaftliche Bedeutung der Genealogie. Mitteilungen der Zentralstelle für Deutsche Personen- und Familiengeschichte 6 (1910) 1–19.

Tilly, Charles: Demographic origins of the European proletariat. In: *Levine, David (Hrsg.):* Proletarianization and Family History. Orlando 1984, S. 1–85.

Treskow, Rüdiger von: Adel in Preußen: Anpassung und Kontinuität einer Familie. 1800–1918. Geschichte und Gesellschaft 17 (1991) 344–369.

Verluste an Kirchenbüchern und an sonstigem kirchlichen Schriftgut bei den Pfarrämtern der Ev.-Luth. Landeskirche Sachsens, veranlaßt durch den Krieg von 1939–1945 oder durch andere Ursachen. Dresden (Maschinenschrift, im SHStA Dresden als Beilage in KÖHLER 1938), ohne Jahr.

Voland, Eckart: Differential reproductive sucess within the Krummhörn population (Germany, 18th and 19th Centuries). Behavioral Ecology and Sociobiology 26 (1990) 65–72.

Weber, Adna Ferrin: The Growth of Cities in the Nineteenth Century. A Study in Statistics. New York 1899 (= Studies in History, Economics and Public Law 11).

Weichselberger, Kurt: Über die Theorie der gleitenden Durchschnitte und verschiedene Anwendungen dieser Theorie. Metrika 8 (1964) 185–230.

Weiss, Volkmar: Die Verwendung von Familiennamenhäufigkeiten zur Schätzung der genetischen Verwandtschaft. Ein Beitrag zur Populationsgenetik des Vogtlandes. Ethnographisch-Archäologische Zeitschrift 15 (1974) 433–451.

Weiss, Volkmar: Geographische Distanz und genetische Identität von Personen, geschätzt mittels Familiennamenhäufigkeiten der Vorfahren (Erzgebirge, Vogtland – 16.–19. Jahrhundert). Genealogie 29 (1980a) 182–186.

Weiss, Volkmar: Inbreeding and genetic distance between hierarchically structured populations measured by surname frequencies. Mankind Quarterly 21 (1980b) 135–149.

Weiss, Volkmar: Zur Bevölkerungsgeschichte des Erzgebirges unter frühkapitalistischen Bedingungen vom 16. bis 18. Jahrhundert (Mittweida, Markersbach, Unterscheibe und Schwarzbach). Sächsische Heimatblätter 27 (1981) 28–30.

Weiss, Volkmar: Bilder von unseren Eltern und Voreltern und ihren Geschwistern. Eine Anregung zur Familiengeschichte. Leipzig 1983.

Weiss, Volkmar: Zur Qualität genealogischer Methoden und Ergebnisse aus der Sicht der Geschichtsforschung. Genealogie in der DDR 1 (1989a) 6–13.

Weiss, Volkmar: Arbeitsteilung auf dem Lande und soziale Mobilität, berechnet aus Stichproben aus Ahnenlisten. Sachsen 1650 bis 1770. Jahrbuch für Wirtschaftsgeschichte (1989b) Bd. 3, 109–138.

Weiss, Volkmar: Zur Erforschung der Sozialen Mobilität in Sachsen im 17. und 18. Jahrhundert mit Ahnenlisten. Genealogie 38 (1989c) 689–697.

Weiss, Volkmar: Wie man auf den Toten Punkt gelangt und darüber hinaus. Genealogie in der DDR 2 (1990a) 89–101.

Weiss, Volkmar: Social inequality and time lag in the onset of demographic transition. Wissenschaftliche Zeitschrift der Humboldt-Universität zu Berlin, Reihe Gesellschaftswissenschaften 39 (1990b) 361–366.
Weiss, Volkmar: Thesen zu: Bevölkerung und Soziale Mobilität in Sachsen 1550–1880. Genealogie 40 (1991a) 440–448.
Weiss, Volkmar: Social and demographic origins of the European proletariat. Mankind Quarterly 31 (1991b) 127–152.
Weiss, Volkmar: It could be Neolysenkoism, if there was ever a break in continuity. Mankind Quarterly 31 (1991c) 231–253.
Weiss, Volkmar: Sozialstruktur und Soziale Mobilität der Landbevölkerung: Das Beispiel Sachsen 1550–1880. Zeitschrift für Agrargeschichte und Agrarsoziologie 39 (1991d) 24–43.
Weiss, Volkmar: Les origines sociales et démographiques du prolétariat. Annales de démographie historiques (1991e) 277–293.
Weiss, Volkmar: Hinweise für das Einreichen von Ahnenlisten bei der Deutschen Zentralstelle für Genealogie in Leipzig. Genealogie 41 (1992 a) 21–32.
Weiss, Volkmar: Major genes of general intelligence. Personality and individual Differences 13 (1992 b) 1115–1134.
Weiss, Volkmar und Karl Butter: Familienbuch für Zschocken/Krs. Zwickau 1540–1720. Rekonstruktion der Familien eines großen Bauerndorfes ohne Kirchenbücher aus den Gerichtsbüchern und den archivalischen Quellen der Nachbarorte. Leipzig: Historische Kommission der Sächsischen Akademie der Wissenschaften 1988 (= Quellen und Forschungen zur sächsischen Geschichte 9).
Weiss, Volkmar; Lehrl, Siegfried und Helmar Frank: Psychogenetik der Intelligenz. Dortmund 1986 (= Beiband zum Jahrgang 27 der Zeitschrift: Grundlagenstudien aus Kybernetik und Geisteswissenschaft/Humankybernetik).
Winberg, Christer: Population growth and proletarianization. The transformation of social structures in rural Sweden during the agrarian revolution. In: *Akerman, Sune; Johansen, Hans Chr. und David Gaunt (Hrsg.)*: Chance and Change. Social and Economic Studies in Historical Demography in the Baltic Area. Odense 1978, S. 170–184 (= Odense University Studies in History and Social Sciences 52).
Wolff, A.: Untersuchungen über die Kindersterblichkeit. Medizinisch-statistischer Beitrag zur öffentlichen Gesundheitspflege unter Berücksichtigung der Verhältnisse in Erfurt. Erfurt 1874.
Wrigley, Edward Anthony und Roger S. Schofield: The Population History of England (1541–1871). A Reconstruction. London 1981.
Wülker, Heinz: Bevölkerungsbiologie der Dörfer Hainholz, Vahrenwald und List (Hannover). Leipzig 1940 (= Bauerntum am Rande der Großstadt 1).
Wunder, Gerd: Die Bürger von Hall. Sozialgeschichte einer Reichsstadt 1216–1802. Sigmaringen 1980 (= Forschungen aus Württembergisch-Franken 16).
Wuttke, Robert: Gesindeordnungen und Gesindezwangsdienst in Sachsen bis zum Jahre 1835. Leipzig 1893 (= Staats- und sozialwissenschaftliche Forschungen 12, 4. Heft).
Xaver, Königl. Hoheit ...: Ausschreiben über die bey dem in Anno 1766 gehaltenen Landtage ferner verwilligte allgemeine Personensteuer, wie solche von und mit dem 1767sten Jahre an entrichtet werden soll. Dresden 1767.

Zelinsky, Wilbur: The hypothesis of mobility transition. Geographical Review 61 (1971) 219–249.
Zühlke, Dietrich: Erscheinungsformen und Strukturelemente in den Städten der Bezirke Dresden, Leipzig und Karl-Marx-Stadt in historisch-geographischer Betrachtung. Halle, Martin-Luther-Universität, Diss. B 1981.
Zwahr, Hartmut: Die Bevölkerungsbewegung in der Stadt Leipzig, ihren Grenz-, Vorstadt- und Außendörfern im Verlauf der industriellen Revolution in Deutschland. Sächsische Heimatblätter 19 (1973) 156–160.
Zwahr, Hartmut: Zur Konstituierung des Proletariats als Klasse. Strukturuntersuchung über das Leipziger Proletariat während der industriellen Revolution. Berlin 1978 (= Akademie der Wissenschaften der DDR, Schriften des Zentralinstituts für Geschichte 56).
Zwahr, Hartmut: Die deutsche Arbeiterbewegung im Länder- und Territorienvergleich. Geschichte und Gesellschaft 18 (1987) 448–507.

2. Verzeichnis der Tabellen

Wenn nicht anders vermerkt, beziehen sich alle Tabellen auf Sachsen in den Grenzen nach 1815 ohne Oberlausitz

Tab. 1: Zusammensetzung der Stichprobe für den Zeitraum 1750 bis 1814, S. 41
Tab. 2: Anteil der Personen (in %) in Ahnenlisten, bei denen die folgende Generation nicht mehr namentlich bekannt ist: Sachsen um 1680, S. 46
Tab. 3: Schätzung der absoluten Zahl der bäuerlichen Bevölkerung (einschließlich Erb. müller und Bauern mit Nebenerwerb) aus den mittleren absoluten Einwohnerzahlen und den relativen Stichprobenanteilen. Sachsen 1565–1870, S. 49
Tab. 4: emographische Mittelwerte bei landbesitzenden und landlosen Familien in drei englischen Dörfern: Sheldon, Solihull and Yardley 1560–1674, S. 89
Tab. 5: Sozialschichten und Kinder pro 100 Haushalte in Göttingen 1763, 1829 und 1861, S. 94
Tab. 6: Die Struktur (in %) der Landbevölkerung: Sachsen 1565–1870 (geglättete Werte), S. 104
Tab. 7: Anteile (in %) der Häusler (als Handarbeiter), der Landhandwerker und Prozentsumme der gewerblich Tätigen, getrennt nach Gebirge und Flachland: Sachsen 1565–1870 (ungeglättete Werte), S. 106
Tab. 8: Schätzung der Zahl der Landhandwerker in Sachsen von 1565 bis 1870, S. 108
Tab. 9: Schätzung der Zahl der Personen in Kleinbauernfamilien (Teilhüfner und Gärtner) und in landwirtschaftlichen Familien mit Nebenerwerb: Landbevölkerung Sachsens 1565–1870 (ungeglättete Werte aus Stichproben), S. 110
Tab. 10: Informationsentropie (in Bit) der gesellschaftlichen Arbeitsteilung: Sachsen 1565–1870 (geglättete Werte), S. 116
Tab. 11: Informationsentropie (in Bit) der gesellschaftlichen Arbeitsteilung bei der Landbevölkerung, getrennt nach Gebirge und Flachland: Sachsen 1565–1870, S. 117

Verzeichnis der Tabellen

Tab. 12: Index der Gesamtproduktivität: Sachsen 1565–1870, S. 120
Tab. 13: Soziale Herkunft (in %) von Vollbauern: Sachsen 1595–1870, S. 126
Tab. 14: Soziale Mobilität (in %) der Kinder von Vollbauern: Sachsen 1595–1870, S. 127
Tab. 15: Soziale Herkunft (in %) von Kleinbauern (Teilhüfnern und Gärtnern): Sachsen 1595–1870, S. 129
Tab. 16: Soziale Mobilität (in %) der Kinder von Kleinbauern (Teilhüfnern und Gärtnern): Sachsen 1595–1870, S. 130
Tab. 17: Soziale Herkunft (in %) von Landhandwerkern: Sachsen 1595–1870, S. 133
Tab. 18: Soziale Mobilität (in %) der Kinder von Landhandwerkern: Sachsen 1595–1870, S. 134
Tab. 19: Soziale Herkunft (in %) von Häuslern als Handarbeiter: Landbevölkerung Sachsens 1615–1870, S. 135
Tab. 20: Soziale Mobilität (in %) der Kinder von Häuslern als Handarbeiter: Landbevölkerung Sachsens 1615–1870, S. 137
Tab. 21: Soziale Herkunft (in %) von Geschulten (sowohl in leitenden als auch in untergeordneten Stellungen, dabei Schulmeister und Pfarrer einschließend): Landbevölkerung Sachsens 1595–1870, S. 139
Tab. 22: Soziale Mobilität (in %) der Kinder von Geschulten (sowohl in leitenden als auch in untergeordneten Stellungen, dabei Schulmeister und Pfarrer einschließend): Landbevölkerung Sachsens 1615–1870, S. 140
Tab. 23: Soziale Herkunft (in %) von städtischen Handwerkern und anderen städtischen Kleingewerbetreibenden: Sachsen 1595–1870, S. 141
Tab. 24: Soziale Mobilität (in %) von Kindern von städtischen Handwerkern und anderen städtischen Kleingewerbetreibenden: Sachsen 1595–1870, S. 142
Tab. 25: Soziale Herkunft (in %) des städtischen Proletariats: Sachsen 1630–1870, S. 143
Tab. 26: Soziale Mobilität (in %) von Kindern des städtischen Proletariats: Sachsen 1630–1870, S. 145
Tab. 27: Soziale Herkunft (in %) von Besitz- und Bildungsbürgern: Sachsen 1595–1870, S. 146
Tab. 28: Soziale Mobilität (in %) von Kindern der Besitz- und Bildungsbürger: Sachsen 1595–1870, S. 147
Tab. 29: Soziale Herkunft (in %) von besitzlosen Intellektuellen (d. h. der Schicht der mittleren Beamten und Angestellten, der Lehrer und Schreiber): Stadtbevölkerung Sachsens 1615–1870, S. 149
Tab. 30: Soziale Mobilität (in %) von Kindern der besitzlosen Intellektuellen (d. h. der Schicht der mittleren Beamten und Angestellten, der Lehrer und Schreiber): Stadtbevölkerung Sachsens 1615–1870, S. 150
Tab. 31: Soziale Herkunft (in %) der städtischen Handwerker: Sachsen 1595–1870, S. 152
Tab. 32: Vater im selben Beruf (in %) bei häufigen städtischen Handwerksberufen: Sachsen 1595–1870, S. 152
Tab. 33: Soziale Mobilität bei Land-Stadt-Wanderung: Sachsen um 1715, S. 155
Tab. 34: Soziale Mobilität bei Stadt-Land-Wanderung: Sachsen um 1715, S. 156
Tab. 35: Soziale Mobilität bei Land-Stadt-Wanderung: Sachsen um 1855, S. 157
Tab. 36: Soziale Mobilität bei Stadt-Land-Wanderung: Sachsen um 1855, S. 158

Tab. 37: Seßhaftigkeit (in %), Wohnortwechsel bis zu 20 km (in % der Landbevölkerung) und mittlere Wanderungsentfernung (in km), ermittelt aus dem Wohnortvergleich von Söhnen mit denen ihrer Väter und Schwiegerväter: Sachsen 1595–1870, S. 165

Tab. 38: Seßhaftigkeit (in %), Wohnortwechsel (in %) und mittlere Wanderungsentfernung (in km), ermittelt aus dem Wohnortvergleich von Söhnen mit denen ihrer Väter und Schwiegerväter: Sachsen 1595–1870, S. 167

Tab. 39: Seßhaftigkeit (in %) und mittlere Wanderungsentfernung (in km) für Städte (getrennt ausgewiesen für kleinere und größere Städte), ermittelt aus dem Wohnortvergleich von Söhnen mit denen ihrer Väter und Schwiegerväter: Sachsen 1595–1870, S. 170

Tab. 40: Seßhaftigkeit, Zuwanderung aus größeren Städten Sachsens, Zuwanderung aus Dörfern insgesamt und aus über 20 km entfernten Dörfern und Einwanderung von außerhalb des Untersuchungsgebietes in kleinere Städte (alles in % der jeweiligen Gesamteinwohnerzahl der kleineren Städte): Sachsen 1595–1870, S. 172

Tab. 41: Seßhaftigkeit, Zuwanderung aus kleineren Städten insgesamt, Zuwanderung aus Dörfern insgesamt und aus über 20 km entfernten Dörfern und Einwanderung von außerhalb des Untersuchungsgebietes in größere Städte (alles in % der jeweiligen Gesamteinwohnerzahl der größeren Städte): Sachsen 1595–1870, S. 172

Tab. 42: Absolutzahl der Einwanderer nach Sachsen aus Böhmen, den thüringischen Gebieten (und bis 1815 nicht zu Kursachsen gehörend), Oberfranken, der Lausitz, den anderen bis 1815 zu Sachsen gehörenden Gebieten, aus Brandenburg, Anhalt, Schlesien und aus allen anderen Gebieten in den Stichproben. Dazu noch pro Generation relativer Anteil der Einwanderer an der Gesamtbevölkerung bzw. nur an der gesamten Landbevölkerung: Sachsen 1595–1870, S. 175

Tab. 43: Anteile (in %) der Vollbauern, der Landhandwerker, der landwirtschaftlichen Betriebe mit Nebenerwerb, der Kleinbauern und der Häusler (als Handarbeiter und dabei Hausgenossen mit Familie einschließend) in stadtfernen und später verstädternden Dörfern (d. h. in Dörfern, die später in Städte eingemeindet oder selbst Städte werden): Sachsen 1780–1810, S. 183

Tab. 44: Herkunft (in %) der Landbevölkerung in verstädternden Dörfern (d. h. in Dörfern, die später in Großstädte eingemeindet werden bzw. in Dörfern, die selbst Städte werden oder in andere als Großstädte eingemeindet werden) im Vergleich zu stadtfernen Dörfern: Sachsen 1780–1870, S. 185

Tab. 45: Herkunft (in %) der Stadtbevölkerung, getrennt betrachtet nach kleineren und mittleren Städten im Vergleich zu den späteren Großstädten: Sachsen 1780–1870, S. 187

Tab. 46: Wanderungssalden zwischen Städten verschiedener Größenordnung und Dörfern verschiedener Ballungsnähe: Sachsen 1780–1870, Absolutzahl aller wandernden Personen in den Stichproben, S. 189

Tab. 47: Wanderungssalden zwischen Städten verschiedener Größenordnung und Dörfern verschiedener Ballungsnähe: Sachsen 1780–1870, aus den Stichproben geschätzte Absolutzahl in der Gesamtbevölkerung in Tausend, S. 190

Tab. 48: Soziale Herkunft (in %) des Proletariats der Städte, dabei die verstädternden Dörfer einschließend: Sachsen 1840–1870, S. 194

Tab. 49: Soziale Herkunft (in %) des Proletariats der späteren Großstädte Chemnitz, Dresden, Leipzig, Plauen und Zwickau, dabei die später darin eingemeindeten Dörfer einschließend: Sachsen 1840–1870, S. 196

Tab. 50: Soziale Herkunft (in %) der Handwerker der Städte, dabei die verstädternden Dörfer einschließend: Sachsen 1840–1870, S. 198

Tab. 51: Einfaches methodisches Beispiel für das Glätten einer Zeitreihe: Anteil (in %) der Geschulten, deren Schwiegerväter Landhandwerker waren, S. 200

Tab. 52: Kumulierte Prozentsummen des Heiratsalters für Vollbauern (wenn die Ehe für beide Partner eine Erstehe ist): Sachsen, Traujahre 1548–1870 (getrennte Angaben für beide Geschlechter), S. 205

Tab. 53: Kumulierte Prozentsummen des Heiratsalters für Besitz- und Bildungsbürgertum (wenn die Ehe für beide Partner eine Erstehe ist): Stadtbevölkerung Sachsens, Traujahre 1650–1870 (getrennte Angaben für beide Geschlechter), S. 206

Tab. 54: Kumulierte Prozentsummen des Heiratsalters für Kleinbauern, für Häusler, für Landhandwerker und ländliche Gewerbetreibende und für städtische Handwerker (wenn die Ehe für beide Partner eine Erstehe ist): Sachsen, Traujahre 1750–1809 (getrennte Angaben für beide Geschlechter), S. 207

3. Verzeichnis der Abbildungen

Wenn nicht anders vermerkt, beziehen sich alle Abbildungen auf Sachsen in den Grenzen nach 1815 ohne Oberlausitz

Abb. 1: Das Untersuchungsgebiet: Sachsen in den Grenzen nach 1815 (ohne Oberlausitz), S. 32

Abb. 2: Anteile der Vollbauern und der Kleinbauern an der Landbevölkerung: Sachsen 1565–1870, S. 77

Abb. 3: Anteile der Häusler (als Handarbeiter) und der Landhandwerker an der Landbevölkerung: Sachsen 1565–1870, S. 104

Abb. 4: Anteile der Vollbauern und der gewerblich Tätigen an der Landbevölkerung: Sachsen 1565–1870, S. 104

Abb. 5: Anteil der Landhandwerker an der Landbevölkerung Sachsens 1565–1870, getrennt nach Ebene und Gebirge, S. 105

Abb. 6: Absolute Zahl der Landhandwerkerfamilien in Sachsen 1565–1870 und Zahl der Köpfe pro Familienhaushalt, S. 106

Abb. 7: Landhandwerker pro 1 000 Einwohner: Sachsen 1565–1870 im Vergleich zu anderen Territorien (nach Daten bei SCHULTZ 1981), S. 109

Abb. 8: Anteile der Häusler (als Handarbeiter) an der Landbevölkerung Sachsens 1565–1870, getrennt nach Ebene und Gebirge, S. 111

Abb. 9: Entropie der gesellschaftlichen Arbeitsteilung: Sachsen 1565–1870, S. 117

Abb. 10: Soziale Herkunft der Vollbauern: Sachsen 1595–1870, S. 128

Abb. 11: Soziale Herkunft der Frauen der Vollbauern: Sachsen 1595–1870, S. 128

Abb. 12: Was werden Vollbauernsöhne? (Summenprozentkurve) Sachsen 1595–1870, S. 128

Abb. 13: Was werden Vollbauernsöhne? (Bei Berücksichtigung des absoluten Zuwachses.) Sachsen 1595–1870, S. 128
Abb. 14: Wen heiraten die Töchter der Vollbauern? Sachsen 1595–1870, S. 131
Abb. 15: Soziale Herkunft der Kleinbauern: Sachsen 1595–1870 (oben und unten Vergleichswerte zum Verbleib von Kleinbauernsöhnen), S. 131
Abb. 16: Was werden Kleinbauernsöhne? Sachsen 1595–1870 (oben als Vergleichskurve die absolute Zahl der Kleinbauernstellen), S. 132
Abb. 17: Soziale Herkunft von Landhandwerkern: Sachsen 1595–1870 (oben und unten Vergleichswerte zum Verbleib von Landhandwerkersöhnen), S. 132
Abb. 18: Soziale Herkunft der Häusler: Sachsen 1595–1870 (oben zum Vergleich Häuslersöhne, die Bauern wurden), S. 136
Abb. 19: Soziale Herkunft der Frauen der Häusler: Sachsen 1630–1870, S. 136
Abb. 20: Was werden Häuslersöhne? Sachsen 1595–1870, S. 136
Abb. 21: Wen heiraten die Töchter der Häusler? Sachsen 1660–1870, S. 136
Abb. 22: Soziale Herkunft der städtischen Handwerker: Sachsen 1595–1870, S. 144
Abb. 23: Soziale Herkunft des Besitz- und Bildungsbürgertums: Sachsen 1595–1870, S. 148
Abb. 24: Soziale Herkunft der Frauen des Besitz- und Bildungsbürgertums: Sachsen 1595–1870, S. 148
Abb. 25: Soziale Herkunft der Schicht der Schreiber, Lehrer, kleinen Beamten und ähnlichen Berufe in der Stadt (der „besitzlosen Intellektuellen"): Sachsen 1595–1870, S. 151
Abb. 26: Anteile der Wandernden an der Gesamtbevölkerung: Sachsen 1660–1870, S.154
Abb. 27: Soziale Herkunft der Abwanderer vom Land in die Stadt (oben zur Orientierung die absolute Zahl der Abwanderer pro Generation): Sachsen 1595–1870, S. 158
Abb. 28: Anteile der seßhaften Bevölkerung: Sachsen 1595–1870, S. 166.
Abb. 29: Anteile der seßhaften Bevölkerung in den Städten Sachsens 1595–1870 und Zuwanderer aus Dörfern, S. 166
Abb. 30: Absolute mittlere Wanderungsentfernung der Bevölkerung Sachsens 1595–1870, S. 169
Abb. 31: Mittlere Wanderungsentfernung bei Teilen der Landbevölkerung: Sachsen 1595–1870, S. 169
Abb. 32: Anteil der Zuwanderer aus mehr als 20 km entfernten Dörfern in die kleineren und größeren Städte: Sachsen 1595–1870, S. 171
Abb. 33: Summenprozentkurve der Zuwanderer in größere Städte (oben in Relation dazu Rückwanderer in kleine Städte): Sachsen 1595–1870, S. 171
Abb. 34: Anteil der Einwanderer an der Bevölkerung Sachsens 1595–1870, S. 174
Abb. 35: Anteil der Einwanderer, dabei Summe der Nachbargebiete mit und ohne Böhmen ausgewiesen: Kernsachsen 1595–1720, S. 177
Abb. 36: Wanderungsentfernung der Landbevölkerung Sachsens (getrennt nach Agglomerationstyp der Dörfer) 1780–1870, S. 184
Abb. 37: Einwohnerzahl der Großstädte Sachsens und absoluter Wanderungsgewinn aus Dörfern und kleineren Städten 1780–1870, S. 186
Abb. 38: Einwohnerzahl der Großstadtvororte Sachsens und absoluter Wanderungsgewinn aus anderen Dörfern und Städten 1780–1870, S. 186

Abb. 39: Anteil der Stadtbevölkerung und der Einwohnerzahl von Leipzig und Dresden: Sachsen 1565–1870, S. 188
Abb. 40: Entwicklung der absoluten Einwohnerzahl aller Städte: Sachsen 1565–1870, S. 188
Abb. 41: Soziale Herkunft des städtischen Proletariats: Sachsen 1660–1870, S. 193
Abb. 42: Heiratsalter der Frauen auf dem Land bei Erstehen beider Partner: Sachsen 1595–1870, S. 204
Abb. 43: Heiratsalter der Männer des Besitz- und Bildungsbürgertums bei Erstehen: Sachsen 1630–1870, S. 208
Abb. 44: Altersunterschiede (im Median) bei Erstehen beider Partner: Sachsen um 1780, S. 210

4. Verzeichnis der Exkurse

Exkurs 1: Zwickau und Reinsdorf um 1550, S. 17
Exkurs 2: Eine Väterlinie als Beispiel für einen Ausschnitt aus einer Ahnenliste, S. 23
Exkurs 3: Wer zum Beispiel alles „Nachbar" oder „Einwohner" sein konnte; Alte Erbgärten und neue Gärten; Hausgenossen oder Häusler? Zur Ausweitung des Nebenerwerbs; Der Kinder Unterhalt und Erziehung in Dorfhain, Ah Dresden; Der Auszug bzw. die auf Gütern und Häusern ruhende Altersversorgung; Die Einführung der Landgemeindeordnung 1839; Wahl und Einsetzung des neuen Gemeinderates in Dorfhain, Ah Dresden, S. 55
Exkurs 4: Die Einwohner des Dorfes Greifenhain, Ah Borna, Frohburger Anteil, nach Mahlgroschen vom 30. 4. 1767, S. 68
Exkurs 5: Zwickau, Reinsdorf und Friedrichsgrün um 1750, S. 86
Exkurs 6: Landarmut um 1800; Armut in Dorfhain im 19. Jh.; Zur Pest im Erzgebirge; Schicksalsschläge und Überleben auf dem Land im 17. und 18. Jh.; Lebensläufe von Bauern im 18. Jh.; Bauern mit Universitätsbildung, S. 95
Exkurs 7: Aufstieg durch Fleiß und Geschick; Sozialer Aufstieg zu Vollbauern durch Landerwerb, S. 122
Exkurs 8: Beispiele für die Vielfältigkeit des sozialen Auf- und Abstiegs und der Beweglichkeit im geographischen Raum, S. 159
Exkurs 9: Zwickau, Reinsdorf und Friedrichsgrün um 1870; Die Väterlinien der Beyer und Weigel, beide um 1860 Weber in Friedrichsgrün bei Zwickau; Land-Stadt-Wanderung und Soziale Mobilität, S. 179

5. Register der zitierten Autoren

Ackermann, O.   112
Adams, J. W.   9
Albert Herzog zu Sachsen   219
Altmann, G.   90
Arnold, H.   178
Auerbach, F.   121

Beelitz, A.   93
Berger, H.   38
Beyer, G.   38
Bieleman, J.   103
Blaschke, K.   9, 10, 13, 17, 20, 24, 26, 30, 32, 41, 44, 45, 48, 49, 50, 51, 52, 53, 54, 55, 56, 63, 80, 81, 86, 87, 103, 108, 111, 121, 177, 178, 179, 192, 218, 219
Blotevogel, H. H.   121, 170
Boelcke, W. A.   76, 103
Böltken, F.   19, 43
Böser, W.   14, 17, 25
Bormann-Heischkeil, S.   14
Bräuer, H.   54, 84
Brunner, E.   38
Bücher, K.   192, 198

Cambridge Group   19
Codex Augusteus   107

Demleitner, J.   13, 90
Derouet, B.   95
Dietrich, R.   146
Dosky, W. v.   38
Dupaquier, J.   21, 217

Ehmer, J.   18
Einsiedel, K. F. H. v.   81
Engel, E.   219
Erlander, S.   121, 221
Euler, F. W.   24, 145
Everitt, A.   109

Flinn, M. W.   22
Flinzer, M.   191
Fogel, R. W.   25

Forberger, R.   146, 219
Fremdling, R.   119
Friedrich August, König in Polen ...   78
Friesen, F. v.   81
Froehner, G.   178, 186, 191, 198

Gall, L.   220
Gehrmann, R.   91
Gerbig, W.   79
Gericke, H. O.   90
Goldstein, S.   9, 192
Gretschel, C.   221
Grohmann, H.-A.   191, 213
Grünberg, R.   48
Gündel, J.   20, 31
Gutmann, M. P.   49, 209

Hahn, H.-W.   14, 82
Hammer, I.   26, 29
Hanke, G.   90
Harnisch, H.   212, 213
Hartinger, W.   93
Haun, F. J.   78
Hays, S. P.   9
Heckh, G.   90, 212
Heitz, G.   79, 105
Held, W.   77
Herzog, J.   53, 54, 93, 123, 125
Hesky, H.   38
Hey, D.   15
Hinrichs, E.   90
Hochstadt, S.   164, 168
Hötzsch, O.   55, 78
Hofmann, M.   13, 90
Hoppe, W.   38
Hoyer, S.   63, 78
Hughes, A. L.   92
Hunger, J. G.   94, 173
Hunter, J. E.   22, 211

Imhof, A. E.   22

Jäpel   62, 76

Register der zitierten Autoren

Jaglom, A. M.   115
Just, A.   38

Kaden, W.   38, 39
Kaelble, H.   15
Kaltofen, R.   38
Kaschuba, W.   91
Kaufhold, K. H.   217
Kiesewetter, H.   103, 112, 218
Kiessling, R.   29
Kirchbach, A. F. H. v.   38
Kleinhempel, J.   83
Klingner, J. G.   78, 125
Knodel, J. E.   17, 18, 20, 22, 26, 209
Kocka, J.   22, 66, 135, 155, 214
Köhler, H.   26, 30, 31, 232
Köllmann, W.   25
Kohl, W.   112
Kollmer, G.   14
Kramm, H.   85, 160
Kretzschmar, H.   220
Kriedte, P.   210, 211
Kühn, E.   125
Kussmaul, A.   218

Lais, E.   212
Langewiesche, D.   192
Lehmann, C.   97
Lehners, J.-P.   91
Lenger, F.   174, 186
Leonhardt, D.   38
Levine, D.   212, 213
Lienert, G. A.   201
Lindner, A.   38
Lösch, A.   120, 219
Löscher, H.   76
Lommatzsch, G.   49, 108, 121, 173, 174, 192
Lorenz, W.   10, 38, 39
Lütge, F.   78

Marschalck, P.   92
Mattmüller, M.   13
Mauersberg, H.   107
Mayr, G. v.   192, 198

Medick, H.   204, 211, 212, 213, 214
Meier, B.   94
Merker, O.   217
Metzke, H.   10, 20, 21, 203
Mitgau, J. H.   149
Mittenzwei, E.   38, 40
Mocker, H.   38, 40
Montroll, E. W.   221
Mooser, J.   63, 209
Müller, J.   148
Mueller, M.   65, 86
Müller-Strauch, W.   38, 39
Münchow, K.   27

Nagel, H. F.   38
Nell, A. v.   25, 203
Nestler, W.   38
Norden, W.   90

Papsdorf, D.   30, 40, 98, 99, 100, 101, 122
Petzold, H.   38, 40, 50, 54, 55, 56, 57, 59, 60, 63, 80, 95, 96, 97, 98, 123
Pfütze, A.   24
Piasecki, P.   118
Pönicke, H.   146
Pohl, H.   125, 174, 177
Pollmar, W.   63, 77, 78, 111
Post, J. D.   109
Pound, J. F.   94
Prenger, G.   36

Rabb, T. K.   105
Raschke, H.   94
Raunert, M.   38
Razi, Z.   92
Richter, F.   38
Richter, Jo.   38
Richter, Ju.   219
Roch, W.   38, 40
Römer, C. H. v.   78
Rogers, C. D.   17, 25
Rosenthal, H.   176
Rothe, H. W.   212
Rümelin, E.   203

Sachse, W. 94
Schanz, E. 38, 40
Schaub, W. 14, 24
Schaufuß, J. 38
Scheibler, H. K. 14
Schildt, G. 63
Schlechte, H. 109, 113
Schlumbohm, J. 211
Schmidt, L. 39
Schmidt, O. 38
Schöne, B. 159, 191
Schötz, S. 83, 85
Scholz, D. 186
Schremmer, E. 103, 220
Schubart, J. C. 113
Schüren, R. 14, 22, 25, 63, 66, 214
Schultz, H. 9, 14, 25, 45, 62, 66, 94, 103, 108, 109, 166, 191
Schultze, J. 77
Schwarz, H. 19, 43
Schwarze, E. 51, 77
Sharpe, P. 14, 217
Skipp, V. 89, 90
Sørensen, A. B. 66
Spagnoli, P. B. 19, 22
Specker, H. E. 217
Spee, R. 95
Sprotte, B. 38
Stehkämpfer, H. 217
Steinmann, G. 64
Steinmüller, K. 38, 39
Stimmel, E. 38
Stone, L. 14, 25
Strauss, R. 195
Streller, K. 77
Süssmilch, J. P. 173

Teijl, J. 119
Teller, E. 121
Tille, A. 24
Tilly, C. 24, 87, 88, 90, 93, 95, 211, 213
Treskow, R. v. 81

Voland, E. 92

Wätzig, R. 38, 39
Weber, A. F. 199
Wegwitz, E. 3
Weichselberger, K. 202
Weinberger, E. 38
Weiss, V. 9, 15, 16, 23, 24, 25, 26, 27, 28, 30, 37, 38, 39, 44, 48, 58, 65, 66, 67, 81, 88, 90, 95, 96, 97, 101, 104, 109, 124, 125, 138, 149, 166, 194, 216, 217
Winberg, C. 88, 89
Werner, G. 38
Wilke, J. 18
Wolf, M. 38
Wolff, A. 93, 95
Wrigley, E. A. 13, 21
Wülker, H. 93
Wunder, G. 24
Wunderlich, G. 38
Wunderwald, L. 38
Wuttke, R. 57

Xaver, Königl. Hoheit ... 85

Zelinsky, W. 155, 166
Ziechner, E. 38, 39
Zühlke, D. 174
Zwahr, H. 9, 20, 53, 63, 84, 179, 193, 194, 195, 197, 213, 214

6. Register

Abstromraten 126 ff., 214
Abzugsgeld 125, 164
Ackerbürger 83, 94
Adel 14, 45 ff., 80, 86, 155 ff., 167, 169
Ahnenstammkartei des deutschen Volkes 27
„Ahnenforschung" s. Familiengeschichtsforschung
Ahnenlisten 16, 26 ff., 33 ff., 203
Alltagsgeschichte 16 ff., 95 ff., 110
Alphabetisierungsgrad 219
ALTENESCH/WESERMARSCH 91
Altgärten s. Erbgärten
Anspänner 68 ff., 76, 78
Arbeitsteilung, gesellschaftliche 116 ff.
Arbeitsunfälle 90
Armen- und Heimatrecht 164
Astaka s. Ahnenstammkartei
Ausstattung der Kinder 58, 93
Auswanderung 175
Auszügler 54, 59, 68 ff.

Bader 83
BÄRENWALDE, AH ZWICKAU 31
Ballungsräume s. Räumliche Bevölkerungskonzentration
Bauern, Voll- 46, 48 ff., 60, 76 ff., 83, 102, 123, 125 ff., 154 ff., 167 ff., 194 ff., 204 ff.
Begüterte (als Begriff) 62
Behausungsziffer 18 ff., 44, 211
Biographien 16, 96 ff., 122 ff., 159 ff.
BELM BEI OSNABRÜCK 211
BERLIN 94, 199
Berufsangaben 19, 62
Besessene Mannen 51 ff.
Besitz- und Bildungsbürgertum 45, 82, 84 ff., 145 ff., 155 ff., 170 ff., 206, 208 ff.
Bevölkerungsgeschichte 13
Beyer, Franz Emil 179
BÖHRIGEN/SCHWÄBISCHE ALB 93
BREMISCHES LANDGEBIET 1
Bruttosozialprodukt 120 ff.

Bürger 35, 62, 82 ff.
BUTJADINGEN 91

CALENBERG-GÖTTINGEN 93
CHEMNITZ 54, 178, 187 ff., 195 ff.
CLAUSSNITZ, AH ROCHLITZ 31

Deutsche Zentralstelle für Genealogie, Leipzig 9, 26, 37, 216
Dietze, Gottfried 122
Dörfer, verstädternde 183 ff.
DORFHAIN, AH DRESDEN 38, 40, 55 ff., 96 ff., 123
Dornfeld, Johann Christian 98
Dreißigjähriger Krieg 48 ff., 56 ff., 105 ff., 118, 138, 144, 165, 176 ff.
DRESDEN 173, 187 ff., 196 ff.

Ehrhardt, Georg 99
Einwanderung nach Sachsen 172 ff., 219
Einwohner (als Begriff) 35, 53, 62, 195
Eisenbahnarbeiter 84
ENGLAND 13, 21, 89 ff., 94, 109
Erbangesessene 62
ERFURT 95
Erbgärten 55 ff.
Erschließungsgrad von Archivalien 217
ERZGEBIRGE 97, 177
Erziehungspflicht für Kinder 57 ff.
Esche, Christian 221
Exulanten 107, 165, 176 ff.

Fabrikarbeiter 114, 159
Falcke, Richard Oskar 181
Familiengeschichtsforschung 15 ff., 26 ff., 37 ff.
Findelheime 94
FINKENWÄRDER 93
Firmengründer 210
FRANKREICH 21
Freizügigkeit 125, 165, 219
FRIEDRICHSGRÜN, AH ZWICKAU 86, 179

Förster, Karl 26
Gärtner 51 ff., 55 ff., 60, 63, 77 ff., 110 ff., 129 ff., 194 ff., 207, 210
Gebauer, Anna Maria 99
Geißler, Caspar 123
Genealogie s. Familiengeschichtsforschung
Gerichtshandelsbücher 28 ff.
Geschulte auf dem Lande 47, 80, 139 ff., 154 ff., 167 ff.
Gesinde 51 ff., 63
Gewerbetreibende auf dem Lande 104, 204 ff.
Gleitende Durchschnitte 200 ff.
GÖTTINGEN 94
GOTHA 94
GREIFENHAIN, AH BORNA 68 ff.
GRILLENBURG, AH DRESDEN 95
Groß, Eduard Hermann 161
Große, Jacob 98
Großstadtvororte 186 ff., 197 ff.
GROßZÖBERN, AH PLAUEN 40

Halbbauer 78
Halbhüfner 77 ff.
HALESOWEN/ENGLAND 92
Handarbeiter 95 ff., 103 ff., 135 ff., 194 ff.
Handfronbauer 77 ff.
Handwerker, städtische 82 ff., 94, 141 ff., 151 ff., 170 ff., 177, 183 ff., 194 ff., 207 ff.
Häusler 51 ff., 56, 59 ff., 63 ff., 78 ff., 95 ff., 104 ff., 135 ff., 167 ff., 183 ff., 194 ff., 204, 207 ff.
HAINICHEN 53
Hausbaukonzessionen 113, 220
Hausgenossen 50 ff., 56, 63, 78 ff.
Hauswirt 62
Heinrich, Sigismund Franziskus 182
Heiratsalter 94, 203 ff.
Heiratskreise, städtische 145, 153
Hektarerträge 112
Herberge, freie 58
Herr 62
Hintersättler 77 ff.
Hintersassen 68 ff., 77 ff.
Hochbegabte s. Intelligenz

Höpner, Anna Regina 100
Hüfner 76 ff.
Hungersnot 90, 109 ff.

Industrielle Revolution 15, 164 ff., 178, 186 ff., 197 ff., 214 ff.
Informationsentropie 115 ff.
Intellektuelle, besitzlose städtische 67, 119, 148 ff., 155 ff., 195 ff.
Intelligenz 24, 67
Intergenerationenmobilität 124
Intragenerationenmobilität 124
Inwohner (als Begriff) 35, 44, 50 ff., 62 ff.

Juden 178

Kärrner 78
Kahn, Johann Gottlieb 96
Karriere, berufliche 15, 124
Kartoffelanbau 113
Katzschmann, Curt Heinrich 163
Keußelt, Gottlob 99
KIEBINGEN/SCHWABEN 91
Kindersterblichkeit 90, 93 ff., 110
Kinderzahlen pro Sozialschicht 44 ff., 87 ff., 126, 211
Kirchenbuchverkartung s. Ortsfamilienbücher
Kirchenbücher 26, 29 ff., 53 ff.
Kirchensteuer 57
Kirchliches Archiv Leipzig 37, 40, 45
Klassenanalyse 66
Klassenbewußtsein, proletarisches 193
Kleeanbau 113, 221
Kleinbauern s. Gärtner
Kleingewerbetreibende 83, 141 ff., 154 ff., 170 ff., 194 ff.
Kotsassen 63, 78
KRUMMHÖRN 92
Kürerbe 58, 125
KUHBIER/PRIGNITZ 93

LAABERBERG/NIEDERBAYERN 93
Laienforschung, Rolle der 15 ff.

Register

LAMPERTSWALDE, AH OSCHATZ 93, 123, 125
LANCASHIRE/ENGLAND 92
Landarmut 95 ff., 103
Landerwerb 123
Landgemeindeordnung von 1839 60
Landhandwerker 79 ff., 103 ff., 132 ff., 155 ff., 167 ff., 183 ff., 194 ff., 207 ff.
Landlose 88 ff.
Land-Stadt-Wanderung 153 ff., 181
Landsteuerregister 24, 51 ff.
Lebensläufen, Sammlungen von 30
LEEZEN/HOLSTEIN 91
Leichenpredigten 30, 45
Leinenproduktion 79, 105
LEIPZIG 94, 173, 187 ff., 195 ff.
LEIPZIGER KREIS 93, 107
LEUTEWITZ, AH GROßENHAIN 40
Lindner, Johann Gottlieb 100
Löser, Martin 100
Lommatsch, Johann Gottlieb 95
LONDON 199
Luther, Martin 39

Mahlgroschen 68
MARKERSBACH, AH SCHWARZENBERG 90
Marx, Karl 193, 213
Massenakten 217
MEINERSDORF, AH CHEMNITZ 52
Meßfehler 21, 29 ff., 35 ff., 65 ff.,
Metaanalyse 22, 211
Mittelschicht 66
Müller 48, 68, 93, 123

Nachbarn 55, 63, 68, 78
Nachfahrenlisten 40
Nebenerwerb 56, 65, 79, 84, 110 ff., 183
NEURUPPIN/BRANDENBURG 94
NIEDERZWÖNITZ, AH CHEMNITZ 56
NORWICH/ENGLAND 94

Oberschicht 85, 146 ff.
OBERWÜRSCHNITZ, AH CHEMNITZ 51 ff.
OLDENBURG 14
Ortssippenbücher s. Ortsfamilienbücher

Ortsfamilienbücher 13 ff., 20, 22, 25, 93, 203, 216
OTTERWISCH, AH GRIMMA 122

Pächter 79
Pest 97
PFAFFRODA, AH GLAUCHAU 53
Pfarrer 14, 45 ff., 48, 80, 139 ff., 147 ff., 154, 169
Pferdefronbauer 76, 78
Pferdner 76, 78
Photograph 161
PLATTEN/BÖHMEN 177
Plattformberufe 149
Proletariat, städtisches 84, 87 ff., 145 ff., 170 ff., 183 ff., 192 ff., 212 ff.
Protoindustrialisierung 173, 191, 204 ff., 212 ff.

Quellenlage 19 ff., 26 ff.

Räumliche Bevölkerungskonzentration 121, 166, 173, 184 ff.
Ratsverwandte 83
REINSDORF, AH ZWICKAU 17, 86, 113, 179, 221
Reliabilität 47
Repräsentativität 13 ff., 22, 25 ff., 33 ff., 43 ff.
Richter 62, 68, 123
Ries, Adam 40
Römer/Romanus 160

Sachsen, Landesstatistik 24
Salinenwesen 118
SALT LAKE CITY 25
Schafmeister 79, 122
SCHLEUSINGEN, AMT 107
Schmidt, Johann Gottlieb 162
Schmieder, Christian Traugott 96
SCHÖNHEIDE, AH SCHWARZENBERG 113
Schubart, Johann Christian 113
Schulmeister 67, 80, 139 ff., 168
Schutzverwandte 84, 194 ff.
SCHWEDEN 88

SCHWEIZ   13, 166
Seidel, Martin   101
Seßhaftigkeit   165 ff.
Seydel, Christian Friedrich   97
Seyffert, Christian Gottlob   23
Stadtanteil der Bevölkerung   103
Stadt-Land-Wanderung   153 ff.
Stände   67
Stammlisten   39, 203
STANGENGRÜN, AH ZWICKAU   31
Sterblichkeit   25, 87 ff., 174
Stichprobenmethodik   9, 13, 18 ff., 25, 33 ff., 41 ff., 148, 192, 202, 216 ff.
Stimmel, Johann Eduard   162
STOCKAU/NIEDERÖSTERREICH   91
Strauß, Sophia   100
Strumpfwirker   159

Teilhüfner   63, 77 ff., 110 ff., 129 ff.
TETTAU, AH GLAUCHAU   53
Thermodynamik der Gesellschaft   221
Thost, Hermann Ludwig   181
Totalerhebungen   21
Totalrekonstitution   14, 25, 217
Transport, Beschäftigtenanteil   114
Transportkosten   219
Traubücher   25
Triebkräfte der Geschichte   220
Tuchmacher   65, 82, 86, 151, 155

Vater-Sohn-Mobilität   124
Verstädterung s. Räumliche Bevölkerungskonzentration
VERVIERS   209
VOGTLAND   31, 62, 76, 113

Wachtel, Johann Gottfried   122
Wanderungsentfernung   184 ff.
Wanderungssalden   164, 184 ff.
WEIDEN/OBERPFALZ   93
Weigel, Carl August   180
Weiß, Christian   114, 221
Weiß, Karl Friedrich Simon   23
Wensch, Kurt   26
Werner, Johann   101
WETZLAR   14
Wiederverheiratung   90
WIESA, AH ANNABERG   30, 78
WÜRTTEMBERG   91

Zeitreihen, Glättung von   200 ff.
Zentralstelle s. Deutsche Zentralstelle für Genealogie
Ziehgeld   57
Zimmermann, Traugott   65
ZSCHOCKEN, AH ZWICKAU   58
ZWICKAU   17, 65, 86, 160, 179, 181, 187 ff.

Jahrbuch für Wirtschaftsgeschichte

Das Jahrbuch für Wirtschaftsgeschichte wird ab Jahrgang 1992 herausgegeben von: Hartmut Harnisch (Potsdam), Karin Hausen (Berlin), Hartmut Kaelble (Berlin), Peter Kriedte (Göttingen), Dietmar Petzina (Bochum), Toni Pierenkemper (Frankfurt/Main), Heinz Reif (Berlin), Bertram Schefold (Frankfut/Main).

Das neue Jahrbuch für Wirtschaftsgeschichte
- erscheint in 2 Teilen pro Jahr (Mai und November);
- publiziert Aufsätze zu Themenschwerpunkten;
- bietet Berichte und Diskussionen zum Forschungsstand;
- stellt neue Forschungsvorhaben und Projekte vor.

Jahrgang 1992. Teil 2
Migrationsforschung

1993. 205 Seiten – 10 Abb. – 170 mm x 240 mm
Broschur DM 64,–
ISBN 3-05-002172-1

Aus dem Inhalt:
- Klaus J. Bade: „Einheimische Ausländer" und „Fremde Deutsche" im vereinigten Deutschland
- Rainer Mühle: Zum historischen Hintergrund von ostelbischen Migrationsbewegungen im 19. Jahrhundert
- Axel Lubinski: Zur Geschichte der überseeischen Auswanderung aus dem Großherzogtum Mecklenburg-Strelitz in der zweiten Hälfte des 19. Jahrhunderts
- Uwe Reich: Zur Sozialgeschichte der Auswanderung aus dem Regierungsbezirk Frankfurt/Oder im 19. Jahrhundert
- Walter D. Kamphoefner: Untersuchungen zum wirtschaftlichen und kulturellen Hintergrund der deutschamerikanischen Urbanisierung im 19. Jahrhundert
- Birger P. Priddat: Der nur halbe Smith – Modernisierungsschwierigkeiten der deutschen Nationalökonomie im 19. Jarhundert
- Gabi Posniak und Dagmar Rahlwes: Topographisch-Statistische Beschreibungen des Großherzogtums und des Kurfürstentums Hessen in der ersten Hälfte des 19. Jahrhunderts. Probleme und Möglichkeiten einer Analyse vor- und frühindustrieller Gewerbestrukturen
- Wilfried Forstmann und Vicente Such-García: Neuere Arbeiten zur jüngeren spanischen Wirtschafts- und Sozialgeschichte

Bestellungen richten Sie bitte an Ihre Buchhandlung oder an den

Akademie Verlag

Ein Unternehmen der VCH-Verlagsgruppe
Postfach 2 70 · D-10107 Berlin

Ein Söldnerleben im Dreißigjährigen Krieg
Eine Quelle zur Sozialgeschichte

Herausgegeben von JAN PETERS

(Selbstzeugnisse der Neuzeit)

1993. 272 Seiten – 13 Karten – 1 Kartenbeilage – 30 Abb. – 145 mm x 215 mm
Hardcover DM 124,–
ISBN 3-05-001008-8

Die Geschichte des Dreißigjährigen Krieges ist zwar weitgehend aus politischer und militärischer Sicht aufgearbeitet, aber über die Alltagsprobleme „einfacher Menschen" der „Epoche des höchsten Nationen-Elends" (Friedrich Schiller) ist noch wenig bekannt. Licht in dieses Dunkel können am ehesten Zeitzeugen bringen. Einer von ihnen ist ein Soldat, der in seinen tagebuchähnlichen Aufzeichnungen über sein Leben während des Dreißigjährigen Krieges berichtet.

Zweieinhalb Jahrzehnte focht der für uns namenlos gebliebene Soldat unter ligistisch-katholischen, zeitweilig auch unter schwedisch-protestantischen Fahnen und legte dabei einen Marschweg von über 25 000 km zurück. In mitunter drastischer Söldnerdiktion beschreibt er seine verschlungenen Lebenswege zwischen Ostseeküste und Lombardei, zwischen „Kaschubien" und Picardie, er schildert seine Lebensweise als das Haupt einer ständig gefährdeten Söldnerfamilie, und er gewährt Einblicke in seine Lebenswerte. Spannend ist nicht nur seine Sicht auf die erlittenen Schlachten und Strapazen, auf die Beute- und Produktionsgemeinschaft seiner Familie im Feld und im Lager, sondern auch sein Weltbild.

Die in ihrer Art einmalige Quelle zur Sozialgeschichte des Dreißigjährigen Krieges ist in der Originalfassung und in einer normierten Fassung des frühneuhochdeutschen Textes abgedruckt. Dem Leser erschließt sich der Text durch die Einleitung und durch Erläuterungen und Anmerkungen des Herausgebers sowie durch ein Personen- und ein geographisches Register und zahlreiche zeitgenössische Kupferstiche sowie den Marschweg des Söldners nachzeichnende Karten.

Bestellungen richten Sie bitte an Ihre Buchhandlung oder an den

Akademie Verlag

Ein Unternehmen der VCH-Verlagsgruppe
Postfach 2 70 · D-10107 Berlin